DELIUS KLASING

W0179405

TORSTEN LINDEMEIER

ZUM GLÜCK GEHT'S IMMER WEITER

VON ALASKA BIS URUGUAY
– WIE 8 JAHRE UNTERWEGS
MEIN LEBEN VERÄNDERTEN

DELIUS KLASING VERLAG

INHALT

VORWORT

Wenn einer eine Reise tut ... so kann das viele Gründe haben, verschiedene Gründe, je nach Art der Reise. Bei mir waren es viele verschiedene Gründe für eine besondere Reise, die ich mir immer wieder in meinem Kopf erträumt habe, lange schon. Das erste Mal als junger, neugieriger Mensch aus dem Ruhrpott, ausgestattet mit einer ordentlichen Portion Lust auf Abenteuer. Später, und um einige Jahre gereift, kam der sportliche Ehrgeiz hinzu, sich selbst noch etwas beweisen zu wollen. Dazwischen lag ein Leben voller Dynamik und Rastlosigkeit. Ein Leben wie bei vielen anderen Menschen auch, mit beruflicher Karriere, mit Erfolgen und Misserfolgen, mit Freuden und Tiefschlägen im Privatleben. Kurzum: ein normales Leben ... Nur eines Tages war der Gedanke an diese Reise nicht mehr nur ein Traum, und ich setzte ihn sehr kurzfristig und schneller um, als mir vielleicht selbst lieb war.

Ausschlaggebend war eine Veränderung in meinem Privatleben. Meine damalige Freundin, mit der ich mir zusammen in Spanien ein Leben aufgebaut hatte, war gezwungen, aufgrund einer neuen Immigrationsgesetzgebung in ihr Heimatland Ecuador zurückzuziehen. Es traf uns aus heiterem Himmel und war der berühmte Tropfen, der das Fass zum Überlaufen brachte und mich zum Ausstieg aus meinem geregelten Arbeitsleben als selbstständiger Unternehmer auf Mallorca bewegte. Es war ein hoher Preis! Ich ließ viel zurück. Und ich meine nicht unbedingt die materiellen Dinge, die man sich im Lauf eines mitteleuropäischen Menschenlebens anschafft. Es waren vielmehr die lieben Freunde und die Familie, die man auf jeder Reise teils zurücklässt, teils aber auch für immer verliert – und nicht nur die Chance, Zeit mit ihnen zu verbringen.

Damals war es meine Entscheidung, und obwohl es in Hinsicht auf meine zukünftige Existenz in Ecuador nicht aufgegangen ist, haben die vielen Menschen mit ihren verschiedenen Kulturen in den einzelnen Ländern des amerikanischen Kontinentes mein Leben positiv beeinflusst und verändert. Materialistische Werte waren für mich zuvor immer erstrebenswert gewesen und mein tägliches Ziel. Heute vertrete ich eher die Einstellung: weniger ist mehr. Weniger Eigentum und Besitz bedeutet mehr Freiheit. Auch wenn ich weiß, dass man nicht immer ausbrechen kann aus seinem Hamsterrad, vor allem, wenn man Verantwortung gegenüber anderen Menschen hat.

Dieses Buch soll eine kleine Anregung für Menschen jeden Alters sein, nicht alles bis ins letzte Detail durchzuplanen, sondern die Welt zu bereisen, Menschen kennenzulernen und neue Freunde zu machen, unabhängig davon, auf welche Art und Weise und für wie lange.

DER ABSCHIED

TIME TO SAY GOOD BYE ODER: EIN TRAUM GEHT IN ERFÜLLUNG

April 2005

Es waren noch wenige Meter bis zum Gipfel des Berges. Ich spürte den Puls in meinen Halsschlagadern, meine Beine waren weich wie Pudding, und ein paar Meter hinter mir hörte ich meinen Kumpel Bodo keuchen. Dass ich vor ihm lag, war eher eine Seltenheit. Bodo war ein zäher Brocken, dessen Ausdauer und Kraft wegen seiner spindeldürren Statur oft und gern unterschätzt werden.

Seit Monaten trainierte ich nun mit ihm, um mich wieder in Form zu bringen – jeden Tag ein paar Kilometer mehr, jedes Mal mit etwas mehr Gepäck. Ich hatte jetzt fast die gesamte Ausrüstung dabei, die ich in Kürze täglich brauchen würde. Mein altes Fahrrad war nach all den Jahren, in denen es im Keller Staub angesetzt hatte, einem »Lifting« unterzogen worden. Es bekam neue Reifen vom Typ »Heavy Duty Longrider« und einen Aluminiumgepäckträger Marke Eigenbau vorn und hinten. Natürlich musste das alte Ding auch einen Namen bekommen. Deshalb tauften wir es bei einer Verabschiedungsfeier unter Freunden auf den Namen »Bob, das Bike«. Mit jedem weiteren Trainingstag wuchs mein Enthusiasmus, und als ich schließlich online mein Flugticket buchte, tat sich die Welt vor mir neu auf. Mein langersehnter Traum begann Realität zu werden: eine Reise per Fahrrad entlang der »Panamericana«, der längsten Straße der Welt.

Von Alaska bis Argentinien.

Von A bis A.

KANADA & USA

ABSCHIED AUS DEUTSCHLAND

Zuvor galt es einige Pflichtaufgaben abzuarbeiten. Der Besuch in meinem Elternhaus und der damit verbundene Abschied von Eltern und Großeltern war ein bewegender Abschied – mindestens vier Jahre verstrichen, bis ich sie wiedersehen sollte. Auf Mallorca hatte ich alles zurückgelassen, was ich in den letzten zehn Jahren aufgebaut hatte: Meine Firma war verkauft, die Finca, die über die Jahre zu meinem geliebten Zuhause geworden war, sollte in Zukunft meiner Familie als Urlaubsresidenz dienen. Ich brauchte ab jetzt keinen festen Wohnsitz mehr, denn die nächsten Jahre sollte ein einfaches Einmannzelt mein neues Zuhause sein. Selbst meine Eltern konnten ihre Sorge nicht verbergen, auch wenn sie es gewohnt waren, weil ich in der Vergangenheit meist weit weg von ihnen gelebt hatte. Das Fernweh hatte mich früh aus dem Elternhaus getrieben, als junger Mann hatte es mich zur Marine verschlagen. Ich lernte in dieser Zeit viele Länder in Nordeuropa kennen. Die Ausbildung in einer Marinespezialeinheit hatte mich geprägt und war vielleicht mit der Grund für meine stete Lust auf Neues, auf Unbekanntes, auf Abenteuer …

Meine Mutter beanspruchte ein exklusives »Mutter-Sohn-Wochenende«, bevor sie mir ihre Einwilligung zu dieser Reise erteilte. Sie wollte mich dabei mit niemandem teilen, nicht einmal mein Vater durfte an diesem letzten Wochenende in Deutschland mit von der Partie sein! Das Musical »König der Löwen« und ein Besuch Hamburgs stand auf ihrer Wunschliste und bot einen gebührenden Rahmen für unseren Abschied. Erst danach durfte mich mein Vater zum Frankfurter Flughafen bringen. Von hier flog ich nach Whitehorse in den Norden Kanadas.

Am Morgen des 4. Mai 2005 – der Tag des Abflugs – merkte ich auch bei meinem Dad, wie schwer es für einen Vater sein musste, seinen Sohn bei einer solchen Unternehmung einfach ziehen zu lassen. Vielleicht ahnte er da bereits, dass es für mich nicht nur eine Reise werden würde, sondern ein ganz neuer Lebensabschnitt begann. Insgeheim war ich auf der Suche nach einem neuen Land, einem neuen Leben, aber das behielt ich für mich: Es hätte nur zu unendlichen Diskussionen geführt. Außerdem war mir so, als sei eine derartige Bemerkung obendrein überflüssig, da Eltern hinsichtlich ihrer Kinder gewisse hellseherische Fähigkeiten besitzen.

FLUGHAFEN FRANKFURT AM MAIN

MANCHMAL IST HEKTIK GUT, um Gefühle zu verbergen. So zögerte das Getümmel der vielen Menschen am Frankfurter Airport, die Suche nach dem Abflugschalter und das aufwendige Procedere, mein Bike als Sperrgepäck aufzugeben, den Augenblick der Verabschiedung hinaus. »So, Sohnemann, pass auf dich auf und halt die Ohren steif!« Mit diesen Worten verabschiedete sich mein Vater, was meinen Erwartungen völlig entsprach. Mit so etwas in der Art hatte ich gerechnet.

Der Boardingschalter eines internationalen Flughafens hat etwas Magisches, denn beim Passieren betritt man sozusagen schon ein »neues Land«. Mich überkam das Gefühl der totalen Freiheit. Jahrelange Verantwortung fiel mit der Kontrolle beim Boarding von mir ab. Kein Handy mehr! Kein Terminkalender! Nur ein Flugticket in der Hand und die Lust, den riesigen Kontinent kennenzulernen, der mich seit je her faszinierte und der so viele Kulturen beherbergt: Amerika!

ANKUNFT IN NORDKANADA

PER DIREKTFLUG landete ich neun Stunden später in Nordkanada. Beim Verlassen des Flugzeugs empfand ich ein besonderes Flair. Das Wetter war angenehm sonnig, und eine leichte Brise wirkte sich geradezu erfrischend auf meine Laune aus. So beflügelt, roch selbst die Luft anders …

Der Airport von Whitehorse ist klein und beschaulich. Mir fiel gleich die entspannte Stimmung auf, die übliche Hektik eines Flughafens fehlte. Selbst die Zollbeamten reagierten hier – entgegen jedem Klischee – cool und gelassen; sie wünschten mir lässig »good luck«, nachdem sie nach Grund und Art meines Aufenthaltes gefragt hatten. Dann nahm ich noch den Karton mit meinem Gepäck und dem zerlegten Mountainbike am Zoll in Empfang, und schon stand ich außerhalb des kleinen Flughafengebäudes.

Wo normalerweise eine endlos lange Schlange von Taxis wartete, fand ich hier vor dem Airport nichts als gähnende Leere! Die meisten Flugreisenden wurden von ihren Verwandten oder Freunden abgeholt. Doch von einem Taxi war weit und breit keine Spur zu sehen …

Irgendwann wurde auch der letzte Fluggast abgeholt, und nun stand ich völlig allein am Halteschild für die Taxis. Mich überkam der Eindruck, dass trotz der frühen Tageszeit – es war erst elf Uhr vormittags – der Airport bis zum nächsten Tag seine Pforten dichtmachen würde. Es verging gut und gerne eine halbe Stunde, in der ich bereits mit dem Gedanken spielte, mein Bike an Ort und Stelle zusammen zu bauen. Gerade als ich den Inhalt meines Koffers in die Packtaschen stopfen wollte, um auf eigene Faust in die Stadt zu radeln, rollte eine große, achtzylindrige Limousine am Taxistand vor. Dieses Schiff von Auto ähnelte zwar nicht im Geringsten einem Taxi, aber als der Fahrer gelassen ausstieg, mir freundlich zulächelte und sich daran machte, mein Bike und das restliche Gepäck im gigantischen Kofferraum zu verstauen, war ich gewillt, darin ein nordamerikanisches »Cab« zu sehen.

Ich war noch nie in einem amerikanischen Straßenkreuzer gefahren, und wahrscheinlich war es der Moment, der die Leidenschaft für große US-Schlitten in mir weckte. Die Fahrt in diesem Ungetüm von Auto bis in die Stadt wertete ich definitiv als erstes Highlight. Ich fühlte mich wie ein Schuljunge, der zum ersten Mal auf Klassenfahrt geht und sich neugierig die Nase an der Wagenscheibe plattdrückt, alles aufsaugend, was sich außerhalb des Fensters abspielt …

WHITEHORSE: PIONIER- UND GOLDGRÄBERSTADT

UND VIEL GAB ES NICHT ZU SEHEN, denn Whitehorse ist eine kleine Pionierstadt, von wo aus der Norden Kanadas erschlossen wurde. Aber es war anders als in Europa! Die Autos waren größer und die Häuser, die überwiegend aus Holz gebaut waren, ähnelten Fertighäusern im Containerstil; die Straßenzüge waren breiter und ausschließlich rasterartig angelegt. Selbst das Gras in den Vorgärten schien mir heller und weicher zu sein als in meiner Heimat. Ich war von der Baleareninsel Mallorca einen mediterranen Baustil gewöhnt, bei dem sich manche Straßen nur so breit ausnahmen, dass gerade zwei Esel aneinander vorbeikamen. Hier war alles breiter und heller, ohne schattige Straßenschluchten.

Der Taxifahrer chauffierte mich zum *beez kneez*, einem freundlichen Hostel, das ich mir vorab im Internet ausgeguckt hatte. Ab jetzt war low-budget angesagt, da meine Reiseersparnisse ein paar Jahre reichen mussten. Die jungen Pächter des Hostels empfingen mich wahnsinnig freundlich, und die Stimmung ähnelte eher einer studentischen WG. Ich merkte schnell, dass mein Englisch eingerostet war; erst nach und nach kam ich wieder rein und sprach etwas flüssiger. Im Hostel war ich mit meinen achtunddreißig Jahren der älteste Gast, aber keiner ließ es mich merken.

Für den Aufenthalt in Whitehorse hatte ich vier Tage eingeplant. Ich wollte mich akklimatisieren und alle notwendigen Vorbereitungen für die Panamericana treffen. Als Erstes montierte ich mein Fahrrad und überzeugte mich, dass beim Flug nichts beschädigt worden war. Nach einer kleinen Testfahrt durch die Stadt schien alles so weit okay. In der Touristeninformation von Whitehorse wurde mir nahegelegt, ein Video anzuschauen, in dem man Touristen erklärte, wie sie sich im kanadischen *Bush*, also den kanadischen Wäldern, zu verhalten hatten, wenn sie einem Bären über den Weg liefen – den sogenannten *»Bear Encounters«.* Begegnungen mit Bären?, ging es mir durch den Kopf ... Also gut, ich gab mir den Schnellkurs über das kanadische Wildlife.

Außer mir war kein weiterer Mensch im Filmsaal, es war wohl noch zu früh für die alljährliche Touristensaison. Es wurde ausgiebig gezeigt, wie diese großen Prädatoren leben und Beute schlagen. So erfuhr ich, dass es schätzungsweise neunzigtausend Bären allein im Bundesstaat British Colombia gab – solch eine Information erweckte dann doch mein Interesse, und zwar auf mulmige Weise! Außerdem wurde sehr anschaulich dargestellt, dass ein Mensch im Falle einer Bärenattacke weder im Zelt noch in der Flucht sein Heil suchen sollte. Nicht einmal per Fahrrad wäre man schnell genug, denn ein Bär kann, einmal richtig in Fahrt, über fünfzig Stundenkilometer schnell werden! Ach ja ... Des Weiteren sei laut Film so ein Bär in der Lage, mein Frühstück oder den Geruch meiner Zahnpasta bis auf dreißig Kilometer Entfernung weit zu riechen und zu orten! Ich überschlug alle Daten schnell im Kopf: Also hatte ich ab jetzt – im ungünstigsten Fall – jeden Morgen etwas weniger als vierzig Minuten Zeit, um zu frühstücken, mir anschließend die Zähne zu putzen, mein Zelt und all mein Gepäck aufs Bike zu schnallen, um dann mit mindestens einundfünfzig Stundenkilometer Geschwindigkeit das Weite zu suchen! Mich überkam das vage Gefühl, dass ich gewisse Details bei der Planung meiner Fahrradreise durch Nordamerika übersehen hatte!

Nach Verlassen des Filmsaals und zurück in der Realität der Kleinstadt, machte ich mich umgehend daran, ein einige zusätzliche Utensilien für die Reise zu besorgen: Pfefferspray und *bearbells*, laut Aufklärungsvideo zwei unabkömmliche Dinge, die in der kanadischen Wildnis absolut überlebenswichtig sind. Die kleinen »Bärenglöckchen« trägt man als Wanderer oder Radfahrer an den Fußknöcheln. Durch das permanente Klingelgeräusch soll verhindert werden, dass ein schlummernder Bär von einem nahenden Menschen überrascht wird und daraufhin angreift. Sollte es trotzdem zu einer Attacke kommen, böte sich als letzter Ausweg das Pfefferspray in sehr starker

Konzentration, eben speziell für Bären, welches man dem angreifenden Bären in die Schnauze sprühen müsse. Selbstverständlich müsse man darauf achten, Rückenwind zu haben, anderenfalls sprühe man sich selbst handlungsunfähig, was dem Bären die Sache ziemlich einfach macht. Ganz ehrlich: Mir wäre die Empfehlung über den Kauf eines Gewehres lieber gewesen!

Vor dem Aufbruch aus Whitehorse packte ich testweise mein Fahrrad, doch nach drei Stunden gab ich mich geschlagen: Ich hatte einfach zu viel Ausrüstung aus Deutschland mitgebracht. Es blieb mir nichts anderes übrig, als abzuspecken, weshalb ich alle meiner Meinung nach überflüssigen Ausrüstungsgegenstände an Hostelgäste verschenkte. Nachdem ich nun meine Ausrüstung so weit reduziert hatte, dass ich alles an meinem Bike verstauen konnte (sie wog immer noch sechsundvierzig Kilogramm), wollte ich von Whitehorse per Bus ins 600 Kilometer weiter nördlich gelegene Dawson City fahren. Dort, oberhalb von Dawson, sollte meine Reise beginnen: an der Grenze zu Alaska. Ein Problem jedoch war die frühe Jahreszeit. In der Vorsaison verkehrten keine Buslinien in Richtung Norden. Also kamen nur zwei Alternativen infrage: entweder ich radelte dorthin und absolvierte die vor mir liegenden 600 Kilometer gleich zwei Mal, oder trampen, was ich bis dahin noch nie in meinem Leben gemacht hatte. Trampen ist in Kanada recht üblich, das wusste ich allerdings zum damaligen Zeitpunkt nicht.

Also stand ich da nun am Klondyke-Highway mitsamt meinem Bike, bepackt wie ein Kameltreiber auf großer Karawane. Meine Chancen erschienen mir verschwindend gering. Trotzdem, oder gerade deswegen, schrieb ich auf ein Pappschild meinen Zielort und zeichnete ein dickes Smiley darunter, um die spärlichen Autofahrer gen Norden zu animieren, mich mitzunehmen. Zu meiner Überraschung dauerte es keine fünf Minuten, als ein alter, verrosteter Pick-up an mir vorbeifuhr, bremste und den Rückwärtsgang einlegte. Auf meiner Höhe angekommen, blickte mich ein junges Mädchen grinsend an. »Do you need a ride?«, fragte mich die junge Fahrerin, und ich nickte verhalten.

Dass es so schnell gegangen war, einen »Ride« zu bekommen, überraschte mich dann doch. Mit einer kurzen Kopfbewegung forderte sie mich auf, mein Bike und mein Gepäck hinten auf der Ladefläche zu deponieren. Als ich zu ihr in den Wagen stieg, meinte sie gleich, ich käme ihr gerade recht, denn die Fahrt auf der langen Strecke bis Dawson City wäre ansonsten sehr langweilig. Langsam bekam ich ein Gefühl für die Gastfreundschaft der Kanadier, die bei Weitem über dem Standard des Mitteleuropäers liegt.

Morgan war einundzwanzig Jahre alt und kam aus Whitehorse. In ihren Semesterferien arbeitete sie jedes Jahr den Sommer über als Kellnerin in Dawson City. Meine Idee, von Alaska bis Argentinien zu radeln, gefiel ihr. Sie selbst liebte alle Arten von Sport. In den acht Stunden, die wir bis Dawson City brauchten, teilten wir uns meine komplette Reiseverpflegung für den Tag (einen Apfel und ein paar Kekse) und plauderten dabei über Natur, Wildlife in Kanada, Outdooraktivitäten und vor allem übers Reisen. Nach knapp einer Stunde bot sie mir bereits an, dass ich bei ihr in Dawson City unterkommen könne. Klar, warum nicht?, dachte ich, wenigstens über das Wochenende. Aber länger wollte ich keinesfalls in Dawson bleiben, da mein Visum für Kanada nur drei Monate gültig war. Ich hatte ehrlich gesagt nicht die geringste Vorstellung davon, wie lange ich wohl für die Strecke vom Norden Kanadas bis nach Vancouver an der Grenze zur USA brauchen würde. Als wir mit Morgans klapperigen Pick-up endlich Dawson erreichten, fuhr Morgan erst einmal zu einem besonderen Ort der Stadt, der von den Einheimischen *The Dome* genannt wird – der höchste Punkt über der Stadt. Morgan erklärte mir, dass man von dort aus »the top of the world« sehen konnte, wie die Kanadier diese Region nennen, die den hohen Norden rund um den Yukon River umfasst. Die Stadt wurde einst während des großen Goldrauschs am Yukon River gegründet. Es müssen harte Zeiten gewesen sein, denn auf dem Friedhof von Dawson City konnte man so manche wilde Geschichte nachlesen, die sich gut für jede Art von Western eignete. Auch die Häuserfassaden glichen einer Kulisse aus einem klassischen

Revolverheldenfilm. Die Häuser waren durchweg aus Holz und die Straßen nicht geteert, sondern aus Lehm, weshalb sie sich bei Regen in eine matschige Piste verwandelten. Bei den Bürgersteigen handelte es sich um Holzstege, die entlang der Häuserfronten verliefen.

Hier in Dawson gibt es bis heute noch Bars, in denen der Cancan getanzt wird. Dabei schwingen Frauen ihre plüschigen Röcke hin und her und werfen die Beine über ihren Kopf hoch in die Luft. Goldgräber und Fallensteller treffen sich heute wie damals in der Stadt, um ihre Felle oder Goldfunde zu Geld zu machen. Anschließend wird die Marie gleich an Ort und Stelle wieder in den Bars verprasst.

From top of the world in Kanada to end of the world in Fireland Argentina! Mit dem Slogan hatte ich ein griffiges Motto für den Start- und Endpunkt meiner Reise.

ENDLICH – DER AUFBRUCH

ES WAR SAMSTAGMORGEN. Obwohl ich Morgan versprochen hatte, bis Montag in Dawson zu bleiben, machte ich mich nun doch auf den Weg. Ich hatte alles und jeden in Dawson City gesehen und Hummeln im Hintern. Mit meiner gesamten Habe auf dem Bike bereitete mir der selbstgebaute Gepäckträger jetzt irgendwie doch Sorgen … Hoffentlich brach er nicht unter dem enormen Gewicht. Wenn jetzt etwas kaputtging, gäbe es kaum Möglichkeiten, es unterwegs zu richten. Ich hatte mich dafür entschieden, mein altes Mountainbike für die Tour zu nehmen. Da ich in den letzten zehn Jahren beruflich stark eingebunden war, ist mir nie Zeit geblieben, es wirklich zu nutzen. Aber alt heißt ja nicht unbedingt schlecht! Es gab meiner Meinung nach der Sache einen besonderen Reiz, mit diesem alten Ding den Trip in Angriff zu nehmen. Letztendlich fand es so doch noch seinen gebührenden Zweck …

Wie es manchmal so ist auf Reisen, schlug das bis dato so sonnige Wetter ausgerechnet am Tag meiner ersten Etappe in starken Regenfall um. Prima, dachte ich! *So kann ich wenigstens sofort die neugekaufte Regenschutzkleidung testen!* Von dieser Qualitätsprobe beflügelt, steckte ich mein Tagesziel auf der Karte ab. Stewart Crossing war der nächstgelegene Ort auf dem Klondyke Highway in Richtung Süden. Distanz bis dorthin: hundertfünfundzwanzig Kilometer! Nach meinem ganzen Konditionstraining in den Monaten zuvor musste die Strecke eigentlich gut zu schaffen schein, dachte ich. Aber als ich aus der Stadt herausfuhr, stellte ich fest, dass sich zu dem Regen auch noch ein ordentlicher Gegenwind gesellt hatte. Egal! Der Eifer war groß und nichts konnte mich bremsen.

Die »Bremse« kam dann aber doch, und zwar nach achtzig Kilometern! Bei diesem permanenten Gegenwind kam es mir vor, als würden meine Beine durch ein Fass mit zäher Gelatine waten. Mir wurde klar, dass ich die restlichen knapp fünfzig Kilometer bis zum Tagesende nicht mehr schaffen würde. Der Wind hatte ab Mittag noch mal zugelegt und machte mir das Fortkommen noch schwerer.

Deshalb schlug ich mein kleines Einmannzelt irgendwo direkt neben dem Highway auf. Ich holte meine Notration an Powerbars aus dem Rucksack, heute blieb die Küche also kalt. Während ich so dasaß, dachte ich über das Video mit den Bären nach. Erst jetzt wurde mir bewusst, dass mir während der letzten acht Stunden auf dem Highway nicht ein einziges Fahrzeug begegnet war, und ich mich hier recht allein auf weiter Flur befand – mit einem lecker duftenden Schokoriegel! Bären konnten ja, glaubte man diesem schlauen Film, selbst auf zweiunddreißig Kilometer Entfernung die Zahnpaste auf meiner Zahnbürste riechen! Galt das also auch für meinen Schokoriegel? Die Sorgen in mir wuchsen, wegen des gut riechenden Leckerlis in dieser Nacht eventuell einen Besuch von einem dieser Burschen zu bekommen, weshalb ich mich mit meinem Tauchermesser bewaffnete und es mit in den Schlafsack nahm. Ob es helfen würde? Keine Ahnung. Aber es beruhigte mich! Während mich noch ein weiterer Gedanke beschäftigte – ist es sinnvoll, mein Bike in dieser Einsamkeit abzuschließen –, schlief ich ein …

Am folgenden Tag war ich früh auf den Beinen, gut ausgeruht und Gott sei Dank ohne Bärenbesuch in der Nacht. Mein Frühstück bestand aus dem obligatorischen Apfel und ein paar Salzkeksen. Mich überkam dieses großartige Gefühl von totaler Freiheit. Super! Was stand heute auf dem Plan? Ich hatte nichts weiter vor, als mein Zelt einzupacken, das Bike zu beladen und weiter gen Süden zu radeln. Was für ein Unterschied zu meinem bisherigen Leben voller Hektik! Mit großem Elan machte ich mich auf, Stewart Crossing zu erreichen, wo ich als Erstes meinen Bestand an Proviant aufstocken musste. Das Thema Proviant ist beim Reisen mit dem Fahrrad so eine Sache. Man will aus Platz- und Gewichtsgründen wirklich nur so wenig wie möglich mitnehmen, hat aber immer einen Riesenhunger wegen der verballerten Energie! Also muss man schon vorab auf einer Karte die gesteckten Tagesetappen so planen, dass man zumindest jeden zweiten Tag die Möglichkeit bekommt, Verpflegung zu kaufen. Sich auf Notrationen zu verlassen, ist beim Biken keine wirkliche Option. Für mich war das der bisher schwierigste Faktor auf dieser Reise. Körperlichen Anstrengungen machen mir in der Regel nichts aus, solange ich nur gut zu essen habe! Der eine Apfel und die paar Kekse am Morgen reichten auch nicht lange vor, weshalb ich mit einem Bärenhunger an einem kleinen Restaurant Halt machte.

Die *Moose Creek Lodge* hatte sich wie eine Oase in der einsamen kanadischen Waldlandschaft aufgetan. Über der Eingangstür hing der mächtige Kopf eines kapitalen Elchbullen. Drinnen saßen zwei Männer bei einer Tasse Kaffee, die vermutlich zum draußen geparkten Pick-up gehörten. Die Köchin wirbelte in der Küche mit Pfannen hin und her und brutschelte gut riechende Spiegeleier. Die beiden Männer begrüßten mich mit einem kargen »Howdy«, also der kanadischen Kurzform für: »Hallo, wie geht's?« Nachdem die Köchin, die zugleich auch Wirtin und Besitzerin des kleinen Restaurants war, den Männern die Spiegeleier ruppig auf die Teller geklatscht hatte, kam sie zu mir herüber und betrachtete mit leichtem Schmunzeln mein Biker-Outfit. Dazu erklärten ihr die Männer, dass sie mich zuvor auf dem Highway überholt hatten. Die Wirtin reagierte daraufhin mit einem breiten Grinsen und wollte von mir wissen, wer oder was mich auf die verrückte Idee gebracht hatte, durch Kanada zu radeln? Irgendwie bekam ich den Eindruck, dass die Menschen hier meinen Enthusiasmus, Kanada mit dem Bike zu durchkreuzen, nicht sonderlich teilten, daher sparte ich mir große Erklärungsversuche. Stattdessen bestellte ich wie die Männer Spiegelei auf Toast. Da die Lodge nur Bier, Wasser oder Kaffee anzubieten hatte, entschied ich mich für Kaffee. Was ich bis dahin nicht wusste: In Kanada ist es üblich, Kaffee so oft nachzuschenken, bis der Kunde abwinkt – so wie der Köbes in Köln so lange ungefragt neue Kölschstangen heranschleppt, bis man nicht mehr kann. Deshalb wunderte mich erst einmal über das emsige Verhalten der Wirtin, die mit ihrer Kaffeekanne und einem Habichtsblick umher rannte, um eine geleerte Tasse sofort wieder aufzufüllen.

Vergnügt stellte mir vor, ob diese Regelung auch für Bierbestellungen galt …

Dann sprach mich einer der beiden Männer direkt an. Er fragte mich, ob ich kurz vor Erreichen der *Moose Creek Lodge* den Bären gesehen hätte, der unmittelbar hinter mir den Highway gekreuzt hatte. Sie hatten ihn kurz vor ihrem Überholmanöver hinter mir über die Straße trotten sehen und mussten wegen ihm sogar abbremsen, um nicht mit ihm zu kollidieren. Wie jetzt?, dachte ich. *Ein Bär direkt neben mir?* Mir wurde schlagartig mulmig, und dieses Gefühl kam nicht von dem Liter Kaffee, den ich mittlerweile intus hatte! Mir war kein Bär aufgefallen! Doch als sich auch noch die Wirtin gelassen ins Gespräch einmischte und meinte, es könne sich vermutlich um den großen, männlichen Bären handeln, der hier seit einiger Zeit sein Unwesen treibt, schmeckte mir das Spiegelei auf Toast plötzlich gar nicht mehr so gut. Aber die Story ging noch weiter. An diesem Morgen hatte der Bär der Wirtin zum wiederholten Male einen Besuch an der Küchentür abgestattet, die nach hinten rausging. Er sei wohl sehr hungrig, deshalb streife er hier immer in der Nähe des Restaurants herum, sozusagen ein »Geruchsmagnet« für Meister Petz. Heute Morgen hätte sie sogar arge Mühe gehabt, ihn zu vertreiben, da er mittlerweile recht forsch versuche, die Hintertür des Restaurants aufzustoßen. Erst mit ihrem *Bearbanger* konnte sie ihn schließlich verjagen. Mir blieb fast das Spiegelei im Hals stecken – was war ein »Bearbanger«? Und wieso quatschen diese Leute hier so gelassen über den Versuch eines Bären, in ein Haus einzudringen? Meine ursprüngliche Absicht, in dieser Nacht draußen hinter dem Restaurant mein Zelt aufzuschlagen, zerschlug sich im Nu! Ich hatte mir schon in Gedanken prima ausgemalt, an diesem Abend noch genüsslich ein Bier bei einem leckeren, deftigen Essen zu genießen, bevor ich dann gemütlich in meinen Schlafsack krabbeln würde. Aber hier draußen schlafen? *No way!* Frustriert kramte ich meine Straßenkarte aus dem Rucksack heraus und suchte den nächsten Ort auf meinem Weg Richtung Süden …

Verflixt! Jetzt musste ich doch noch weiter bis nach Stewart Crossing strampeln, obwohl mir eine Übernachtung hier an der Moose Creek Lodge echt gutgetan hätte. Hoffentlich war Stewart Crossing wenigstens mehr als ein kleiner Ort mit nur einem Restaurant und einem hungrigen Bären an der Hintertür. Noch weitere achtundzwanzig Kilometer! Mein Hintern schmerzte mittlerweile, als ob ich seit Tagen nur auf einem Stock gesessen hätte! Der neue Sattel an meinem Bike war wohl gewöhnungsbedürftiger, als ich geglaubt hatte.

DER FIRST-NATION-MANN

ANGETRIEBEN VON DER ANNAHME, eine kleine Stadt vorzufinden, in der ich meinen Vorrat an Proviant wieder auffüllen konnte, riss ich an diesen ersten zwei Tagen zusammen 188 Kilometer ab! Völlig ausgepowert erreichte ich schließlich Stewart Crossing, doch statt der erhofften Kleinstadt fand ich am Ortsschild nur ein einziges Gebäude vor. Der Highway kreuzte den Fluss über eine Brücke, deshalb wohl auch der Name. Mehr gab es nicht! Zu meiner Erleichterung prangten wenigstens in großen Lettern das Wort »Restaurant« auf dem Dach dieses Gebäudes. Vor der Tür stand ein ATV oder auch Quad, eines dieser vierrädrigen Motorräder. Also gab es dort Bewohner und etwas zu Essen, so meine Schlussfolgerung. Und es schien geöffnet zu sein. Gott sei Dank, dachte ich! Beim Eintreten in die gute Stube sank meine Vorfreude auf den Nullpunkt – das Lokal war total leer. Stühle, Tische sowie Küchenutensilien standen kreuz und quer herum, es sah sehr nach Umzug oder besser gesagt nach Einzug aus.

Rick und Irvine, die neuen Besitzer des Restaurants, waren kurz vor mir angekommen und machten wohl gerade eine Bestandsaufnahme des Inventars. Sie hatten um diese Jahreszeit überhaupt noch nicht mit irgendeinem Besucher gerechnet. Ich wurde erst einmal verwundert begrüßt, und nachdem wir es geschafft hatten, in diesem Chaos einen Kaffee zu kochen, setzten wir uns und plauderten drauf los. Die beiden Freunde erzählten mir, dass Irvine einen Unfall in einer der hiesigen Goldminen hatte, bei dem er achtzig Prozent seiner Sehkraft einbüßte. Mit der Abfindung durch die Minengesellschaft kaufte er sich kurzerhand dieses Restaurant. Jetzt war er mit seinem Kumpel Rick gerade dabei, den Laden auf Vordermann zu bringen. So wie es für mich aussah, kam es einer Mammutaufgabe gleich. Doch die beiden hatten die Ruhe weg. Im Norden Kanadas ist Eile wohl völlig fehl am Platz. Nach wir mehrere Stunden Pläne geschmiedet hatten, boten sie mir an, mein Lager in einem der leeren Räume des Restaurants aufzuschlagen. Zelten im Freien sei wegen der Bären zurzeit zu riskant.

Verdammt!, schoss es mir wieder durch den Kopf. Mit jedem Kommentar dieser Art kamen mir mehr und mehr Zweifel an meiner Reise! Und zusätzlich zu diesen nervenden Zweifeln war da immer noch mein aktuelles Problem Nummer eins … der Hunger! Auch Rick und Irvine knurrte irgendwann der Magen, weshalb wir in der Küche nach Proviantresten vom Vorbesitzer suchten, denn an Essbares oder Proviant hatten die beiden in der ganzen Euphorie über das neue Business beim Beladen ihres Pick-ups nicht recht gedacht. Wir fanden zum Glück in einer der Tiefkühltruhen ein paar große, tiefgefrorene Fleischstücke. Rick war begeistert über seinen Fund. Er machte sich gleich daran und setzte den Herd in Gang, dann zauberte er aus seinem Truck (wie die Pick-ups in Nordamerika auch genannt werden) doch noch ein paar Zwiebeln und Kartoffeln hervor und verschwand pfeifend und froh gelaunt in der Küche. Irvine hingegen blieb grinsend am Tisch sitzen. Während er genüsslich seinen Kaffee schlürfte, erzählte er mir von seiner Vergangenheit. Ich erfuhr, dass er ein First Nation Man ist, also kanadischer Ur-Einwohner vom Stamm der Haida. Diese Indianer besitzen bis zum heutigen Tag Jagdrechte, die von der kanadischen Regierung bis heute zugestanden wurden, da es sich um Gewohnheitsrecht der Urbevölkerung handelte. Irvine schilderte mir, wie er als kleiner Junge mit seinem Großvater auf die Jagd gegangen war, und als junger Mann hatte er eine Weile seinen Lebensunterhalt mit der Jagd und dem Verkauf von Tierfellen verdient. Eines Tages jedoch bot man ihm eine feste Stelle in der Goldminengesellschaft an, und er gab die Jagd auf, die langsam unrentabel für ihn wurde. Jetzt, nach dem Unfall in der Mine, fing für ihn ein neuer Lebensabschnitt an.

Seine Erzählungen hörten sich für mich an, als läse ich einen Roman von Karl May. Ich saugte alle Informationen über das Verhalten der freilebenden Tiere in der Wildnis auf. Irvine hatte viel Erfahrung in Bezug auf das Leben im *Bush* vorzuweisen. Er erklärte mir die Unterschiede zwischen Braun- und Schwarzbären sowie deren Jagd- und

Territorialverhalten. Ich lernte, das männliche Elche in der Brunft-
zeit überaus aggressiv sein können und es schon zu vielen Unfällen
gekommen war, wenn sie auf Menschen trafen. Auch Elchkühe mit
ihren Kälbern waren nicht zu unterschätzen. Aber am meisten warnte
mich Irvine vor der Situation, eine Bärin mit Nachwuchs anzutreffen. Der Beschützerinstinkt einer Bärenmutter ist unglaublich groß,
sie würde selbst viel stärkere, männliche Artgenossen angreifen, um
ihren Nachwuchs zu verteidigen. Er erklärte mir auch, dass ich in
einer solchen Situation nur eine Möglichkeit habe: Ich soll versuchen,
mich ruhig zu entfernen, ohne zwischen die Mutter und ihre Jungen
zu geraten. Wenn ich zwischen die Tiere geraten würde, wäre das definitiv mein Ende, so Irvine! Im Stillen bedankte ich mich bei ihm für
eine weitere Nacht mit Grübeleien und Bärenträumen!

Da Rick nun fast das Essen fertig zubereitet hatte, bot ich an, mich
mit irgendetwas aus meinem wenigen Proviant am Festschmaus zu
beteiligen. Ich erinnerte mich an das »Überlebenspaket«, das mir meine
Großmutter bei meiner Abreise aus Deutschland mitgegeben hatte. Es
war immer noch ganz unten in meinem Rucksack verstaut. Ganz lie-
bevolle Großmutter hatte sie ihrem Enkel etwas Gutes tun wollen und
zwei Tüten Fertigmischung für Eierpfannkuchen gekauft. »Leicht zu
machen«, sagte sie damals, »nur Wasser beimengen, umrühren und in
die Pfanne – fertig!« Ich wollte die Freude meiner Oma nicht trüben
und ihr gestehen, dass ich nicht einmal eine Pfanne, geschweige denn
einen Campingkocher dabei hatte! Aber jetzt waren die Pfannkuchen
die ideale Zugabe zu unserem improvisierten Mahl. Als ich zu Rick
in die Küche kam, um die Pfannkuchen zu brutzeln, schlug mir ein
starker Geruch entgegen, so stark, dass sich mir gleich der Magen
umdrehte! Ich bin normalerweise nicht pingelig in Bezug auf Essen,
bei der Marine hatte ich gelernt, das Hunger vor Geschmack kommt.
Aber es gibt halt für jeden gewisse Speisen, bei denen sich einem die
Fußnägel hochrollen, und in meinem Fall ist das Leber! Ich erinnere
mich, dass meine Mutter mir als Kind feinste Kalbsleber gebraten
hatte, es mir aber nur in Kombination mit einer Unmenge gebratener

Äpfel möglich war, den sehr dominanten Geschmack von Leber zu übertünchen. Nun stand ich hier in der Küche eines kanadischen Indianers und seines Trapper-Freunds Rick und sah mich einem Albtraum gegenüber: *Mooseliver*, also Elchleber! Mich hatte schon gewundert, wie dunkel das Fleisch aus der Tiefkühltruhe war, hatte der Färbung aber keine weitere Beachtung geschenkt. In meinem Magen meldete sich jetzt ein flaues Gefühl, meine Gedanken rasten ... Die Situation ähnelte dem ersten Besuch im Elternhaus deiner ersten großen Liebe, bei dem du die Kaffeekanne vom guten Sonntagsgeschirr umstößt und alles auf die gute Spitzendecke tropft, immerhin in Familienbesitzt seit drei Generationen! Du möchtest am liebsten im Boden versinken.

Rick war begeistert von seinem kulinarischen Resultat. Die Leberstücke waren circa vierzig Zentimeter lang und fünf Zentimeter dick, leicht angebraten, mit Zwiebeln und Kartoffeln garniert. Mir kam mit einem gequälten Lächeln ein »Hmm, smells nice!« über die Lippen. Am Tisch grübelte ich darüber nach, wie ich es schaffen konnte, meinen Anteil Elchleber auf wenigstens die Hälfte zu reduzieren. Nur hatte ich zuvor über meinem Hunger geklagt und über die lange Tagestour geprotzt. Am liebsten hätte ich mein Stück Leber in Omas Eierpfannkuchen eingepackt, um den bitteren Geschmack etwas abzuschwächen. Die Zwiebeln erreichten natürlich nicht den gleichen Effekt wie Mutters Bratäpfel, von denen ich in diesem Moment übrigens gerne zehn Kilo gehabt hätte. Tatsächlich würgte ich ein Viertel der Leber hinunter und spülte jeden Bissen mit viel Dosenbier herunter. Meine beiden Gastgeber nahmen es mir aber nicht übel, dass ich nicht alles aß.

Ich dafür lernte an diesem Abend eine wichtige Lektion. Bei Reisen in fremde Länder bedarf es oft viel Fingerspitzengefühl, Aufgeschlossenheit und Respekt gegenüber der jeweiligen Kultur, schließlich macht gerade das den Reiz des Reisens aus, sich in verschiedene Kulturen zu integrieren. Und wenn es nur bedeutet, seinen inneren Schweinehund überwinden zu müssen, um dieses für mich ungenießbare Stück Elchleber zu essen. Leicht hungrig, aber angeduselt vom vielen Dosenbier schlüpfte ich schließlich in meinen Schlafsack und schlief sofort ein. Am nächsten Morgen verabschiedete ich mich nach einem großen Pott starken Kaffee von den beiden Freunden, die mir wohlwollend einen Tipp mit auf den Weg gaben: ich solle den Tatchun Creek Campground auf meiner Strecke gen Süden meiden. Dort, so meinte Irvine, solle ich zu dieser Jahreszeit auf keinen Fall übernachten, denn da zögen im Moment die Lachse den Fluss hoch – ein gefundenes Fressen für Meister Petz. Ich bedankte mich für den Tipp und war schon mit meinen Gedanken wieder auf der Strecke.

Mein Tagesziel heute lautete Pelly Crossing, die Strecke nahm sich auf meiner Karte wirklich nicht weit aus. Es war ein Abschiedsgeschenk meiner lieben Oma an mich: eine Straßenkarte von ganz Kanada im Maßstab von 1:4 Millionen (zugegeben: optimale Vorbereitung sieht anders aus. Aber ich wollte ja Abenteuer erleben!). Auch Rick und Irvine schätzten die Entfernung auf rund sechzig Kilometer. Schaff ich!, dachte ich mir. Dort sollte es auch einen Supermarkt geben, denn mein Vorrat an Powerbars sowie Obst war aufgebraucht und auch die Kekse wurden knapp.

Das Einschätzen von Entfernungen ist so eine Sache bei Kanadiern! Und bei den Dimensionen Kanadas liegen quasi alle Zielorte unter hundert Kilometern auch mal eben »gleich um die Ecke«. Starker Gegenwind sowie welliges Terrain, sodass es permanent bergauf und bergab geht, ließen mich nur schleppend vorwärts kommen. Aber die Aussicht auf frisches Obst aus dem Supermarkt spornte mich an. Wieder ausgepowert und viel später als geplant erreichte ich den kleinen Ort. Der Einkauf im Supermarkt war ein wahrer Spaß! Ich hätte nie gedacht, dass etwas so Alltägliches wie ein Supermarkt sich auf einmal so aufregend und befriedigend anfühlen würde. All die leckeren Dinge, die man dort fand! Ich musste mich wirklich zusammenreißen, um den Einkaufskorb und damit auch mein Fahrrad nicht überzustrapazieren. An der Kasse erfuhr ich, dass es außer diesem Supermarkt auch noch einen Imbiss im Ort gab, der große Burger und leckeres, selbstgemachtes Eis im Hörnchen servierte. Eis im Hörnchen! Nix wie hin, war mein erster Gedanke, und zu meinem Glück hatte der Imbiss den ersten Tag in diesem Jahr geöffnet. Viele Angehörige der First Nation aus der ganzen Gegend kamen mit ihren großen Pick-ups vorgefahren, um sich auch ein frisch gemachtes Eis zu gönnen. Ich fiel mit meinem bepackten Bike richtig auf zwischen den großen Trucks, und jeder lächelte mir freundlich zu. Die kleine, etwas pummelige Eisverkäuferin erkundigte sich nach meiner Herkunft und wo es hingehen sollte. Als sie von meinen Plänen erfuhr, kramte sie unter der Imbisstheke einen Schlüssel zu einem nebenan gelegenen Pavillon hervor. Sie reichte mir den Schlüssel und lud mich mit einem freundlichen »Welcome to Pelly Crossing!« ein, in ihrem Pavillon zu übernachten; es wäre zwar nur ein Speisesaal, und ich müsste es mir auf einem Tisch als Schlaflager bequem machen, aber das sei wegen der Bären immer noch sicherer als draußen im Zelt.

Langsam bekam ich es wirklich mit der Angst zu tun, hörte ich doch nichts anderes als diese Bärenstorys auf meinem Weg. Dass ich hier eine Paranoia bekam, blieb ja wohl nicht aus, oder? Ich freute mich trotzdem über das nette Angebot der Eisdielen-Lady und schob mein Bike unter den überdachten und mit Fliegendraht verschlossenen Speiseraum. Danach ließ ich mir einen großen Cheeseburger und als Nachtisch natürlich ein frisches Eis schmecken. Vor dem Einschlummern machte ich mir noch Gedanken über die Nutzlosigkeit des Fliegengitters bei einem nächtlichen Bärenbesuch, doch die Müdigkeit überwältigte mich und ließ mich den Gedanken nicht zu Ende denken …

Etwa um diesen Zeitraum notierte ich Folgendes in mein Reisetagebuch: Den Traum zu dieser Reise lebe ich schon viele Jahre. Die Umsetzung und Durchführung waren jedoch, trotz aller Planung und Vorbereitungen und trotz der tollen Unterstützung durch Familie und Freunde, weitaus schwieriger, als man es sich vom Sofa aus vorstellt. Ich bin in diesen ersten Wochen meines Trips viele Stunden allein vor mich hin geradelt und hatte dabei viel Zeit, mir Gedanken über den Sinn oder Unsinn dieses Projektes zu machen. Diese Form des Reisens oder der Fortbewegung ist ein Lernprozess. Ich werde nach und nach stärker, gewinne an Kraft, sowie körperlich sowie mental. Ich konzentriere mich nicht mehr auf meine körperlichen Wehwehchen, die der Muskelkater hervorruft, und gewöhne mich zusehends an die Einsamkeit, die wirklich schwer zu beschreiben ist. Diese Ruhe und Stille der kanadischen Wildnis wird in einem Auto nicht so kennenlernen und zu fassen bekommen. Durch das Fahrrad ist der Kontakt zur Natur sehr intensiv. Ich mache sehr viele neue Erfahrungen und meine Aufzeichnungen dienen sozusagen als Ersatz für den Gesprächspartner, irgendwem muss ich schließlich meine Eindrücke »mitteilen« können.

Beim extremen Reisen weitab von der Zivilisation ist Planung wichtig, aber letztendlich ist nichts exakt planbar! Flexibilität ist oberstes Gebot. In Verbindung mit Selbstdisziplin und Ausdauer erkennt man, dass bei Extremreisen die Natur das Maß der Dinge ist, nicht der Mensch.

DER LÄNGSTE TAG, DIE LÄNGSTE NACHT ...

DREIHUNDERTVIERUNDFÜNFZIG KILOMETER in vier Tagen. Der ständige Gegenwind und die lang ansteigenden Abschnitte forderten ihren Tribut. Meine Beinmuskulatur war total übersäuert und verkürzt. Die Schmerzen im Gesäß machten die Tour im Sattel zur Tortur. Wenn ich in den Pausen abstieg, lief ich wie eine Ente im Watschelgang umher. Den ganzen Tag kämpfte ich gegen den Wind und die Berge an. Neben Proviant und Ausrüstung schleppte ich seit Anbeginn der Reise noch zusätzlich einen schweren Rucksack auf dem Rücken mit, der mir das Gefühl gab, das mich irgendjemand ständig wie an einem langen Gummiband zurückzog. Erst gegen sieben Uhr abends kam ich an einem Campground an, dessen Hinweisschilder mich seit gut sechzig Kilometer entlang der Straße begleiteten. Da ich nicht wieder am Highway übernachten wollte, hatte ich mich ins Zeug gelegt, um diesen Campingplatz zu erreichen. Meine Hoffnung war, dass es dort vielleicht ein paar Camper gab, damit ich nicht wieder ein einsames Rendezvous mit der Natur verbrachte. Ohne weiter auf den Namen am Eingang zum Campground zu achten, passierte ich die geschlossene Schranke. Tatsächlich traf ich auf ein älteres Ehepaar, die mit ihrem kleinen Hund in der Nähe ihres Autos saßen. Ich war happy. Denn Hunde garantieren beim Campen in Kanada immer eine gewisse Sicherheit: Falls sich Wildtiere näherten, schlugen Hunde normalerweise an, und die Camper waren gewarnt. Ich war noch dabei, ein schönes Plätzchen für mein Zelt zu suchen, als sich das Pärchen daran machte, alles einzupacken, um den Campingplatz zu verlassen. Sie hatten wohl nur den Tag hier verbracht und wollten am Abend lieber weiterfahren. Zu dumm!, dachte ich. Wieder allein! Da es noch taghell war, machte ich mir weiter keinen Kopf und erkundete die Gegend. Am nahen Fluss las ich eine Hinweistafel, aus der hervor ging, dass dieser Fluss reich an stromaufwärts ziehenden Lachsen war.

Sofort fielen mir die Worte Irvines wieder ein. Hatte er mich nicht gewarnt, auf keinen Fall an solchen Stellen zu übernachten? Und schon gar nicht am Tatchun Creek Campground? Ich versuchte die Situation abzuwägen. Zum einen waren da die warnenden Worte eines Angehörigen der First Nation, der mit Sicherheit wusste, wovon er redete. Zum anderen lag hier mein gesamtes Gepäck auf dem Boden verteilt, mein Körper schrie nach Erholung. Irvine sagte, es sei zu gefährlich hier zu zelten, aber was, wenn ich mir in einem der Holzunterstände einen Schutzwall mit den schweren Holztischen baute? Kurz gedacht, schnell gehandelt! Ich fand meine Idee super, denn so eine hölzerne Burg war ja schließlich kein leichtes Einmannzelt. Selbst Bären würden das erkennen, redete ich mir ein. Die nächste Stunde verbrachte ich damit, mein Nachtlager vermeintlich bärensicher zu machen. Ich stellte sechs große massive Tische zusammen; vier bildeten die Seitenwände, zwei die Überdachung – fertig war mein Unterschlupf! Anschließend traf ich noch weitere Maßnahmen, die ich in dem Bärenlehrfilm erlernt hatte. So verstaute ich nach dem Abendbrot meinen Essensvorrat, die Seife, meine Zahnpasta in einem wasserdichten Beutel, verschnürte ihn mit einer langen Schnur und hing etwa fünfhundert Meter vom Lager entfernt in einen hohen Baum. Wenn also diese Nacht ein hungriger Bär die Vorräte riechen sollte, wäre er dort so beschäftigt, dass er mir hoffentlich nicht zu nahe käme …

Alle Vorkehrungen getroffen, versuchte ich mich mit Eintragungen ins Tagebuch abzulenken und in Schlafstimmung zu bringen. Aber die Szenen aus dem Lehrfilm und die Kommentare der letzten Tage über Bären brachten mich nicht zur Ruhe. Ich erinnerte mich an eine Szene des Films, in dem ein aufgebrachter Schwarzbär einen etwa fünfzehn Zentimeter dicken Baumstamm mit einem einzigen Prankenhieb umgeknickt hatte. Wen sollte dann bitte meine schwachsinnige Holzburg abhalten? Während ich noch hin- und herüberlegte, was ich tun wolle, hörte ich ein Geräusch … Irgendwo aus dem umliegenden Wald ertönte ein holziges Krachen, was mir durch die Stille noch viel lauter vorkam, als es wahrscheinlich in Wirklichkeit war – als würde jemand

Baumrinde abreißen. Ich versuchte das Geräusch einzuordnen. Woher kannte ich es nur? Genau! Der Lehrfilm! Es war das Kratzen eines Bären an einem Baumstamm, der einen Eindringling aus seinem Territorium vertreiben wollte. Der Bär markierte sozusagen sein Revier, eine kleine Nachricht, die besagte: »Verschwinde aus meinem Jagdrevier!«

Ich musste meinen Plan, hier zu schlafen, verwerfen, brach mein Nachtlager so schnell wie möglich ab und packte schleunigst mein Bike für die Weiterfahrt. Es war mittlerweile schon fast elf Uhr abends und leicht dämmrig. die gesamte Atmosphäre machte mir Gänsehaut. Ich musste mich wirklich zwingen, nicht panisch davon zu stürzen und die Hälfte meiner Ausrüstung zurückzulassen. Der schwierigste Moment für mich war wohl, die fünfhundert Meter in den Wald zu gehen, um meinen Essensbeutel aus dem Baum zu fischen. Ich wusste nicht, wo sich der Bär aufhielt, hatte aber das Gefühl, von ihm beobachtet zu werden. Doch ohne die Verpflegung war ich aufgeschmissen, und wer wusste schon, wann ich wieder etwas Essbares kaufen konnte? Als ich endlich zurück auf dem Highway war, spürte ich keinen Muskelkater mehr und trat in die Pedale, als ob ich bei der Tour de France das Gelbe Trikot verteidigen müsste! Endlich, kurz vor ein Uhr nachts und nach siebenundzwanzig scheinbar ewiglangen Kilometern, erreichte ich einen weiteren Campingplatz, auf dem ein Pick-up mit Wohnanhänger stand. Ich war hundemüde und wollte nur noch schlafen. Ein großer Schäferhund kündigte meine Ankunft an, doch der Hund war für mich in diesem Moment wie ein Geschenk des Himmels. Es bedeutete, dass dort jemand wohnte. Also schob ich mein Bike leise auf den Campground, um niemanden zu wecken, doch der Hund hörte nicht auf zu bellen. Als ich auf der Höhe des Wohnwagens war, flog dessen Tür auf – ein Typ in Unterhemd und Boxershorts begrüßte mich mit angelegtem Gewehr auf der obersten Stufe. Es war nicht das erste Mal, dass ich in den Mündungslauf einer Schusswaffe schaute, trotzdem schrie ich kurz auf und rief dem Mann etwas zu, um mich als Mensch zu erkennen zu geben. Der Camper senkte sofort die Waffe und entschuldigte sich bei mir. Er erklärte, dass er mich für einen Wolf oder Bären gehalten hatte, denn sein Hund sei normalerweise nur in solchen Situationen so aufgebracht. Ein Fahrradfahrer um ein Uhr nachts in dieser Gegend war wohl das Letzte, was ihm in den Sinn gekommen war. Seine Argumentation zog!

Ich stellte mich mit Namen vor und schilderte ihm kurz meine Erlebnisse vom Tatchun Creek Campground. Er nickte zustimmend auf meine Bitte, mein Zelt in der Nähe des Hundes aufbauen zu dürfen. Wahrscheinlich sah er mir die Erschöpfung an, denn er erklärte mir, ich könne nun beruhigt schlafen. Sein Hund würde jedes noch so kleine Geräusch melden und sich dann der Sache annehmen (»He'll take care about it«). Es gab keinen Zweifel an seiner Aussage, denn sein Hund hatte ja schon bewiesen.

DAS VERMISSTE MOTEL

DIE GEWISSHEIT, einen wachsamen Hund und sein bewaffnetes Herrchen neben mir auf dem Zeltplatz zu wähnen, ließ mich schlafen wie ein Murmeltier. Nachdem ich mein Schlafdefizit getilgt hatte, gönnte ich mir eine heiße Dusche und wusch meine verschwitze Kleidung im Fluss. Auch das ist wichtig. Die Körper- und Materialpflege ist fundamental bei einer Reise über mehrere Jahre. Man muss gesund bleiben und seine Ausrüstung jederzeit funktionsfähig halten, eine Tatsache, die mir beim Militär immer wieder eingetrichtert wurde – zu Recht.

Der Mann mit dem Gewehr, Rob, stellte sich als Besitzer des Campgrounds heraus. Er war erst gestern Abend hier angekommen, um den Campground für die diesjährige Sommersaison auf Vordermann zu bringen. Ich hatte also echtes Glück gehabt, den richtigen Tag seiner Ankunft abzupassen. Seine Frau briet uns saftige Burger, und dann gab es zum Nachtisch auch noch Eis! Der Tag war perfekt. Da ich in der Nacht Krämpfe in den Beinen hatte, nicht verwunderlich nach hundertsieben Kilometern im Sattel an einen Tag, nahm ich mir für den heutigen Tag eine kurze Distanz von fünfzig Kilometern vor. Nach Aussage von Rob würde ich dann das Breaburn Inn erreichen, der einzigen Station zwischen hier und Whitehorse, wo ich acht Tage zuvor per Anhalter gestartet war. Zwischen Breaburn und Whitehorse lagen hundert Kilometer, in denen es nichts Ess- oder Trinkbares zu kaufen gab. Rob gab mir deshalb den dringenden Tipp, im Breaburn Inn Rast zu machen, besser noch dort zu übernachten, um mich zu versorgen.

Ich fuhr also gegen drei Uhr los und lies es gemütlich angehen. Dann würde ich die genannten fünfzig Kilometer bis zum Breaburn Inn locker bis zum Abend schaffen. Doch aus Robs geschätzten fünfzig Kilometern wurden zweiundachtzig Kilometer! Ich wusste echt nicht mehr, ob die Leute mir gegenüber Meilen- oder Kilometerangaben machten (heute weiß ich: In Kanada wird hauptsächlich mit Kilometern gerechnet, in den USA nur in Meilen)! Rob hatte wahrscheinlich auch keine Vorstellung davon, was zusätzliche dreißig Kilometer für einen Unterschied beim Fahrradfahren ausmachen! Nicht zu vergessen, dass ich auf diesen dreißig Kilometern ständig mit der Vorstellung unterwegs war, das Braeburn Inn übersehen zu haben. Ich meine, das konnte ja passieren bei dieser Eintönigkeit, stundenlang geradeaus durch kanadische Wälder zu strampeln – Sekundenschlaf oder so was Ähnliches! Hatte man ja schon gehört! Alles möglich! Und dann der permanente Gedanke, wieder umdrehen zu müssen. Wenn ich doch wenigstens mal endlich jemanden getroffen hätte, den ich fragen konnte! Abends gegen sieben Uhr entdeckte ich dann endlich ein vielversprechendes Symbol eines Essbestecks auf einem Hinweisschild. Es waren noch fünf Kilometer bis zum Breaburn Inn, berühmt für die größten Hamburger in ganz Kanada.

Und tatsächlich, als ich eine halbe Stunde später solch ein Teil vor mir liegen hatte, deckte der Burger die Hälfte des riesigen Tellers ab! Zusammen mit einem kühlen Bier ließ ich mir den XXL-Burger schmecken. Danach gab es noch einen Bonus. Der Besitzer des Inns war ein leidenschaftlicher Harley-Fahrer, und auch ich mochte Harleys. Wir hatten also ausreichend Gesprächsstoff. Irgendwann stellte er mir ein weiteres Bier vor die Nase und bot mir an, gratis eines der freistehenden Zimmer des Motels zu nutzen, da ich an dem Abend eh der einzige Gast war. Nach gut einer Woche schlief ich also zum ersten Mal wieder in einem weichen Bett …

Der nächste Tag hielt die letzten hundert Kilometer bis Whitehorse für mich parat. Die musste ich heute auf jeden Fall schaffen und stand deshalb früh auf. Ich rechnete mit acht Stunden Fahrzeit und wollte nicht zu spät im Hostel *beez kneez* ankommen, da freie Betten um diese Jahreszeit schon knapp werden konnten. Nach zwei großen Tassen Kaffee und zwei leckeren Schoko-Cookies verabschiedete ich mich von dem eingefleischten Motorradveteranen.

Die Strecke wurde nun flacher. Die Hochebene der Yukon-Region im Norden hatte ich hinter mir gelassen, nur der permanente Gegenwind blies immer noch in unverminderter Stärke. Es war ermüdend, dauernd gegen diesen Wind anzufahren, diesen unsichtbaren Gegner aller Radfahrer. Auf Steigungen im Gelände konnte man sich irgendwie besser mental einstellen: Ich wusste, irgendwann würde der Gipfel kommen, und teilte mir die Kraftreserven dementsprechend ein. Doch bei Wind war das anders!

Nach rund fünfzig Kilometern schmerzten wieder die Beine. Die Ausdauer war kein Problem, als ehemaliger Taucher habe ich immer eine gute Kondition gehabt. Aber die letzten fünfzig Kilometer bis Whitehorse fuhr ich sozusagen mit »abgeschaltetem Kopf«. In dieser großen Eintönigkeit bemerkte ich erst recht spät, dass ein großer Schäferhund am Straßenrand neben mir herlief. Keine Ahnung, wo er herkam, denn Häuser hatte ich noch keine passiert. Ich rief dem Hund aufmunternd zu, doch plötzlich hechtete er auf mich zu und griff mit gefletschten Zähnen an. Damit hatte ich nicht gerechnet! Ich konnte ihm nicht davonfahren, der Wind bremste mich zu stark! Also machte ich eine Vollbremsung und sprang mit einem Satz vom Bike. Was tun? Ich stemmte mein Bike mitsamt Gepäck hoch und versuchte, es wie ein Schutzschild zwischen mich und dem schnappenden Hund zu halten. Der Hund versuchte an dem Fahrrad vorbeizukommen und mich zu erwischen. Ich musste auf die schnellen Drehungen reagieren, sonst sah es schlecht für mich aus. Es war niemand zu sehen, der helfen konnte. Also brüllte ich den Hund an und versuchte, damit er wusste, dass ich über ihm stand, ich ihn dominierte. Es wirkte tatsächlich! Schlagartig ließ der Hund von mir ab und rannte wie von der Tarantel gestochen wieder in den Wald. Sein Verhalten war echt komisch. Vielleicht hatte das Tier Tollwut? Nach ein einigen Sekunden senkte sich mein Adrenalinspiegel wieder. Erst jetzt merkte ich das Gewicht des Fahrrads, das ich immer noch hochhielt. Aufgewühlt durch diesen Vorfall wurde mir wieder einmal der Nachteil bewusst, allein zu reisen.

DER GLÜCKLICHE JAPANER

AM SPÄTEN NACHMITTAG sah ich in weiter Ferne die ersten Ansiedlungen entlang des schnurgeraden Highways, und am Horizont tauchte die Silhouette eines Radfahrers auf. Ich erkannte zuerst ein knalloranges Fähnchen, das gerne als Sichtzeichen an Kinderfahrrädern montiert wird. Nach und nach kam die Silhouette näher und wurde zu einem Fahrradfahrer mit Gepäckanhänger. Wow, der erste Radfahrer auf meiner Reise! Leider fuhr er in die entgegengesetzte Richtung. Als wir auf gleicher Höhe waren, grinste ein Asiate mit einem breiten Lächeln an. Auf Englisch fragte ich ihn, woher er käme und wohin er wolle. Immer noch lächelnd antwortete er mir, er sei Japaner und vor drei Stunden in Whitehorse gelandet, hätte dann sein Fahrrad am Airport montiert. Er befinde sich auf dem Weg nach Carmarks, wo er heute Abend übernachten wollte.

»Carmarks?«, fragte ich verwundert nach, und er bejahte. Seine Tour sollte bis nach Inuvik in den Nordosten Alaskas gehen. Ich wusste, dass es bis Carmarks zwei Tagesreisen mit dem Bike waren, also hakte ich nach, ob er wüsste, wie viel Uhr es jetzt sei und wie weit es von hier aus bis zu seinem geplanten Tagesziel wären. Der Japaner schüttelte fragend den Kopf und meinte, er hätte im Internet keine genauen Details bekommen können. Dabei kramte er aus seiner Jackentasche ein paar lose Zettel heraus und hielt sie mir entgegen – es waren Fotokopien von Luftbildaufnahmen aus Google Earth! Der Typ ist irre, dachte ich insgeheim. Fährt tatsächlich mit dem Fahrrad in die kanadische Wildnis und Einöde Alaskas mit nichts als ein paar Schnipseln aus dem Internet als Kartenmaterial. Ich erklärte ihm, das Carmarks (also der Campground mitsamt Rob und Schäferhund), gute 180 Kilometer entfernt lagen und es sinnvoller war, im Breaburn Inn zu übernachten. Ich wusste nicht, ob er mich verstand, aber wir verabschiedeten uns mit einem »Good luck!«. Er strampelte grinsend gen Norden davon. Wahrscheinlich empfand er gerade die gleiche Euphorie, die mich überkommen hatte, als ich in Kanada gelandet war.

Zurück im Beez Kneez in Whitehorse bezog ich mein Zimmer und nahm eine heiße Dusche. Nach all den Cheeseburgern in der letzten Woche stand mir heute Abend der Sinn nach Pasta. Bei einem Teller Spaghetti zog ich mein Resümee der ersten Woche von meiner Reise entlang der Panamericana, der mit rund 28.000 Kilometern längsten Straße der Welt: Die ersten sechshundert davon waren abgearbeitet – so konnte es weitergehen!

AUFBRUCH GEN SÜDEN ...

EINE HEFTIGE ERKÄLTUNG fesselte mich für vier Tage ans Bett. Vermutlich hatte ich mir in der letzten Woche zu viel zugemutet, oder die Luftveränderung hatte mir einfach eins ausgewischt. Egal! Die vier Tage nutzte ich, möglichst viel Obst, Gemüse und Kohlenhydrate in mich reinzuschaufeln. Derart gestärkt machte ich mich auf den weiteren Weg Richtung Süden. Der anhaltende Husten und die laufende Nase sollten mich nicht länger davon abhalten, meinen Weg nach Skagway an die Küste Alaskas fortzusetzen. Falls Sie sich fragen, wieso fährt er denn jetzt wieder in Richtung Alaska? Nun, ganz einfach: Die geografische Situation in Nordamerika sieht so aus, dass die meisten Küstengebiete zu Alaska, also den USA gehören. Das dürfte wohl hauptsächlich wirtschaftliche Gründe haben. Es bringt der USA wegen der Fischereirechte und Transportwege entscheidende Vorteile. Die Hafenstadt Skagway ist das Tor zum Golf von Alaska. Ich hatte mir vorgenommen, mit der Fähre zwei Tage und circa fünfhundert Kilometer bis auf Höhe von Prince Rupert in British Columbia zu fahren. Auf dieser Route passiert man die »Stephens Passage«, den »Frederick Sound« und die »Clarence Strait«, allesamt enge Schiffspassagen zwischen den entlang der Küste verlaufenden Inseln und dem Festland. Zu dieser Jahreszeit konnte man dort viele Wale beobachten, weshalb die Fahrt für mich als Taucher ein absolutes »Muss« auf meiner Reise war.

Der Weg bis Skagway entpuppte sich als sehr schwierig. Um an die Küste zu gelangen, musste ich über einen 2.924 Meter hohen Pass mit schneebedeckten Bergen. Die Temperaturen fielen stark ab, da der Wind sich über dem Gletscher stark abkühlte. Meiner gerade auskurierten Erkältung half das wenig, und meine bereits angeschlagenen Bronchien rasselten wie eine zu lose Fahrradkette! Ich war jetzt froh, dass ich mir zuvor in Deutschland einen guten Schlafsack gekauft hatte, denn die Temperaturen nachts im Zelt waren brutal! Wieder wurde mir klar, wie entscheidend gute Ausrüstung auf Extremreisen war, und ich dankte insgeheim dem Outdoor-Fachverkäufer in der Heimat für seine Beratung.

An meinem letzten Stopp, dreißig Kilometer vor der Passüberquerung, die gleichzeitig den Grenzverlauf zu Alaska darstellt, erhielt ich eine für mich frustrierende Auskunft. Ein einheimischer Kanadier erklärte mir, dass ich von hier aus den Greyhound-Bus bis zum Grenzübergang nehmen sollte. Andernfalls konnte es passieren, dass ich oben am Pass nicht über die Grenze gelassen wurde. Die Grenzbeamten dort seien etwas kompliziert, was die Einreise angehe, besonders seit den Anschlägen vom 11. September 2001. Die Wahrscheinlichkeit, mit dem Fahrrad zurückgeschickt zu werden, war groß. Doch die Einreise per Greyhound-Bus unterliegt gewissen offiziellen Absprachen, die allgemein respektiert werden. Keine gute Nachricht für mich, denn eigentlich wollte ich gänzlich auf Busse verzichten – wozu hatte ich denn mein Bike? Als Kompromiss machte ich einen Deal mit dem Busfahrer. Er sollte mich in seinem Greyhound mitnehmen und mich dann kurz hinter der Grenze auf US-amerikanischer Seite aussteigen lassen, damit ich wenigstens einen Teil des Passes radelnd überwinden konnte. Der Busfahrer hatte anfangs Bedenken, das mich die amerikanische Borderpatrol aufgriff, willigte dann aber letztendlich doch ein.

Auf der frühmorgendlichen Fahrt zur Grenze – mit mir als einzigem Passagier – kreuzte direkt vor dem Bus ein mittelgroßer Schwarzbär die Straße. Der Fahrer nahm es gelassen, in etwa so, als ob uns in Europa ein Kaninchen über den Weg laufen würde. Er erklärte mir, dass es in dieser Gegend sehr viele Bären gab und selbst Eisbären manchmal von den umliegenden Gletschern herunterkommen. Irgendwie war ich nach dieser Aussage doch froh, im warmen Bus zu sitzen.

An der Grenze wartete der Busfahrer geduldig die Einreiseprozedur ab, und das war wirklich eine Prozedur! Ein regelrechtes Frage-Antwort-Spiel entspannte sich zwischen den Grenzbeamten und mir im Border Office! Sie waren wahrscheinlich verärgert über die morgendliche Störung und empfingen mich deshalb eher unfreundlich. Er fragte mich nach dem Grund meiner Einreise nach Alaska, und auf welche Art und Weise ich reisen würde? Mein Fahrradhelm lag vor ihm auf dem Tresen, meine Fahrradbrille steckte im Haar; außerdem trug ich Radlerhosen und Fahrradhandschuhe. Da ich seine Frage nur teilweise verstand, stellte ich scherzend die Gegenfrage, ob ich etwa mit meinem Outfit und dem bepackten Bike vor der Tür aussehen würde wie ein potenzieller Attentäter? Dem Grenzbeamten platzte fast die Halsschlagader, als er mich anbrüllte. Ich könnte gleich den Berg in Richtung Kanada zurückradeln, wenn ich noch so eine Bemerkung machen würde, tobte er. Der Bursche mir gegenüber war das Paradebeispiel eines militärischen Stereotyps und verstand keine Scherze. Ich sah ein, dass es besser war, sich von nun an das Einreiseprotokoll zu halten. Nach einem zwanzigminütigen, monotonen Ja-Nein-Antwortspiel war ich endlich entlassen und durfte mein Bike wieder in den Bus packen. Der Busfahrer lächelte und fragte, ob der Grenzer gestresst gewesen wäre. Er hatte das Brüllen bis draußen zum Bus gehört. »A little«, erwiderte ich, woraufhin er laut lachte und meinte: »Like always«.

Kurz nach Verlassen der Grenzstation ließ mich der Fahrer wie versprochen aussteigen. Wie ersehnt konnte ich den Rest des Weges bis Skagway fahren, und das auch noch ausschließlich bergab. Lange Abfahrten machten mir richtig Spaß und puschten mein Adrenalin so richtig. Richtig aufgewühlt erreichte ich die Hafenstadt und sog begeistert das geschäftige Treiben auf den Straßen mit den farbenfrohen Häuserfassaden. Skagway erschien mir nach den bisherigen Städten auf meiner Reise wie der absolute Touristentraum. Überall gab es Giftshops, also Souvenirläden, Eisdielen und Restaurants. Man fühlte sich in Skagway sofort willkommen, und das lag nicht nur am strahlenden Sonnenschein, der mich an diesem Tag hier erwartete. Ich bezog eine kleine Pension, ein Hostel für Backpacker. Mir gefiel die familiäre Herzlichkeit, mit der mich die Besitzerin empfing. Bis zur Abfahrt der Fähre hatte ich noch drei Tage und freute mich darauf, diese schöne Stadt zu erkunden.

Nach einer erfrischenden Dusche ging es zuerst auf einen Stadtbummel. Begeistert betrachtete ich die vielen alten, amerikanischen Autos, die es hier zuhauf gab und mit viel Liebe restauriert und erhalten wurden. Gegen frühen Abend beschloss ich, in einer Bar etwas zu essen. Das The Red Onion – die rote Zwiebel – war proppenvoll und ist in Skagway, gleich hinter dem Trade-Building, also dem Handelshaus, das zweitälteste gewerbliche Gebäude. Die heutige Bar mit Live-Musik war zur Zeit seiner Gründung ein Bordell, in dem Goldschürfer, Trapper und Fallensteller ihre hart erarbeiteten Dollars an leicht bekleidete Damen weiterreichten. Bis heute noch wird das damalige Flair bewahrt, und die Kellnerinnen servieren das Bier in plüschigen Kleidern mit tief ausgeschnittenen Bustiers, ganz entsprechend den alten Fotos aus der Gründerzeit, die an den Wänden des Pubs zu finden sind. The Red Onion ist ein lebendiges, funktionierendes Museum und versetzt den Besucher zurück in die Pionierzeit.

Es fiel mir wirklich schwer, den Pub bereits nach zwei Bieren zu verlassen, doch alles in meinem Körper schrie nach einem Bett. Als ich zum Hostel zurückkam, traf ich auf eine junge Backpackerin, die sich mir sofort vorstellte. Sara kam aus British Columbia und war vor knapp einer Stunde in Skagway eingetroffen. Wir unterhielten uns nett, und sie zeigte sich begeistert für meine Reise. Am folgenden Morgen fand ich vor meiner Zimmertür einen Zettel von ihr auf dem Flurboden. Sie lud mich zu sich nach Hause in British Columbia ein. Glücklicherweise lag die Heimatstadt auf meiner Route, und so plante ich den Besuch bei ihrer Familie ein.

An diesem Morgen wollte ich das Fährticket für meine Weiterreise durch die Fjorde südwärts bis Prince Rupert in British Columbia buchen. Laut Fahrplan legte die Fähre zweimal wöchentlich um 22 Uhr ab, während die Fahrt zwei Tage und zwei Nächte dauerte. Heute war Mittwoch, am Samstag wollte ich in See stechen, sodass mir noch ausreichend Zeit blieb, Skagway und die umliegenden Wälder zu erkunden. Der Fähranleger lag am anderen Ende der Stadt, und ich radelte dorthin, sodass ich das riesige Fährgelände eingehend abfahren konnte. Es ist das nördlichste Tor zum Pazifik für Fährschiffe aus der ganzen Welt. Schiffe und Häfen sind eine meiner Leidenschaften und wecken in mir immer wieder Fernweh, was auch der Grund dafür war, dass es mich in jungen Jahren zur Marine zog. Häfen umgeben ein Flair von Abenteuer und fernen Ländern.

Am Fährschalter erfuhr ich, dass der Fahrplan geändert worden war, weil eines der Fährschiffe ausfiel. Die Fähre legte nun nur einmal wöchentlich ab, und zwar immer mittwochs um 24 Uhr. Mittwoch? Das war heute! Zu dumm! Ich konnte unmöglich noch eine Woche in Skagway vertrödeln, also musste ich mich schnell entscheiden und kaufte mein Ticket schon für diese Nacht. Auslaufen war um Mitternacht, mir blieb als nur noch der Rest des Tages für Skagway. Etwas enttäuscht fuhr ich sofort zurück ins Hostel und teilte der Rezeptionistin mit, dass ich nicht wie vereinbart bis Samstag bleiben konnte. Sie nahm es ganz gelassen und mit einem Lächeln. Auch Sara musste ich versetzen; wir hatten uns für eine Waldwanderung um die Mittagszeit verabredet

Stattdessen nutze ich den restlichen Tag, meinen »sozialen« Verpflichtungen nachzugehen. Ich ging zum Friseur, ließ meinen Rauschebart und die Mähne etwas stutzen, denn wer wusste, wann ich wieder die Chance dazu bekam? Anschließend suchte ich mir ein Internetcafé, um meiner Familie und Freunden das wöchentliche Lebenszeichen zu senden und gleichzeitig einen kleinen Reisebericht abzugeben. Dann mussten noch die Einkäufe erledigt werden, denn auf der Fähre galt Selbstverpflegung. Ich hatte die Holzklasse gebucht, sprich: Ich würde statt in einer Kabine mit meinem Schlafsack auf dem Oberdeck schlafen. Bei der günstigsten Option fehlte zudem die Bordverpflegung, aber damit hatte ich echt kein Problem. Ganz im Gegenteil: Ich zog die frische Luft an Oberdeck einer stickigen Schiffskajüte vor. Die restlichen Stunden bis zum Ablegen der Fähre verbrachte ich im The Red Onion und gönnte mir ein dickes T-Bone-Steak. Wieder war die Stimmung prächtig, und die Zeit bis zum Check-in um 23 Uhr verging viel zu schnell.

DIE FAHRT DURCH ALASKAS FJORDE

ALS ICH DANN MEIN BIKE auf das Parkdeck der Fähre schob, neben all den Autos und Wohnmobilen, erregte ich bei den anderen Reisenden und selbst beim Fährpersonal Aufsehen. Ich musste viele Fragen über meine Reise, mein eigenhändig modifiziertes Fahrrad und mein Gepäck beantworten. Einige kanadische Camper bestaunten die wenige Ausrüstung, die ich für die lange Reise dabei hatte. Sie waren ihre riesigen Wohnmobile gewohnt, die mit Mikrowelle und Satellitenfernsehen alles on board hatten, was auch in einem gewöhnlichen Haushalt zu finden war. Mein Gepäck blieb auf dem Rad. Nur mit meinem Schlafsack und dem Fresspaket bewaffnet machte ich mich auf den Weg auf das obere Deck, dem Sonnendeck. Dort freute ich mich gleich über die Entscheidung, den Billigtarif gewählt zu haben. Hier gab es Kunststoffliegen unter einem halb offenen Glasdach, das obendrein mit Heizstrahlern an der Decke ausgestattet war. Optimal! Eine bessere Aussicht konnte man nicht genießen!

Von meiner Liege aus hatte ich direkte Sicht auf das Wasser, ideales Whale-Watching war garantiert! Anfangs war ich hier oben der einzige Gast, die übrigen Passagiere hatten eine Kabine gebucht; also bereite ich meine »Koje« vor und machte ein wenig Sport auf dem riesigen Schiffsdeck. Dann packte ich mein Abendbrot aus und genoss die Aussicht.

Beim Auslaufen der Fähre erschien ein frisch verliebtes, junges Pärchen auf »meinem« Deck, um den schönen Sonnenuntergang zu genießen. Als sie mich in meinem muckeligen Schlafsack entdeckten, warfen sie sich gegenseitig überraschte Blicke zu und tuschelten leise vor sich hin, wollten dann aber sogleich wissen, ob die Übernachtung an Oberdeck erlaubt sei. Ich erklärte ihnen, dass es einen Spartarif ohne Kabine gäbe. Beide guckten sich wieder an und verschwanden unverzüglich unter Deck, doch keine zehn Minuten später war das junge Pärchen zurück, doch diesmal mit Kopfkissen und Oberbetten aus ihrer Schiffskabine! Höflich fragten sie mich, ob sie die zwei Sonnenliegen neben mir nutzen durften. Ich lachte und antwortete, dass sie herzlich willkommen seien, in diesem riesigen Schlafsaal unter freiem Himmel. Beide haben die gesamten restliche Nächte der Überfahrt auf dem Sonnendeck verbracht und ihre Kabine nur zum Duschen genutzt. Am zweiten Tag waren wir schon fünfzehnt Personen, die mit ihrem Bettzeug eingemummelt auf den Liegen schliefen! Es war sehr amüsant, wie nachts immer mehr Passagiere auf das Sonnendeck schlichen, um vorsichtig ihr Schlaflager einzurichten. Laut Fahrplan waren zwei Tage für die Durchfahrt bis Prince Rupert geplant, doch am Nachmittag des zweiten Tages machte die Fähre plötzlich an einer breiteren Stelle im Fjord kehrt. Sofort kam Unruhe an Bord auf, bis eine Ansage des Kapitäns für Klarheit sorgte: Eine der beiden Ruderanlagen war ausgefallen, und der Kapitän wollte nicht die noch vor uns liegenden Engstellen der Fjorde mit nur einer Ruderanlage durchfahren. Eine weise Entscheidung, denn ich wusste aufgrund meiner Zeit zur See genau, wie lange ein Schiff dieser Kategorie bräuchte, um aufzustoppen, was bedeutet, das Schiff zum kompletten Stillstand zu bringen.

Also ging es wieder einen halben Tag zurück, bis zum letztmalig angelaufenen Fährhafen Juneau. Dort sollten wir auf eine Ersatzfähre umsteigen und unsere Reise fortsetzen, was mir gerade recht kam, erhielt ich doch so einen weiteren Tag und eine weitere Nacht die Möglichkeit, Wale und Delphine zu beobachten. Und just auf diesem Teilstück bot sich uns allen an Oberdeck ein Wahnsinnsspektakel, als sich ein circa zwanzig Meter großer Wal unmittelbar neben der Fähre bis zur Schwanzfinne aus dem Wasser schraubte, um dann mit einem riesigen Klatscher zurück ins Wasser zu fallen! Alle, die das Kunststück mitbekommen hatten, kriegten sich vor Freude kaum wieder ein, und der *Supersplash* sorgte den restlichen Tag noch für reichlich Gesprächsstoff.

Im Hafen von Juneau mussten wir noch bis drei Uhr nachts auf unserer alten Fähre ausharren, erst dann wurden wir von der Crew geweckt und konnten auf die Ersatzfähre wechseln. Als Entschädigung für die Unannehmlichkeiten bekamen alle Passagiere für den Rest der Fährfahrt Speisen und Getränke umsonst.

Am nächsten Morgen war das Sonnendeck voll belegt, die Stimmung ausgelassen, da ein First-Nation-Mann auf seiner vollverchromten Gitarre alte Bluesrhythmen zum Besten gab.

THE OLD ENGLISHMAN

An nächsten Tag lernte ich einen Mann kennen, dessen Lebenseinstellung mich bis heute geprägt hat: Terry aus England. Terry musste so um die siebzig Jahre alt sein, aber hinter seinem weißen Vollbart und dem braun gebrannten Gesicht funkelten mich zwei lebhafte, stahlblaue Augen eines Zwanzigjährigen an. Bei unserem Geplauder über das glatte tiefblaue Wasser des Fjords kam heraus, dass wir beide Taucher waren, doch im Gegensatz zu mir hatte Terry auf Ölplattformen als Offshore-Taucher gearbeitet – ein riskanter und knallharter Job! Wir teilten die Leidenschaft für die Unterwasserwelt und unterhielten uns mit immer größerer Hingabe über das Meer. Dann schilderte mir Terry, wie er seit zwei Monaten mit seinem Kanu von Norden nach Süden die Fjorde Alaskas abfuhr, und zwar allein. Ich konnte es erst nicht glauben, aber seine Schilderungen über die Einsamkeit, die körperliche und mentale Erschöpfung nach langen Distanzen und das mulmige Gefühl, mitten im Bärenland zu zelten, machten ihn absolut glaubwürdig. Terry fragte mich, ob ich beim Radeln die Kurbelbewegungen meiner Pedale zählen würde, um mich von der Einsamkeit abzulenken. Er jedenfalls zählte seine Paddelschläge. So schlimm war es bei mir mit der Einsamkeit zum Glück nicht bestellt. Terry hatte die Fähre gewählt, um bis nach Petersburg zu gelangen, von wo aus er dann die Fjordregion Richtung Great-Glacier mit dem Kanu bereisen wollte. Ihm war durchaus bewusst, dass im Falle eines Durchkenterns die Überlebenschancen bei den hiesigen Wassertemperaturen gering waren. Aber er hatte seine eigene Philosophie fürs Leben und erklärte mir, dass er bis heute ein wundervolles Leben geführt hatte und glücklich verheiratet war mit einer sehr lieben Frau. Er hatte traumhafte Kinder und süße Enkelkinder. Kurzum: Er war ein glücklicher Mann. Würde nun sein Kanu durch einen auftauchenden Wal kentern oder er von einem angreifenden Bären tödlich verletzt, so wäre das seiner Ansicht nach »kein Drama«, sondern das Ende eines erfüllten Lebens.

Der Mann war um seine Einstellung echt zu beneiden! Bevor Terry in Petersburg sein Kanu von der Fähre zog, tauschten wir unsere E-Mail-Adressen aus, um uns gegenseitig über unsere zukünftigen Reiseerlebnisse auf dem Laufenden zu halten. Ich habe Terry bis heute in meinem Adressen-Verteiler stehen. Doch nachdem sich unsere Wege getrennt hatten, hörte ich nie wieder etwas von ihm! Seine Worte begleiten mich seitdem auf all meinen Reisen und helfen mir, unwegsame Situationen ohne Angst so zu nehmen, wie sie kommen.

BRITISH COLUMBIA: DAS LAND DER BÄREN

JACK, MEIN GASTGEBER für die erste Übernachtung in British Columbia, bot mir einen prima Unterstand für mein Zelt hinter seinem Haus an. Dann schob er mein Bike in seine Garage und lud mich zum Essen in sein Restaurant ein. Ich war der einzige Gast an diesem Abend und so hatte er genügend Zeit, aus dem Nähkästchen zu plaudern.

Jack war acht Jahre lang in Deutschland als Soldat stationiert und sprach immer noch ein ganz passables Deutsch. Mit mir wollte er natürlich eifrig üben. Seit seiner Rückkehr aus Deutschland verdiente er sich als professioneller Jäger das Geld für dieses Restaurant. Da es sich noch nicht selbst trug, zog es ihn in seiner Freizeit jede freie Minute in den *Bush*, um zu jagen und sich so etwas Geld dazuzuverdienen. Jack wusste zu berichten, dass das Land derzeit mit einer Überpopulation an Bären zu kämpfen hatte. Er erklärte mir, dass sich die Zahl der Bären in Kanada in den letzten vier Jahren verdreifacht hatte. Grund dafür waren seiner Ansicht nach die Abschussverbote. Da durch dieses starke Wachstum der Lebensraum jedes einzelnen Bären immer kleiner ausfiel, drängten die pelzigen Prädatoren näher an menschliche Siedlungen. Der unfreiwillige Kontakt wurde noch durch die Mülldeponien vor den Dörfern und Städten beschleunigt. Man konnte die Bären dort häufig antreffen und sehen, wie sie Tag und Nacht in den Abfällen der Menschen nach Fressbarem suchten, wobei sie den Geruch des Menschen aufnahmen und die natürliche Scheu vor ihm verloren. Jack nannte eine Statistik, aus der hervorging, dass die Zahl der Schwarz- und Braunbären allein in British Columbia im Jahr 2005 auf neunzigtausend Exemplare gestiegen war. Nach seiner Aussage wurde nun zum ersten Mal wieder in Kanada ernsthaft über eine Abschussquote nachgedacht, durch die die Zahl der Bären auf ein passables Niveau gesundgeschrumpft werden sollte.

Jack steigerte sich bei seinen Erklärungen in das Thema hinein. Er zeigte mir Zeitungsberichte von erst kürzlich geschehenen Zusammenstößen zwischen Mensch und Tier, bei denen hier in Britisch Columbia innerhalb von zwei Wochen zwei Frauen von Bären tödlich verletzt wurden. Im ersten Fall hatte ein Bär eine junge Studentin angegriffen, die im kanadischen Aufforstungsprojekt als *Treeplanter* Baumsetzlinge pflanzte. Ihre nur zwanzig Meter entfernten Kollegen konnte den Bären nicht davon abhalten, sie zu »reißen«. Im anderen Fall war eine Dreiergruppe von Joggern im *Bush* von einem Grizzly überrascht worden. Die zwei Männer der Gruppe liefen um ihr Leben, doch die junge Frau kletterte auf einen Baum, was als richtige Verhaltensweise empfohlen wird. Grizzlybären sind schlechte Kletterer und lassen normalerweise in solch einer Situation von ihrer Beute ab, in diesem Fall jedoch folgte der Bär seinem Opfer und hatte Erfolg. Die beiden Männer hatten keine Chance, den Bären abzulenken, um die Frau zu retten.

Jack war nun in seinem Element! Er erklärte er mir die Technik, mit der ich einen angreifenden Schwarzbären nur mit meinem Bowiemesser überwältigen könne. Ich müsste allerdings in an den Brustbereich des Tieres herankommen, was wiederum bedeute, dass ich unter den gefährlichen Pranken hindurchtauchen müsse, um dann mein Messer ins Herz des Bären zu stoßen. Bei seinen Erklärungen benutzte Jack einen Flaschenöffner als Ersatz für das Bowiemesser und tobte durch seine Küche. Ich verfolgte die Vorführung angestrengt und versuchte mir einige Bewegungsmuster des Selbstverteidigungskurs zu merken, aber bald schon rauchte mir der Kopf und ich beschloss, einen Abendspaziergang bis zum eineinhalb Kilometer entfernten See zu machen. Jacks Empfehlung, dabei unbedingt mein Bärenabwehrspray mitzunehmen, ließ mich dann bei jedem kleinsten Geräusch im Wald hektisch herumfahren.

Nach drei Tage und einigen hundert Kilometer auf dem Highway 16, der durch »BC« führt, erreichte ich Kitwanga, ein Reservoir der Ureinwohner Kanadas. In Kitwanga bringen die *First Nation People*

Touristen ihre Kultur und Entwicklungsgeschichte näher. Man konnte dort allerlei Souvenirs kaufen oder aber sich in einem kleinen Museum über die Erstbesiedlung Nordamerikas durch die First Nations informieren, ebenso wie über die Verfolgung und Beinahe-Ausrottung durch die späteren Siedler aus Europa. Mittlerweise sind die Angehörigen der First Nations eine Minderheit in Kanada, die um ihre Kultur bangen muss. Die Geschichte der Ureinwohner Amerikas, die fälschlicherweise früher als »Indianer« bezeichnet wurden, entwickelte sich für mich zum interessantesten geschichtlichen Teil meiner Reise entlang der Panamericana.

DIE ERSTE BEGEGNUNG MIT MEINEM »GESPENST«

NACH KITWANGA FÜHRTE MICH der Highway durch eine dichte Waldregion. Wie Jack, der Profijäger, es prophezeit hatte, war er plötzlich da, der Bär! In einem kleinen Pfad, der rechts in den Wald führte, sah ich aus dem Augenwinkel ein großes schwarzes Etwas. Es befand sich in der Mitte des Pfades. Als ich in seine Richtung schaute, nahm das Etwas konkrete Formen an. Der Bär stand einfach da und beobachtete mich, groß, massig, mit o-förmigen Beinen und langen Krallen an seinen mächtigen Pranken. Es waren nur wenige Sekunden, dann hatte ich den Seitenweg passiert und er verschwand aus meinem Sichtfeld. Aber in diesen Sekunden prägte ich mir seinen Anblick ein, wie eine Sequenz von mehreren Fotos. Mein Herz pochte mir bis zum Hals. Meine Beine, das Treten in die Pedale, ich spürte es nicht mehr! Der Bär war nur circa fünfzehn Meter von mir entfernt gewesen, und seit Beginn der Reise hatte ich diesen Moment viele Male in Gedanken durchlebt. Wie wäre wohl das Gefühl, wenn ich dann wirklich auf einen Bären treffe? Es war keine Angst, und auch keine Panik, sondern eher das Gefühl von totaler Unterlegenheit, das mich befiel. Seine gesamte Erscheinung strahlte eine majestätische Kraft aus. Ich fühlte mich völlig ausgeliefert, so allein mit diesem großen Raubtier. Kein schützender Zaun wie im Zoo. Kein Mensch weit und breit in meiner Nähe. In der Hoffnung, den Bären nicht mit meinem Blick provoziert zu haben, kurbelte ich weiter. Die Beine wurden leicht, sehr leicht! Immer wieder drehte ich mich um, vergewisserte mich, dass der Bär mich nicht als seinen Nachmittagssnack betrachtete und mir nachsetzte. Bestimmt hatte er sich über dieses komische rote, bimmelnde Tier mit Plastikhelm auf dem Kopf gewundert.

Als meine Herzfrequenz sich gerade wieder normalisierte, und ich mich wieder mehr auf die Straße vor mir konzentrierte, empfing mich vierzig Meter vor mir der nächste Bär! Die Haare sträubten sich mir im Nacken! Da hatte ich nun den ganzen Yukon durchquert und dabei nicht einen einzigen Bären zu Gesicht bekommen, und hier in British Columbia stieß ich gleich an einem Tag zweimal auf einen von diesen Burschen – innerhalb von zehn Minuten! Mir blieb nichts anderes übrig, als zu bremsen und anzuhalten. Ich stand dreißig Meter vom Tier entfernt, mitten auf dem Highway, und schaute nach hinten. Ich fühlte mich eingekreist! Was sollte ich tun, wenn mir der andere Bär von hinten folgte? Noch hatte der Bär vor mir meine Witterung nicht aufgenommen, denn der Wind kam von vorn, aber weiterfahren konnte ich nicht, sonst hätte ich ihn mit höchstens zwei Metern Abstand passieren müssen.

Was hatten die noch einmal im Film erklärt? Sich groß machen und laut und ruhig auf das Tier einreden. Ich drehte mein Bike quer zur Fahrtrichtung, damit ich samt Gepäck größer erschien. Flucht entfiel, wohin auch? Zurück zu seinem Bärenkumpel, der immer noch über das rote, rollende Tier nachdachte? Also quatsche ich einfach drauflos, keine Ahnung, wieso ich gerade mit einem »Hello Bear!« auf Englisch begann. Der Bär hörte mich, drehte seinen Kopf zu mir hin und hob die Schnauze an. Mir schoss mein Schweißgeruch durch den Kopf. Hoffentlich roch ich nicht zu lecker für ihn! Zwei lange Minuten musste ich warten, die mir wie eine Unendlichkeit erschienen! Die kleinen Augen in diesem riesigen Kopf sahen so listig aus! Endlich drehte der Bär ab und trottete in Richtung Wald. Gott sei Dank, dachte ich. Doch genau in dem Moment, als er sich in Bewegung setzte, hoppelten aus dem hohen Gras zwei kleine Bärenjunge hinterher. Ich hatte es mit einem Schwarzbär-Weibchen und ihren *cubs* zu tun, circa ein Jahr altem Bären-Nachwuchs. Die Kleinen hatten sich die ganze Zeit über im hohen Gras versteckt gehalten und rannten nun der Mama hinterher! Was für ein Glück, das ich nicht weitergefahren war, die Bärin hätte mit Sicherheit angegriffen.

Dieser Tag war mit Sicherheit der aufregendste seit Beginn meiner Reise, und solche Situationen brauchte ich wirklich nicht öfter, aber die Begegnung hatte auch sein Gutes. Von nun an lebte ich nicht mehr ständig in Gegenwart eines Gespensts. Die vielen Spuren und Bären-kothaufen, auf die ich bisher gestoßen war, hatten nun ein Gesicht bekommen. Ich konnte mich von jetzt an besser auf die Situation ein-stellen, denn ich hatte die Tiere live und in Farbe gesehen. Diese Nacht schließ ich tief und fest in meinem Zelt, das Gespenst aus meinem Kopf war vertrieben.

Auf meinem Weg lag der kleine Ort Smithers; es gab dort ein Hos-tel, das zwei jungen Österreichern gehörte. Tina und Hans waren in ihr Traumland Kanada ausgewandert. Neben der Arbeit im Hostel unterrichtete Hans im Winter Snowboardfahrer. Im Sommer bot er *Hiken*, also Wandern in den Wäldern für die Hostelgäste an. Sein gro-ßer Hund, ein Husky, war immer dabei. Nach zwei Übernachtungen fiel es mir schwer, weiterzuradeln. Die beiden gaben sich alle Mühe, dass man sich bei ihnen wie zu Hause fühlte.

Bei meiner Abreise hingen über der Region schwere Regenwolken. Kurze heftige Regenschauer lösten sich ab mit Sonnenschein. Diese Etappe der Reise wurde für mich zur An- und Ausziehshow, ständig streifte ich die Regenschutzkleidung über und wieder ab. Am fol-genden Mittag begegnete ich einer merkwürdigen Gruppe von Fahr-radfahrern: Keiner hatte Gepäck dabei, stattdessen rollten sie auf Tandems daher, jeweils mit einem kleinen Mädchen auf dem hinteren Sattel. Paul, ein fünfzigjähriger Zahnarzt, und seine Frau Lisa aus dem kleinen Nachbarstädtchen Houston waren mit ihren beiden zwölfjäh-rigen Zwillingstöchtern unterwegs und machten einen Tagesausflug. Paul hielt an und fragte mich, wohin mich meine Tour führte, und ich erklärte ihm meine Reiseroute. Die Story begeisterte ihn. Er lud mich kurzerhand zu ihnen nach Hause ein, und als ich am Nachmit-tag Houston erreichte, wurde ich von Paul, seiner Familie und seinen Freunden mit einem tollen Barbecue empfangen. Ich erfuhr an diesem Abend, das Paul leidenschaftlicher Fahrradfahrer war und ständig mit seiner Familie zu Touren entlang der Pazifikküste Nordamerikas aufbrach. Nun plante der Fünfzigjährige für das nächste Jahr eine Teilnahme an einem einwöchigen Bike-Rennen, dem Cape Epic, durch

Südafrika. Der Mann war genau nach meinem Geschmack! Pauls Familie bestand darauf, dass ich das Wochenende bei ihnen verbringe; ich wäre sogar liebend gern ein paar Tage länger geblieben, aber das Ausreisedatum meines Visums zwang mich, weiterzuziehen. Nach einer bequemen Nacht im Gästezimmer und einem klasse Frühstück mit dicken Schokoladenmuffins ging es daher weiter nach Burns Lake.

Auf diesem Teilstück lag einer der beiden schwierigsten Anstiege auf der gesamten Kanada-Strecke vor mir. Der berüchtigte Berg wird bei den lokalen Radfahrern ehrfürchtig der *Hungry Hill* genannt, denn er frisst Fahrradfahrer regelrecht auf und lässt sie verhungern. Auf einer Distanz von sechs Kilometern galt es, mit durchschnittlich vierzehn Prozent achthundertdreiundsechzig Höhenmeter zu bewältigen. Es war wirklich ein Geknüppel dort hinauf, doch ich hatte einen gewissen Ehrgeiz, den Hungry Hill zu bezwingen, ohne eine Pause einzulegen. Auf den letzten Metern vor dem höchsten Punkt fuhr ich mir deshalb auch fast über meine eigene Zunge! Es war buchstäblich atemberaubend, wie sehr mich das zusätzliche Gewicht am Mountainbike bremste. Auf solche Anstiege konnte ich verzichten, sie brauchte ich nun wirklich nicht täglich auf meiner Reise …

BODO, DER BERLINER

NICHT JEDER TAG MEINER REISE enthielt nennenswerte Highlights, und ich lernte ich viele Menschen mit interessanten Lebensgeschichten kennen. So auch an diesem Tag auf meiner Route entlang dem Highway 16. Ich hielt in der Gegend um Topley an einem kleinen völlig heruntergekommenen Drive-in an. Als ich eintrat, schlug mir der leckere Duft von Kaffee und gebratenen Eiern entgegen. Das Lokal war menschenleer, und selbst nach gut fünf Minuten hatte sich noch niemand vom Personal blicken lassen. Ich rief ein lautes »Hello« in die Runde, und siehe da, hinten in der Küche klapperte etwas. Ein Mann im Alter von ungefähr sechzig Jahren, ungepflegt, einen schmutzigen Lappen über der Schulter, schlürfte aus der Küche und brummte mir ein mürrisches »Howdy!« entgegen. Ich fragte ihn nach der Speisekarte, und er bot mir ein einziges Mahl an, jedoch in zwei Varianten: Rühr- *oder* Spiegeleier mit Speck und Bratkartoffeln. Dazu Kaffee. Fertig! Verdutzt über die knappe Ansage akzeptierte ich einen seiner beiden Vorschläge, da ich keine Aussicht auf ein weiteres Restaurant an diesem Tag hatte.

Nachdem Essen und Kaffee auf dem Tisch standen, setzte sich der Mann ohne Aufforderung zu mir an den Tisch. Er war wohl nicht sehr beschäftigt, denn obwohl es schon Mittag war, sollte ich sein einziger Gast bleiben. Stockend kam er mit mir ins Gespräch. Mein Gegenüber hieß Bodo, der sofort an meinem Akzent gehört hatte, dass ich Deutscher bin – und zu meiner Überraschung ebenfalls meine Muttersprache beherrschte. Bodo war gebürtiger Berliner und in seinem Leben sehr viel herumgekommen. Wie zum Beweis kramte er viele alte Fotos heraus, auf denen man ihn in vielen Ländern Südamerikas und Asiens sehen konnte. Er war immer »auf Tour« gewesen, wie er es nannte. Ihn reizten fremde Länder und fremde Kulturen, aber erst die Beschreibungen mit seiner frechen Berliner Schnauze machten das Gespräch recht amüsant. Er erzählte von schönen Landschaften und schönen Frauen … Aber gerade beim Thema Frauen wurde er immer aufbrausender. Er offenbarte mir, dass er verheiratet war, und zwar mit mehreren Frauen in verschiedenen Ländern! Wie Bodo das geschafft hatte, konnte er mir selbst nicht erklären, aber er meinte, zu der damaligen Zeit wusste man in Asien nicht, was in Venezuela geschah. Er hatte also zwei Ehefrauen, eine in Venezuela und eine zweite in Taiwan, mitbeiden hatte er sogar Kinder! Stolz zeigte mir Bodo Fotos von seinen Hochzeiten und den Kindern. Dann brummelte er wieder etwas in seinen Bart, etwas in der Art: »Frauen kann man(n) nicht verstehen!« Seine Geschichte endete hier, hier in Topley irgendwo in British Columbia am Highway 16 in einem heruntergekommenen Drive-in-Restaurant. Er hatte beide Frauen verlassen und keinen Kontakt mehr zu irgendjemanden aus seiner Familie. Nach all seinen abenteuerlichen Reisen in schöne Länder und den vielen Menschen auf seinen Fotos war er hier gestrandet. Allein in seinem Drive-in. Er lebte in der Erinnerung, und bei meiner Abfahrt murmelte er, dass er am liebsten den Drive-in dichtmachen und mitkommen wolle. Seine Geschichte stimmte mich nachdenklich. Bodo war irgendwie auf seinen Reisen in eine Fußangel des Lebens getappt und hatte den Schlüssel dazu weggeworfen.

DER »UNSICHTBARE GEIST« KOMMT ZURÜCK ODER: EIN TAG IM MONAT JUNI

DIESER TAG WURDE ZUR WASSERSCHLACHT! Es hatte die ganze Nacht wie aus Eimern geregnet. Mein Zelt musste ich an diesem Morgen pitschnass einpacken und verstauen. Meine Goretex-Kleidung tat zwar ihren Job, aber wegen der vielen Berge war ich total verschwitzt. Auf den Abfahrten wurde es dann wegen des Fahrtwindes immer richtig kalt, und ich musste aufpassen, dass mir meine Bronchien nicht wieder Probleme bereiteten. Zu allem Überfluss überholten mich an diesem Tag einige Trucks mit riesigen Holzladungen, die mit ihren Auflegern enorme Wasserfontänen auslösten. Es kam mir jedes Mal vor, als ob ich mit dem Fahrrad durch eine Waschstraße fuhr!

Irgendwann bemerkte ich weit vor mir etwas großes Braunes, das im hohen Gras am Rand des Highways lag. Zuerst schoss mir wieder der Gedanke an einen Bären durch den Kopf. Aber das Ding dort bewegte sich nicht. Ein umgestürzter Baum vielleicht? Die widrige Sicht durch den Regen machte es mir schwer, klar zu erkennen, was sich dort befand. Erst als ich auf circa zehn Meter herangefahren war, erkannte ich es, und wieder spürte ich, wie das Adrenalin durch meinen Körper rauschte. Dort lag der aufgerissene Körper einer ausgewachsenen Elchkuh! Die Wunden waren noch ganz frisch, das Blut hellrot. Der Körper dampfte im Regen! Was war dem Tier passiert? War die Elchkuh vielleicht von einem der Trucks erwischt worden? Nein, denn die letzten Trucks hatten mich schon von mehr als drei Stunden überholt. Die Wunden sahen schlimm aus. Sie lag auf der Seite, mit dem Kopf in der Böschung und den Hinterläufen halb auf der Straße. Ihre gesamte Flanke war aufgerissen. Mir wurde es zu heiß hier! Wenn es kein Truck war, der ihr diese tödlichen Verletzungen zugefügt hatte, dann konnte es nur ein Raubtier gewesen sein, der die Kraft hatte, ein so großes Tier zu erlegen. Und dieser Räuber konnte angesichts des Zustands, in dem ich die Elchkuh vorfand, noch nicht weit sein. Instinktiv lenkte ich mein Bike auf die gegenüberliegende Fahrbahnseite, um so viel Platz wie möglich zwischen mich und das tote Tier zu bringen. Ich dachte wieder an den Bärenfilm. Dort hieß es, dass bei gerissenem Wild sofort der Rückweg anzutreten war. In meinem Fall war aber genau das nicht möglich, ich musste an dem toten Kadaver vorbei in Richtung Süden. Der Anblick des aufgerissenen Körpers gab mir eine sehr bildliche Vorstellung von der Kraft, die ein Bär einsetzt, wenn er seine Beute erlegt. Wieder stieg die Panik in mir auf. Ich wusste, dass ich keine Chance hätte, einem Bären davonzufahren. Mit dreiundfünfzig Kilometern pro Stunde auf einer Distanz von bis zu vierhundert Metern war er einfach zu schnell für einen Fahrradfahrer mit Gepäck. Ich drehte mich diesmal nicht um, aber konzentrierte mich auf jedes Geräusch hinter mir, und auch, wenn ich nichts hörte, versuchte ich trotzdem, meine höhere Geschwindigkeit so lange wie möglich zu halten. Aber die unzähligen Anstiege machten es mir verdammt schwer. Das Gespenst vom allgegenwärtigen Bären war wieder zurück in meinem Kopf. Ich war mir sicher, dass der Bär sich dort in der Nähe seiner Beute aufgehalten hatte, aber er blieb ein Geist, unsichtbar …

In dieser Nacht fiel mir das Einschlafen wieder schwer. In einem Einmannzelt allein im kanadischen *Bush* zu übernachten, ohne zu wissen, was draußen geschieht, machte es nicht gerade leichter! Ich lag still und lauschte auf jedes Geräusch.

Obwohl ich gerädert von dieser Nacht war, zwang ich mich, am nächsten Tag eine lange Strecke zu radeln. Ich versuchte, mich auf die atemberaubende Natur zu konzentrieren und mich auf diese Weise abzulenken. Die letzte Nacht war einfach zu destruktiv gewesen, ich hatte zum ersten Mal ans Aufgeben gedacht. Das durfte nicht mehr passieren! Außerdem war ich es durch meine Ausbildung als Waffentaucher bei der Marine nicht gewohnt, das Handtuch zu werfen! Also sagte ich mir: Reiß dich zusammen! Ich musste den Kopf auf dem endlos langen Highway freibekommen!

Fraser Lake war das nächste Ziel auf meiner Route. Mich erfreute der kleine Krämerladen am Ortseingang, und ich spürte das Verlangen, eine eiskalte Milch zu trinken. Ich leerte die Literpackung direkt nach dem Bezahlen noch an der Kasse. Die Kassiererin schaute mir dabei staunend zu. Ich fragte sie nach einem Campingplatz oder Hostel im Ort. Wieder schaute sie mich ungläubig an und erklärte, dass es in Fraser Lake noch niemanden gegeben habe, der hier übernachten wollte. Die Durchreisenden führen meist gleich bis in die nächstgrößere Stadt Prince George weiter, nur zweihundert Kilometer von hier. Tja, in Kanada waren Entfernungen von zweihundert Kilometern ein Katzensprung, nur leider nicht per Fahrrad!

Ich stand vor einem Problem. Lust auf eine weitere Nacht, allein im Wald, hatte ich nicht. Mir war kalt, denn der permanente Regen am heutigen Tag hatte mich von Kopf bis Fuß durchnässt. Außerdem knurrte mir der Magen, aber mit einem solchen Bärenhunger (!) ließ es sich schwer nachdenken. Deshalb musste erst einmal ein gutes Abendessen her, danach sähe die Welt schon anders aus.

Ich entdeckte schließlich im Städtchen ein chinesisches Restaurant, genau das Richtige nach den Hamburgern in den letzten Wochen. Normalerweise bin ich ja kein großer Fan von Gemüse, insbesondere nicht von Karotten und Brokkoli. Aber ohne eine ausgewogene Ernährung geht der Körper unter der kontinuierlichen Belastung regelrecht in die Knie. Also genoss ich mit Heißhunger das Hühnchengericht mit Gemüse und Nudeln aus *Meister Jo's Wok* und sammelte wieder neu Kraft.

So gestärkt machte ich mich trotz fortgeschrittener Stunde wieder auf den Weg, immer auf der Suche nach einem geeigneten Nachtlager. Der Himmel wurde immer dunkler, das nächste Gewitter braute sich zusammen. Meine Stimmung sank mit jedem gefahrenen Kilometer. Endlich, nach vierzehn Kilometern, sah ich das Schild eines Campingplatzes: *Pipers Glenn Ressort*. Obwohl der Preis von fünfzehn kanadischen Dollar pro Nacht weit über meinem geplanten Budget lag, fuhr ich ihn an. Das Wetter versprach nichts Gutes mehr.

Eilig, mein Zelt noch vor dem nächsten Regenguss aufzubauen, lehnte ich mein schwerbepacktes Fahrrad gegen einen Zaun. Doch der war so morsch, dass er nach kurzer Zeit nachgab und der gesamten Länge nach umkippte. Andere Camper in meiner Nähe lachten über mein Missgeschick. Als dann aber eine gelbe Wolke über meinem Fahrrad aufstieg, das auf dem Boden lag, setzte ihr Lachen schlagartig aus. Alle Umstehenden rannten wie vom Blitz getroffen weg. Der Stacheldraht des Zauns hatte ein kleines Loch in die Sprühdose meines Bärenabwehrsprays gebohrt, die sich so groß wie eine Haarspraydose ausnahm. Und dieses extrastarke Pfefferspray zischte nun in einer ganz feinen Wolke über den Campingplatz – es war wirklich so ähnlich wie im Comic! Meine gesamte Ausrüstung war von dem beißenden Pfeffergeruch überlagert, und mir blieb nichts anderes übrig, als mit all meinem Krempel ins äußerste Eck des Campingplatzes zu ziehen, denn niemand wollte mich wirklich in seiner Nähe haben mit dem Gestank. Noch Wochen nach diesem »Unfall« hatte ich jedes Mal ein scharfes Zwicken in der Nase, wenn ich in mein Zelt kroch! Obendrein setzte dann auch noch der befürchtete Platzregen gut eine Minute zu früh ein. Als ich mein Zelt endlich aufgebaut hatte, stand das Wasser darin gut zwei Finger hoch, und ich kroch wie ein pitschnasser Hund frierend hinein.

CARA UND IHRE FAMILIE

ALS ICH AN DIESEM ABEND meine Notizen aufschrieb, fiel mir am Datum auf, das nun fast auf den Tag genau ein Monat vergangen war, seit ich in Dawson City in Yukon losgeradelt war. In diesem ersten Monat hatte ich eine Strecke von fast 1.500 Kilometer zurückgelegt, plus der Distanz mit der Fähre. Am Morgen des 21. Juni erreichte ich endlich Prince George, also die Stadt, in der Cara wohnte. Sie hatte ich in einem Hostel zwei Wochen zuvor in Skagway kennengelernt.

Obwohl sie mir ihre Adresse samt Einladung gegeben hatte, zog ich es vor, mir für den Aufenthalt in ihrer Stadt eine Unterkunft im CNC, dem *College of New Caledonia*, zu nehmen. Es bot Reisenden kleine Apartments an, die mit Mikrowelle, Fernsehen und jeweils einem Bett ausgestattet waren. Das Bad mit Dusche und WC wurde immer von zwei Besuchern geteilt und trennte jeweils zwei Apartments voneinander – eine prima Sache für kleines Geld. Man hatte somit etwas Privatsphäre, anders als in üblichen Hostels.

Nachdem ich meine Ausrüstung zum Trocknen ausgebreitet hatte und frisch geduscht war, machte ich mich auf, Caras Elternhaus ausfindig zu machen. Doch zuvor brauchte ich ein kleines Mitbringsel, und da war eine große Sahnetorte doch genau das Richtige für diesen Anlass. Einhändig jonglierend fuhr ich mit dem leckeren Teil zur angegebenen Adresse. Caras Mutter Cindy öffnete mir die Tür, als ob sie mich schon mein gesamtes Leben kannte und als ob ich der engste Freund der Familie wäre. Sie nahm mich freudig in die Arme. Etwas verdutzt über diese herzliche Begrüßung überreichte ich ihr die Torte. Auch Rick, Caras Vater, klopfte mir gleich freundlich auf die Schulter und begrüßte mich mit den Worten: »Finally, you made it!« Cara hatte anscheinend viel von mir erzählt, ihre Eltern waren bestens über mich informiert. Cara war noch nicht zu Hause, aber der angeregten Unterhaltung mit Cindy und Rick tat das keinen Abbruch. Als Cara dann nach Hause kam, glich die Situation in etwa der eines Jungen, der zum ersten Mal bei den Eltern seiner neuen Freundin gewartet hatte.

Cara war noch recht jung, aber schon viel in der Welt herumgekommen. Ihre Geschichten aus Südamerika imponierten mir. Am Ende des Abends bestanden die drei darauf, dass ich über Nacht bliebe. Auch mein Einwand, dass ich bereits ein Apartment im CNC bezogen hatte, wurde beiseite gewischt.

Die folgenden Tage in Prince George waren großartig. Cara und ihre Eltern bemühten sich, mir so viel wie möglich von der Stadt und der Umgebung zu zeigen; auch kulturell boten sie mir Abwechslung: Kino- und Marktbesuch, ein Picknick im Grünen und zum Höhepunkt am letzten Tag einen Ausflug an einen Bergsee, an dem Caras Eltern ein Wochenendhäuschen mit Bootsanleger besaßen. Es war ein unvergesslicher Tag am See, von dem ich leicht beschwipst zurück in meine Unterkunft kam, denn Cindy hatte den ganzen Tag über leckere Margaritas gemixt …

DIREKTER KURS AUF VANCOUVER

VON PRINCE GEORGE AUS führte mich der Cariboo Highway in südliche Richtung, mein nächstes Ziel lautete Vancouver. Die Landschaft veränderte sich merklich, die riesigen Waldgebiete im Norden Kanadas wichen nun großen Weideflächen. Die Sonne brannte seit zwei Tagen unentwegt auf mich herunter, und der permanente Gegenwind aus südlicher Richtung zermürbte mich zusätzlich. Ich war im Durchschnitt gute fünf Kilometer in der Stunde langsamer als üblich und musste jeden Tag in die Dämmerung hineinfahren, um meine gesteckten Tagesziele zu erreichen.

Auf diesem Abschnitt nach Vancouver griff mich zum zweiten Mal ein Hund an, ausgerechnet ein Rottweiler, von denen ich in Spanien zwei besessen hatte. Der mächtige Rüde kam wie aus dem Nichts auf mich zugestürmt. Erst im letzten Moment konnte ich vom Bike springen und mein Fahrrad, genau wie bei der Begegnung mit dem Bären, als Schutzschild zwischen mich und den aggressiven Hund bringen. Der Rottweiler war entwischt, und – Gott sei Dank! – erschien nach ein paar Minuten sein Besitzer und nahm ihn an die Leine. Lange hätte sich der Hund sicher nicht durch dieses Abwehrmanöver abhalten lassen.

Der Plattfuß am Hinterrad war nur eine kleine Zugabe, um diesen Tag so richtig lang werden zu lassen. Man sollte sein Rad auch niemals dort abstellen, wo eine Pinnwand für die örtlichen Nachrichten aus dem Dorf montiert ist. Knapp einen halben Kilometer nach der Verschnaufpause an besagter Pinnwand fing mein Hinterrad an zu »eiern«. Als ich gleich mehrere Heftzwecken aus dem Reifen zog, hatte ich ein Aha-Erlebnis.

Am McLeese Lake angekommen, traf ich zum zweiten Mal seit Beginn der Reise auf eine größere Gruppe Camper. Die vierzehn Personen waren Nachbarn aus Quesnel, aus dem französischen Teil Kanadas. Als ich mein Zelt etwas abseits der Gruppe aufbaute, kam eine etwa fünfzigjährige Frau auf mich zu und lud mich auf Bier und selbst gefangenem Fisch ein. Wer konnte dazu schon nein sagen? Die Gruppe war gut drauf. Einmal in Jahr trafen sie sich alle an diesem See und verbrachten ein Campingwochenende zusammen. Angeln und geselliges Beisammensein war angesagt. Der Fisch schmeckte hervorragend, und nach drei Dosen Bier saß ich dann pudelwohl in einem ihrer Campingstühle und hörte mir die Geschichten der Franko-Kanadier an. Es ging ums Fischen und Jagen, die großen Leidenschaft der Kanadier. Wie überall auf der Welt wurde zu den Tatsachen immer etwas hinzugedichtet, was auch für die Entfernungsangaben galt.

Und schon am nächsten Tag musste ich erneut die Erfahrung machen, niemals solchen Angaben Glauben zu schenken. Die Gruppe meiner neugewonnenen Camper-Freunde nannte mir einen Campground im Lac la Hache Provincial Park. Das »gleich hier auf dem Highway, etwas in südlicher Richtung« erwies sich als eine fünfundneunzig Kilometer lange Plackerei. Unterwegs passierte ich Orte, die so originelle Namen wie »150 Miles House«, »108 Miles House« und »70 Miles House« trugen. Diese Namen stammten wahrscheinlich aus der Trapper- und Goldsucherepoche. Mir half die Namensgebung der Orte auf jeden Fall, eine Idee von der zurückgelegten Strecke zu bekommen. Auch bei Wetterprognosen der Kanadier muss man flexibel bleiben. Wenn die Kanadier von »teilweise leichten Schauern« sprachen, bedeutete das im Klartext: schweres Gewitter mit Graupel und Hagel bei sintflutartigen Regenfällen! Zumindest empfand ich das so an diesem Tag auf meinem Weg nach Lac la Hache. Die letzten dreißig Kilometer bis zu diesem Nationalpark fuhr ich immer weiter in ein Gewitter hinein und hatte keine Möglichkeit, mich vor dem Hagel zu schützen. Kein einziger Unterstand, keine alte Hütte weit und breit, um mich vor den Blitzen in Sicherheit zu bringen. Es blieb mir nichts anderes übrig, als weiterzufahren.

Als ich dann endlich Lac la Hache erreichte, war ich völlig unterkühlt. In dem Restaurant des kleinen Ortes wärmte ich mich auf, was mir nach vier Tassen heißem Kaffee und einer heißen Suppe auch langsam gelang. Da meine Ausrüstung einmal mehr pitschnass geworden war, lud mich die Restaurantbesitzerin ein, im rückwärtigen Teil die heiße Dusche zu nutzen und meine nassen Sachen zum Trocknen aufzuhängen. Sie hatte bemerkt, wie ich meinen Suppenlöffel vor lauter Zittern nicht zum Mund führen konnte und ständig schlabberte. Draußen regnete es weiter in Strömen, also nahm ich das ungewöhnliche Angebot an. Nach der Dusche schlug ich mein Zelt unter einem Unterstand gleich hinter dem Restaurant auf und verbrachte den restlichen Abend damit, die beste Route nach Vancouver abzustecken. Je weiter ich mich Vancouver näherte, umso schwieriger wurde es, Campingplätze für die Nacht zu finden. Ich musste also strategisch vorgehen und wählte aus zwei möglichen Routen die längere, aber für mich bessere Strecke, auf der sich ungefähr alle einhundert Kilometer eine Übernachtungsmöglichkeit bot. Letztendlich war es auch nur ein Tag mehr bis Vancouver.

DIE DREI MOUNTAINBIKER

SEIT EINIGEN TAGEN erzählte man mir in jedem Ort, den ich anfuhr, von drei Bikern, die angeblich mit zwei Tagen Vorsprung unterwegs waren. Ich wollte die Jungs einholen, um eventuell mit ihnen zusammenfahren zu können. Angeblich wollten die drei bis nach Mexiko radeln. Ich musste es schaffen, die Gruppe vor Vancouver zu erwischen, denn in der Großstadt würde sich ihre Spur mit Sicherheit verlieren. Nun hoffte ich, dass sie den gleichen Highway für die Fahrt nach Vancouver gewählt hatten.

Schon am folgenden Mittag sah ich ein vollbepacktes Bike auf der Straße vor einem Drive-in liegen. Das kaputte Hinterrad lag ausgebaut daneben. Ich betrat das Restaurant und suchte den Besitzer des Fahrrads, der unschwer zu erkennen war. Der etwa fünfundzwanzigjährige Bursche war wie ich durch die Sonne im Gesicht völlig verbrannt und trug den Abdruck seiner Sonnenbrille als weiße Maske im Gesicht. Er gehörte zu den drei Radfahrern, denen ich seit Tagen auf den Fersen war. Sein Hinterrad hatte sich durch das hohe Gewicht seines Gepäcks völlig zerlegt, für ihn war hier die Reise beendet. Da keine Chance auf Reparatur oder ein neues Laufrad bestand, hoffte er nun auf einen Trucker, der ihn bis nach Vancouver mitnehmen würde. Seine Kumpel waren gestern weitergefahren. Er hatte kein Geld mehr, ein Greyhound-Bus kam deshalb nicht infrage. Die Nacht hatte er hier im Drive-in verbracht, der vierundzwanzig Stunden geöffnet hatte.

Ich lud ihn auf ein Sandwich und eine Cola ein, da er heute noch nichts gegessen hatte. Seine Freunde würde ich eh nicht mehr einholen, sie hatten immer noch fast achtzehn Stunden Vorsprung und waren zu zweit schneller als ich, da sie sich bei Gegenwind abwechselnd Windschatten spenden konnten (Rennradfahrer wissen, was ich meine). Schließlich verabschiedeten wir uns, und ich radelte nun etwas gelassener weiter.

Als sich ein erneutes Gewitter ankündigte, suchte ich mir ein Motel, um nicht wieder eine Wasserschlacht wie am Vortag durchmachen zu müssen. Das Motelzimmer war für mich zwar recht teuer, ich freute mich aber später über die heiße Dusche, das weiche Doppelbett und den Fernseher auf dem Zimmer. Als das Gewitter losbrach, lag ich zufrieden im großen Bett. Auch meine Beine konnten einmal ausspannen.

Ein Klopfen an der Zimmertür am nächsten Morgen überraschte mich. »Wird hier so früh das Zimmer gereinigt?«, dachte ich. Doch als ich aufmachte, stand eine Frau mittleren Alters vor mir, mit Fahrradhelm auf dem Kopf. Jacky, so ihr Name, hatte eine einmonatige Rundreise durch British Columbia mit ihrem Bike hinter sich und befand sich nun auf dem Heimweg. Gestern Abend war sie, genau wie ich, wegen des starken Gewitters im Motel abgestiegen und hatte an der Rezeption erfahren, dass ein zweiter Fahrradfahrer hier übernachtete. Auch sie war mir seit Tagen gefolgt. Nun fragte sie mich, ob ich mit ihr die letzten rund vierzig Kilometer der verbleibenden gemeinsamen Strecke zusammenfahren wollte. »Sure«, antwortete ich, und in kürzester Zeit hatte ich meine Ausrüstung auf mein Mountainbike geschnallt. Wir tranken noch schnell einen Kaffee und dann ging es los.

Bis zum Mittag hatten Jacky und ich die vierzig Kilometer geschafft. Ich war begeistert, wie zäh diese kleine Frau Berge hinauf radelte. Sie hatte relativ wenig Gepäck dabei, da sie auf das Zelten verzichtete und ausschließlich in Motels abstieg. Campieren in freier Wildbahn war ihr zu gefährlich, eine Meinung, die sie wohl mit achtzig Prozent aller Kanadier teilte. Wir verstanden uns prächtig und bedauerten beide, dass wir nur diesen einen Tag zusammen biken konnten. Doch schließlich musste Jacky den Highway Richtung Osten einschlagen, und unsere Wege trennten sich.

Mein Wunsch, mit jemandem gemeinsam die weitere Route auf der Panamericana zu fahren, wurde durch Begegnungen wie mit Jacky nur noch stärker. Es reiste sich sehr viel angenehmer in Begleitung!

Je näher ich an Vancouver herankam, umso öfter rollten mir Fahrradfahrer entgegen, von denen die meisten aus den USA kamen und auf dem Weg nach Alaska waren. Unter ihnen befand sich ein Pärchen, das sehr ausgemergelt wirkte. Die Ausrüstung der beiden war total zerschlissen, doch als ich mit ihnen ins Gespräch kam, musste ich innerlich den Hut ziehen: Sie waren vor drei Jahren in Argentinien gestartet und hatten die Panamericana nun fast komplett geschafft! In diesem Moment wurde mir bewusst, dass ich noch einen weiten Weg vor mir hatte …

ANKUNFT IN VANCOUVER

NOCH ZWEI TAGE BIS VANCOUVER! Der Autoverkehr nahm schlagartig zu, vorbei die ruhigen Stunden auf dem Highway. In Hope, etwa hundertvierzig Kilometer vor Vancouver, änderte der Highway seine Richtung. Statt wie gewohnt die Stadt von Norden nach Süden zu durchschneiden, führte der von mir gewählte Highway No. 7 im Norden an der Stadt vorbei. Leider bemerkte ich es zu spät! Als ich die Stadt schon weit hinter mir gelassen hatte, wunderte ich mich über die mehrspurige Autobahn, zu der »mein« Highway mutiert war. Doch ohne mir weiter den Kopf zu zerbrechen, fuhr ich bei leichtem Rückenwind mit hohem Tempo auf dem Seitenstreifen weiter. Alles lief gut.

Erst als zwei Motorradpolizisten neben mir aufkreuzten und mich aufforderten anzuhalten, zweifelte ich an der gewählten Route. Die beiden Polizisten grinsten und meinten, ich wäre zwar ziemlich schnell unterwegs, aber für den Freeway würde es dann doch noch nicht reichen. Sie nahmen mein Falschfahren locker und witzelten darüber, dass ich wenigsten nicht das *Speed Limit* gebrochen hatte. Zugegeben: Ich war richtig dem Temporausch verfallen, denn es lief einfach wie am Schnürchen! Jetzt musste ich runter von der Autobahn und rauf auf die Nebenstrecke. Viele Kurven, kleine Vororte und eine Menge roter Ampeln verzögerten deshalb meine Ankunft in Vancouver, und es kostete mich viel Zeit, das Hostel zu erreichen. Meine Sorge, keinen freien Schlafplatz im überfüllten Hostel einer Hauptstadt zu bekommen, wuchs mit jeder Stunde, die ich länger brauchte. Dann hätte ich auf ein teures Hotel ausweichen müssen. Aber zu meinem Glück gab es noch genug freie Betten.

Sechs Wochen waren vergangen, 2.600 Kilometer geradelt, das erste Land auf meiner Route fast abgehakt! Die Durchfahrt durch Vancouver war beflügelnd. Vergessen waren die Schmerzen in den Beinen, der ermüdende Gegenwind, die einsamen Nächte auf entvölkerten

Campgrounds. Die Fahrt entlang der Bikerstrecke durch Vancouvers Downtown war für mich wie die Zieleinfahrt bei der Tour de France.

Die Stadt zeigte sich lebhaft, bunt und freundlich, und ich brachte einen großen Nachholbedarf an Kultur und Geselligkeit mit. Deshalb plante ich, eine Woche im *Vancouver Hostel* zu verbringen. Der einseitige Bewegungsablauf der letzten Wochen hatte meine Beinmuskulatur verhärtet, ich watschelte wie eine Ente umher! Um der Muskulatur eine Pause zu gönnen, musste ich viel spazieren gehen, deshalb ließ ich mein Bike im Hostel und erkundete Vancouver zu Fuß.

DREI RÄDER, ZWEI MÄNNER, EINE FRAU UND EIN ZIEL

VIER TAGE SIGHTSEEING IN VANCOUVER hatte ich hinter mir. Zu Fuß war ich von Downtown über Gastown nach Chinatown gelaufen und hatte dabei viele Geschäfte, Märkte, Museen und Cafés erkundet. Im Hostel hatte ich einen Biker aus München kennengelernt. Herbert teilte das Zimmer mit mir. Er war mit seinem Rad in Banff, im Nordosten Kanadas gestartet, hatte aber nach einigen Tagen seine Tour abgebrochen und war per Greyhound nach Vancouver gefahren. Er hatte die Nase voll vom schlechten Wetter und Wildlife und überlegte, ob er den Rückflug nach Deutschland antreten sollte. Ursprünglich wollte er bis nach Las Vegas radeln, aber die Motivation war weg.

Zusammen durchstreiften wir die Stadt. Im Stadtzentrum trafen wir auf ein Mädel, das mit ihrem Mountainbike und einem dieser Hightech-Bikeanhänger mitten in der Fußgängerzone stand und einen Stadtplan in der Hand hielt, den sie in alle möglichen Richtungen drehte. Sie hieß Britta, kam aus Köln und war vor zwei Stunden in Vancouver gelandet; nun sei sie auf der Suche nach einem Hostel. Herbert und ich boten ihr an, sie zu unserem Hostel zu begleiten. Abends saßen wir drei gemeinsam bei einem Bier zusammen und tauschten unsere Erlebnisse aus, nur Britta blieb die meiste Zeit still. Ich erzählte den beiden von meinem Vorhaben, Vancouver Island von Norden nach Süden zu durchfahren. Ich musste diese Insel, die sich entlang der Küste erstreckte, einfach zusätzlich an meine Tour dranhängen, sonst hätte ich das Gefühl gehabt, einen besonderen Teil Kanadas links liegen gelassen zu haben! Mein Ego forderte es von mir! Zwar bedeutete es auch, dass ich noch einmal einen dreihundert Kilometer langen Umweg radeln musste, aber ich kalkulierte diese Zeit in mein Visum für Kanada mit ein.

Britta war begeistert und wollte sich der Tour unbedingt anschließen, nur Herberts Interesse, weiter durch Kanada zu biken, hielt sich anfangs noch in Grenzen. Ihm waren in den ersten Tagen zu viele Grizzlys über den Weg gelaufen. Erst nach einigem guten Zureden hatten wir Herbert so weit, noch einmal für eine Woche aufzusatteln. Unser Plan war es, zu dritt mit einem Leihwagen bis in den Norden von Vancouver Island zu fahren und dort den Highway Nummer 19 zu nehmen, die einzige Nord–Süd-Verbindung zurück. Aber es gab ein Problem: Die Mietwagenunternehmen verliehen ihre Fahrzeuge nur sehr ungern an Fahrradfahrer, da die Autos wohl häufig beim Beladen der Fahrräder beschädigt wurden. Für uns drei war der Großraumvan die günstigere Alternative zu drei Greyhound-Bustickets und deshalb absolutes Ziel.

Wir überquerten von der Horse Shoe Bay aus mit der Fähre den Strait of Georgia und erreichten Nanaimo auf Vancouver Island, wo wir einen Van mieten wollten. Auf der Hinfahrt zur Fähre fiel mir auf, dass Britta mit ihrem Bikeanhänger nur sehr langsam voran kam. Wir schafften es nur mit Mühe, die Fähre rechtzeitig zu erreichen, aber Britta begründete es damit, dass ihr noch die Zeitverschiebung in den Knochen steckte.

Für den Autoverleih hatten wir uns zuvor eine Strategie überlegt. Herbert wartete mit Gepäck und den drei Fahrrädern einen Straßenblock vom Autoverleih entfernt. Britta und ich gaben uns als Touristenpärchen aus, das einen Großraumvan *one way* mieten wollte, um gleichzeitig darin übernachten zu können. Der Autovermieter kaufte uns die Geschichte ab, und eine halbe Stunde später standen wir mit einem großen amerikanischen Van vor Herbert und konnten die Bikes verstauen.

Die Autofahrt hoch nach Port Hardy nutzen wir, um uns für den Rückweg Notizen über die Distanzen und die Steigungen sowie die Campingplätze zu machen. Ich muss gestehen, dass es schon ein Vorteil war, wenn man die Strecke vorab kannte. Die relativ kleinen Etappen von sechzig bis achtzig Kilometern freuten Herbert und mich, doch Britta schien mit jedem weiteren Ort gen Norden etwas beunruhigter. In Port Hardy angekommen, gaben wir den gemieteten

Van zurück und bereiteten uns für die Abfahrt am nächsten Morgen vor.

Der erste Tag war *easy going*. Bis Port Mc Neill waren es nur sechsunddreißig Kilometer und somit ideal, um sich nach einer Woche pausieren wieder warmzufahren. Herbert und ich schätzten, dass wir spätestens in vier Stunden unser Ziel erreicht haben müssten. Das Wetter spielte mit. Wir hatten leichten Rückenwind und auch die Steigungen waren eher harmlos. Trotzdem fiel Britta nach circa zehn Kilometern immer weiter zurück und wurde stetig langsamer. Wir mussten oft anhalten und auf sie warten. Am Ende brauchten wir mit etwas über sieben Stunden fast das Doppelte der anvisierten Zeit. Die Stimmung war gedrückt. Herbert und ich wussten, dass ab Morgen Distanzen auf dem Plan standen, die doppelt so lang waren wie am heutigen Tag, sonst hätten wir keine Chance, die rar gesäten Campingplätzen entlang der Strecke rechtzeitig zu erreichen. Bei Brittas Geschwindigkeit gelänge uns das jedoch nie bei Tageslicht, egal wie früh wir auch starten würden. Es herrschte Krisenstimmung. Beim Abendessen sprachen wir das Thema an. Erst jetzt gab Britta zu, dass sie sich auf dieses Abenteuer in Deutschland nicht entsprechend vorbereitet hatte. Das teure Bike samt Anhänger hatte sie nur aus einer Trotzreaktion gekauft. Sie habe sich von einer frustrierenden Trennung einer langjährigen Partnerschaft ablenken und irgendetwas Außergewöhnliches machen wollen, irgendetwas Neues und Ausgefallenes, zum Beispiel eine Fahrradreise durch Kanada! Nun saß sie hier und sah ein, dass ihr Plan wohl eher einer Schnapsidee gleichkam. Fahrradfahren in Kanada war halt nicht das Gleiche wie eine Fahrradtour durch den Kölner Grüngürtel. Uns blieb nichts anderes übrig, als Britta am nächsten Tag – sie hatte einen höllischen Muskelkater – zur Haltestelle zu begleiten und sie in den nächsten Greyhound nach Vancouver zu setzen. Dort wollte sie ihr Fahrrad im Hostel unterstellen, um mit einer Fähre die Küste bis Prince Rupert hoch zu schippern.

Nachdem wir uns von Britta verabschiedet hatten, machten sich Herbert und ich daran, die restliche Tagesetappe abzuspulen. Wir hatten durch das Warten auf den Bus viel Zeit verloren. Schwarze Wolken taten sich auf, und wieder prasselte sintflutartiger Regen auf uns herab. Nach einer Stunde versagte auch die beste Goretex-Jacke und gab ihren Dienst auf. Uns lief der Regen aus den Schuhen heraus. Das Wetter nagte an Herberts Motivation. Am folgenden Tag kämpften wir uns trotz anhaltender und monsunartiger Regenfälle durch und kamen gut vorwärts. Wir wollten unbedingt das Regengebiet hinter uns lassen, denn wir hatten erfahren, dass im südlichen Teil der Insel mit Sonnenschein zu rechnen wäre. Und wir brauchten Sonnenschein! Dringend! Selbst unsere Schlafsäcke waren mittlerweile pitschnass und schwer wie Steine.

Nach zwei Tagen Dauerduschen fuhren wir einen Campingplatz an, der erst ein einige Tage zuvor von einer älteren chinesischen Dame gekauft worden war. Für ihre ersten Kunden kochte sie uns, sozusagen als Begrüßungsgeschenk, eine sehr scharfe Suppe aus ihrer Heimat. Völlig verschlammt saßen wir in ihrer kleinen Küche und ließen es uns schmecken. Da die Installationen der Duschen noch nicht fertig waren, mussten wir uns mit eiskaltem Leitungswasser waschen. Draußen goss es weiter in Strömen, und da es in unseren durchnässten Zelten viel zu ungemütlich war, blieben wir gern den ganzen restlichen Abend bei der Chinesin in der Küche, die uns mit allerlei kulinarischen Leckereien verköstigte. Immer wieder kam sie grinsend aus der Küche und bot uns etwas Neues zum Probieren an. Die Schärfe der Speisen machte durstig, und wir spülten mit Bier nach. Viel Bier! Die nette alte Dame berechnete uns hinterher nur die Getränke, das gesamte Essen ging aufs Haus, und sowohl Herbert als auch ich hatten nun auch die nötige Bettschwere, um uns in unsere nassen Schlafsäcke zu verkriechen …

Mitten in der Nacht riss mich ein lautes Geräusch aus dem Schlaf – ein Fauchen! Es mussten zwei Pumas sein, die mich im Zelt erstarren ließen! Diese großen Raubkatzen sind auf Vancouver Island weit verbreitet. Das Fauchen klang so nah, dass sie gefühlt vor meinem Zelt standen. Ich zog mein großes Tauchermesser aus dem Rucksack und legte es mir auf den Bauch. Dabei versuchte ich mich so langsam wie möglich zu bewegen. Jetzt bloß kein Geräusch machen, dachte ich ... Und schlief irgendwann – ich war ja noch beduselt – wieder ein.

Am nächsten Morgen wachte ich mit argen Rückenschmerzen und steif wie ein Brett auf. Meine Luftmatratze war platt, und mein Messer fand ich zwischen mir und der zerstochenen Luftmatratze! Immer noch besorgt über das nächtliche Fauchen der Pumas krabbelte ich vorsichtig aus dem Zelt. Da Herbert seine Tour in Banff wegen des kanadischen Wildlife abgebrochen hatte, rechnete ich schon damit, dass er nach der heutigen Nacht das Handtuch schmiss. Ich legte mir sogar Argumente zurecht, wie ich den nächtlichen Besuch möglichst verharmlosen konnte. Doch Herbert war zu meinem Erstaunen völlig relax. Auf meine Frage, ob er in der letzten Nacht nichts gehört hatte, kam nur zurück: »Nö, wieso?« Dabei zuckte er mit den Achseln und zeigte auf die Kopfhörer seines Walkmans, den er wohl immer zum Einschlafen verwendete.

Ich war erleichtert und verschwieg die Pumas, wollte ich doch, dass Herbert weiter mitmacht. Er war mir trotz der kurzen Zeit ein guter Kumpel geworden. Wahrscheinlich liegt es an dem intensiven Zusammenleben bei solchen Unternehmungen, wie wir sie gerade hier durchlebten. Herbert war ein starker Biker. An Steigungen zog er mir jedes Mal davon. Er kam aus Bayern und hatte dort viele Berge zum Trainieren. Auf ebenen Strecken holte ich dann immer wieder auf und konnte mir bis zum nächsten Anstieg oftmals einen Vorsprung herausfahren. Kurz: Wir hatten einen guten Rhythmus gefunden. Insgeheim hoffte ich sogar, Herbert würde seinen ursprünglich geplanten Trip bis in den Süden der USA doch noch durchziehen.

Doch das Wetter wurde und wurde einfach nicht besser, und mit jedem weiteren Regentag sank Herberts Moral. Da half es auch nichts, dass ich immer wieder versuchte, ihn mit Witzen über unser schlammiges Erscheinungsbild aufzumuntern. Seine Moral war buchstäblich aufgeweicht und drohte ebenso buchstäblich im Schlamm zu versinken. Ständig fragte er mich, warum er hier in Kanada bis zum

Hals im Wasser stünde und friere, anstatt die sonnigen Alpen Italiens zu überqueren. Meine Beschwichtigungen, dass sich am nächsten Tag bestimmt die Sonne blicken ließe, zogen nicht mehr. Der Himmel blieb schwarz und versprach keine Besserung. Am vierten Tag erreichten wir Nanaimo, dem Ausgangspunkt unserer Tour auf Vancouver Island. Wir beschlossen, auf der vorgelagerten, winzigen Gabriola Island zu übernachten. Die Insel beheimatete ein schönes Naturschutzgebiet mit anliegendem Campground, der uns als »Hotspot« angepriesen wurde. Der Hotspot stellte sich aber als Campingplatz ohne Duschen und Trinkwasser heraus. Wir blieben dennoch und wuschen uns mit einem kühlen Bad im Pazifik.

Am nächsten Tag erkundeten wir den kleinen Ort der Miniaturinsel und gönnten uns im einzigen Pub am Platz gemütlich ein Bier. Es war Zeit, ein wenig die Seele baumeln zu lassen. Aber trotz dieses freien Tages ließ Herbert sich nicht davon abbringen, mit der Fluggesellschaft zu telefonieren. Was hatte ich mir den Mund fusselig geredet! Er buchte den Rückflug um, nun ging es von Vancouver statt von Las Vegas zurück nach Deutschland. Es war beschlossene Sache. Mir tat es leid, denn mir hätte die gemeinsame Weiterreise durch Nordamerika mit ihm gefallen.

VICTORIA, DIE SCHÖNE

DER WECKER KLINGELTE UM SECHS UHR MORGENS. Ich musste früh raus, denn nachdem ich die kleine Fähre von Gabriola Island zurück nach Nanaimo genommen hatte, standen mir noch hundertfünfzehn Kilometer bis Greater Victoria bevor. Über Nacht hatte es wieder angefangen zu regnen, und Herbert kam nicht aus seinem Schlafsack gekrochen. Er musste erst abends am Airport sein, hatte keine Eile und wollte noch ein wenig auf Gabriola Island verweilen. Hier war es sicherlich schöner als im städtischen Gewimmel von Vancouver. Verabschiedungen sind bei solchen Reisen Routine, aber manchmal fällt es trotzdem schwer. Wir machten es kurz und bündig, und obwohl ich Herbert danach nie mehr wieder gesehen habe, erinnere ich mich gern an diesen sympathischen »Bazi«. Als er zurück in Deutschland war, mailte er mir, dass er seine Entscheidung bereut hatte …

Ich kam durch den einen Ruhetag auf Gabriola Island früh in Greater Victoria an. Die hundertfünfzehn Kilometer hatte ich überhaupt nicht gespürt, der Trainingseffekt der letzten Monate war unglaublich! Wie es das Schicksal so wollte, tat sich gut zwanzig Kilometer vor Victoria der Himmel auf, und der herrlichste Sonnenschein strahlte auf mich herunter. Zu spät für Herbert! Sofort suchte ich mir vor einem Imbiss ein geeignetes Plätzchen und breitete auf einer Wiese all meine nassen Sachen aus. Dann gönnte ich mir einen Hamburger und wartete, bis meine Ausrüstung getrocknet war. Die Sonne kam mir wie gerufen. Ich konnte später beruhigt ein Hostel ansteuern, ohne dort aufs Neue alles mit meinen nassen und schlammigen Sachen zu verschmutzen.

Victoria ist für mich die schönste Stadt Kanadas. In der Innenstadt, gleich oberhalb des Hafens, findet man ein multikulturelles Ambiente, und die vielen Straßenmusikanten und Künstler vor den Terrassen der Cafés sorgen für ein einzigartiges Flair. Über Victoria sagt man, dass dort – im Gegensatz zum Rest der Insel – immer die Sonne scheint.

Keine Ahnung ob das Gerücht stimmt, aber an diesem Tag zumindest traf das Sprichwort zu. Ich durchstöberte die Stadt und genoss die lebhafte Szenerie. Selbst die Menschen hier erschienen mir schöner. Aber vielleicht lag es auch nur daran, dass ich einige Tage, außer dem gerade erst gewonnenen, aber gleich wieder zerronnenen Kumpel Herbert, kaum Menschen gesehen hatte.

Meine Weiterreise mit der Fähre nach Seattle hatte ich für den 11. Juli gebucht und somit noch ein paar Tage, um verschiedene Attraktionen in Victoria bewundern zu können. Am nächsten Morgen stolperte ich gleich am Hafen in eine Oldtimershow, einem Treffen von Besitzern alter amerikanischer Autos. Beim Anblick so vieler restaurierter amerikanischer Schlitten ging mir das Herz auf. Ich schoss an diesem Tag fast mehr Fotos als auf meiner bisherigen Reise.

EINREISE IN DIE USA

DIE ÜBERFAHRT MIT DER FÄHRE von Victoria nach Seattle und die damit verbundene Einreise in die USA war angenehm und viel unkomplizierter, als ich befürchtet hatte. Die Grenzbeamtin der Bordercontrol war bei meiner Einreise freundlich und fand mein Vorhaben, durch die Staaten zu radeln, einfach nur »great«. Mit einem freundlichen Lächeln stempelte sie meinen Reisepass. Zuvor hatte sie meine gesamte Bike-Ausrüstung bewundert und war überrascht, wie wenig Gepäck ich für voraussichtlich drei Jahre eingeplant hatte. Es war ein grober Zeitrahmen, den ich mir gesetzt hatte, um Antwort auf die immer wiederkehrende Frage nach einem Zeitplan geben zu können. Die Wahrheit war, dass alles offen war, nichts war in Stein gemeißelt. Es gab so viele Faktoren, die sich unterwegs ergeben und damit jeden Zeitplan von heute auf morgen über den Haufen werfen konnten.

So hatte ich zum Beispiel für die Pazifikküste der USA mit meinem Touristenvisum drei Monate Zeit. Bei meinem bisherigen Tempo durfte das kein Problem darstellen; doch mein Vorhaben, ein paar Tage in Seattle zu verbringen und die Stadt zu erkunden, zerschlug sich schon bei meiner Ankunft. Die Stadt sprach mich nicht an: zu groß, zu laut, zu viele Drogen und die damit verbundenen Probleme, also zog ich am zweiten Tag weiter.

Mit der Fähre ging es zunächst weiter in Richtung Südwesten nach Bremerton. Von dort aus war es noch eine Tagestour mit dem Rad bis zum berühmten Highway 101, der Teil der Panamericana ist. Ich war total motiviert, denn für mich war es das erste Mal in den USA, und die Neugier auf dieses Land war unbändig. Doch schon früh musste ich feststellen, dass es klare Unterschiede zwischen der kanadischen und der US-amerikanischen Kultur gab. Gleich am ersten Tag fragte man mich zweimal, wohin mich meine Reise führe, und meine Antwort lautete logischerweise: Argentinien. Beide Male erhielt ich auf meine Antwort einen verblüfften Blick und die Nachfrage, wo denn dieses Argentinien liege. Ich konnte es nicht glauben und hielt es für einen Scherz, aber die beiden Passanten, die mich angesprochen hatten, kannten gerade mal den Nachbarstaat Oregon. Mir ist es bis heute unbegreiflich, dass scheinbar der überwiegende Bevölkerungsteil dieser großen Weltmacht geografisch und außenpolitisch überhaupt kein Interesse zeigt. Laut Aussage vieler Lehrer und Professoren, die ich in den USA kennenlernte, wurde in den kommunalen Schulen hauptsächlich die Historie und Entwicklung der USA gelehrt, aber Weltgeschichte und Geografie stark vernachlässigt.

Als ich den Highway 101 erreichte, machte ich eine weitere unangenehme Erfahrung – im Gegensatz zu Kanada musste man hier als Biker echt aufpassen! Die Trucker zogen mit ihren großen Sattelschleppern sehr dicht an einem vorbei. Auf dieser Hauptschlagader von Landstraße herrschte dichter Verkehr, und als Radfahrer galt man – noch schlimmer als in Deutschland, zugegeben – eher als ein Störfaktor. Gott sei Dank fand ich bald eine kleine Nebenstraße, die parallel zur 101 verlief. Als ich den Bundesstaat Oregon erreichte, wurde es dann besser. Hier waren Fahrradwege angelegt, die parallel zur Küste verliefen. Auf den staatlichen Campgrounds, die in Abständen von ungefähr fünfzig Meilen, also umgerechnet achtzig Kilometern, zu finden waren, gab es für Wanderer und Fahrradfahrer eine *hiker and biker area*. Dort versammelten sich allabendlich viele Rucksackwanderer und Fahrradreisende mit ihren Kleinzelten um ein Lagerfeuer. Eine Spitzengelegenheit, andere Reisende kennenzulernen und Infos und Tipps für den weiteren Routenverlauf zu bekommen. Die Reisesaison hatte bereits begonnen, und viele Nordamerikaner nutzten ihren Urlaub dazu, das Land mit dem Rad zu erkunden, die meisten davon entlang der Pazifikküste. Auf den Campground gab es bei all den Geschichten und Erlebnissen immer viel zu lachen. Ich lernte viele verrückte Typen kennen, wie zum Beispiel Marcus, einen jungen Anwalt aus Kalifornien, der jedes Jahr die Oregon Coast entlang radelte. Er war mit sehr wenig Gepäck unterwegs und hatte für sein Zelt nicht einmal ein Regencape dabei. Ein absoluter Minimalist! Obendrein schien er sich sehr sicher zu sein, zu dieser Jahreszeit keinen Regen abzubekommen. Das Jahr zuvor hätte er das mobile, wasserfeste Dach auch nie gebraucht, so sein Argument. Mit dieser Logik sparte er sich vielleicht achthundert Gramm an Gepäck. Doch nach der ersten Woche unterwegs bekam er dann die geballte Kraft Petrus' ab und einen richtig nassen Hintern!

BOB, MEIN BIKE, STIRBT.

MEINE TAGESETAPPEN LAGEN mittlerweile bei hundertzwanzig Kilometern im Durchschnitt, an einer brachte ich es sogar auf hunderteinundsechzig Kilometer! Rekord! Es spielte alles mit. Das Wetter war fantastisch und die Landschaft abwechslungsreich. *Wenn das so weiterläuft, werde ich die mexikanische Grenze in Tijuana in knapp einem Monat erreichen*, ging es mir durch den Kopf. *Vielleicht sollte ich mal ein bisschen langsamer machen.* Ich hatte ein gutes Polster herausgefahren für den Fall, dass irgendetwas dazwischenkäme.

Prompt bemerkte ich am nächsten Tag, dass an meinem Bike etwas nicht stimmte. Ich spürte ein permanentes Knacken in den Pedalen. Vielleicht hatte sich das Tretlager gelockert? Aber das konnte ich richten, Werkzeug für diesen Fall hatte ich dabei. Kein Problem. Ich blieb locker. Doch als ich dann mein Bike zerlegt hatte, war der Schaden so immens, dass meine Weiterreise für mich mit meinem Budget auf der Kippe stand. Mein alter Fahrradrahmen aus Carbon war rund um das Tretlager wegen der hohen Gewichtsbelastung weggebrochen, er war so gut wie Schrott! Mist! Das Bike hatte früher viele Downhill-Rennen überlebt, doch die letzten 3.600 Kilometer »knüppeln« hatten dem Rahmen wohl den Rest gegeben. Bedrückt grübelte ich an diesem Abend und suchte nach einer Lösung, ein neuer Rahmen musste her. Ein günstiger! Doch wo fand ich einen Bike-Store? Mit diesem Schaden würde ich nicht mehr sehr weit kommen. Ein Angestellter des Campgrounds verortete einen Bike-Shop etwa dreißig Meilen südlich in Florenza, dem nächstgrößeren Ort auf meiner Route. Also fuhr ich am kommenden Tag ganz langsam und vorsichtig bis dorthin weiter. Wenn mein Bike vorher auseinanderfallen würde, müsste ich den Bus nehmen.

Als ich das Ortsschild von Florenza passierte, war ich erleichtert. Bob, mein Bike, hatte durchgehalten. Als ich jedoch die Fahrradwerkstatt erreichte, hing an dessen Ladentür ein Pappschild: *Closed for*

Lunch! Es war kurz vor Zwölf. Zwei Stunden später fuhr grinsend ein vollbärtiger Holzfällertyp auf einem Liegerad vor. Sein dicker Schlüsselbund verriet, das er zum Laden gehörte. Als er aufschloss, traute ich meinen Augen nicht: Zu meiner Freude entpuppte sich der von außen schlichte Holzschuppen als ein super ausgestatteter Bikestore mit allem möglichen Equipment und gut ausgerüsteter Werkstatt. Ich schilderte Tim – dem ZZ-Top-Verschnitt-Besitzer – mein Problem, und zunächst lautete seine Diagnose: gelockertes Tretlager. Er meinte, das hätte er in ein paar Minuten erledigt (ich wollte ihm nicht widersprechen und behielt meine Zweifel für mich). Doch als Tim dann auf der Werkbank Bob genauer unter die Lupe nahm, fehlten ihm die Worte. »Wow!«, meinte er. Noch nie hatte er einen solchen Schaden an einem Carbonrahmen gesehen. Er überlegte kurz und schlug mir dann einen Deal vor. Da er den Rahmen unbedingt für seine Sammlung kurioser Fälle behalten wollte, bot er mir für kleines Geld einen neuen Aluminiumrahmen mit leichtem Transportschaden an. Ohne lange zu überlegen, schlug ich ein. Sozusagen als »Sponsoring« montierte er dann noch meine alten Komponenten kostenlos an den neuen Rahmen. Günstiger konnte ich kein neues Bike erschwingen! Ich war happy. Nach gut zwei Stunden saß ich zur Probefahrt auf meinem neuen »Mountainbike«. Der Unterschied war der Hammer! Der viel steifere und stabilere Aluminiumrahmen fuhr sich trotz Gepäck viel sicherer als mein alter »schwammiger« Bob. Ich konnte es gar nicht abwarten weiterzuradeln. Oder war aus Bob nun eine »Sie« geworden? Ich brauchte einen Namen für das reparierte Rad, und wegen der Gleichberechtigung taufte ich es in Erinnerung an den Ort »Florence«.

Abends, auf dem nächsten Campground, hätte ich Florence am liebsten mit ins Zelt genommen. Ich bewachte sie wie meinen Augapfel und benutzte zum ersten Mal seit langer Zeit wieder mein dickes Fahrradschloss.

ZWEI BRÜDER, ZWEI HUNDE: FREUNDE FÜRS LEBEN

SO BESORGT ÜBER MEIN NEUES GEFÄHRT wurde ich Tage später misstrauisch, als zwei Typen ihr Lager direkt neben meinem Zelt aufschlugen. Es war genügend Platz auf dem Campground, doch sie machten sich direkt neben mir breit. Einer von ihnen fuhr ein altes Rennrad mit selbstgebautem Anhänger, auf dem zwei Hunden saßen. Der andere hatte eines dieser Fahrräder mit USA-Flagge und Fuchsschwanz, die einem Chopper nachempfunden waren. Beide sahen nicht nach »echten« Bikern aus, die auf einer längeren Radreise waren. Sie schmissen eine alte Matratze auf den Boden, und der Choppertyp haute sich erst einmal hin. Der andere klappte gemütlich einen Campingstuhl auf, setzte sich und trank eine Dose Bier. Die Hunde streunten derweil ein wenig um mein Zelt herum. Da ich zuvor von anderen Bikern viel über *hobos* gehört hatte, wie Obdachlose salopp genannt werden, war für mich die Sache klar. Beide trugen keine Fahrradhelme, keine klassische Fahrradbekleidung und hatten auch nichts an typischer Ausrüstung dabei. Mit der USA-Flagge und dem Fuchsschwanz am Fahrrad erinnerten sie mich eher an alte Vietnamveteranen. Nur das Alter kam nicht hin. Mir gefiel es nun gar nicht, beim Duschen mein Zelt, mein Bike und meine Ausrüstung nicht im Auge behalten zu können. Aber die Duschen waren am anderen Ende des Campgrounds. Mit einem unguten Gefühl nahm ich wenigstens meine Dokumente mit.

Bei meiner Rückkehr rechnete ich damit, dass man mir vielleicht mein Zelt oder gar das gesamte Equipment gestohlen hätte, doch die beiden Burschen saßen noch am gleichen Fleck. Nichts von meiner Ausrüstung fehlte. Obendrein fragten sie mich freundlich, ob die Dusche gutgetan hätte. Der eine hielt mir lächelnd ein Bier entgegen. Ich gab mir einen Ruck und setzte mich zu ihnen. Die beiden waren Brüder. Brennan, der Mann mit dem Hundeanhänger, war Baseball-

Trainer einer Mädchenmannschaft in einer Kleinstadt Oregons. Jedes Jahr fuhr er während der großen Schulferien mit seinen zwei Hunden Cyclops und Star kreuz und quer durchs Land. Die Hündinnen waren so trainiert, dass sie in der Ebene oder abschüssigen Streckenabschnitten auf den Anhänger sprangen. Sobald es aber bergauf ging, sprangen sie ab und halfen Brennan, den Anhänger zu ziehen, jede an einer Zugleine. Ich habe es aber erst geglaubt, nachdem ich es mit eigenen Augen gesehen hatte. Cyclops, die ältere Hündin, war auf diese Art schon seit zehn Jahren mit Brennan durch die gesamte USA unterwegs. Sie lief wie ein Traktor bergauf, unermüdlich! Star, die jüngere Hündin, war erst das zweite Jahr dabei und noch in der Anlernphase. Da kam es schon mal vor, dass sie im Eifer des Gefechtes bei voller Talfahrt vom Anhänger sprang, um irgendeinem Tier am Wegesrand hinterher zu jagen. Oftmals drohten regelrechte Beinahecrashs, denn Brennan musste den Ruck der seitlich abspringenden Hündin abfangen. Wenn ich mir diese Situationen in den Folgetagen vorstellte, musste ich oftmals derart lachen, dass ich selbst fast ein paar Mal im Graben gelandet wäre.

Brennan war ein bekennender »Trekkie«, ein Star-Trek-Fan, was auch die Namensgebung der Hündinnen erklärte. Sein Bruder Lincoln dagegen war mehr so eine Art selbsternannter Crocodile Dundee: Er begleitete Brennan zum ersten Mal auf einer dieser Sommertouren und hatte sich eigens dafür solch ein modernes Chopperrad gekauft, wie man es an den Stränden von Kalifornien sieht. Mittlerweile hatte er festgestellt, dass dieses Bike wohl eher dorthin gehört, aber auf keinen Fall geeignet war, um 1.600 Meilen die Pazifikküste hinunter zu radeln. Lincoln konnte dem Cruiserbike mit jedem gefahrenen Kilometer weniger abgewinnen, und das Gespann war aufgrund seiner Fahrradwahl nur sehr langsam unterwegs, aber die Brüder nahmen es gelassen.

Ich für meinen Teil genoss die gemütlichen Abende am Lagerfeuer mit den beiden und plante meine Tagesetappen immer kürzer, um sie abends an den gleichen Campgrounds wieder zu treffen. Wir schlossen

Freundschaft, und während ich nun hier sitze und nach vier Jahren dieses Buch schreibe, ist Brennan seit einigen Monaten auf meinen (Fahrrad-)Spuren unterwegs, die Panamericana von Alaska bis Feuerland mit seinem Rennrad und seiner Hündin Star zu absolvieren. Die Idee hatte ihn nach unserem Kennenlernen nicht mehr losgelassen. Brennan sparte mehrere Jahre, und nach einiger Vorbereitung konnte er sich 2009 seinen Traum erfüllen. Leider ist seine alte Hündin Cyclops nicht mehr mit dabei, die ein Jahr zuvor in den Hundehimmel gekommen ist.

DER IDIOT

DIE RUND 2.500 KILOMETER der US-amerikanischen Küste parallel der Panamericana ließen sich bis auf wenige Ausnahmen exzellent mit dem Fahrrad herunterspulen. Meistens hatte man eigens für Biker präparierte Wege und brauchte sich nicht mit dem Autoverkehr herumärgern. Doch auf einigen Abschnitten ließ es sich nicht vermeiden, die Küstenstraße zu nehmen.

So kam es, dass ich einige Tage an Oregons Steilküste auf einer serpentinenartigen Straße fuhr. Die Steilküste bot eine faszinierende Aussicht, und trotz der ständigen Steigungen war ich durch den herrlichen Anblick aufs Meer abgelenkt. Die Straße war eng und schlängelte sich wie eine Schlange entlang der Küste. Ich fuhr so dahin, als ich plötzlich durch das schrille Hupen einer großen weißen Limousine mit abgedunkelten Scheiben aus meinen Gedanken gerissen wurde. Verärgert über das idiotische Gebaren des Fahrers fluchte ich vor mich hin, denn an dieser Stelle der Straße war Überholen problemlos möglich. Hupen war deshalb völliger Quatsch, und einen Schreck hatte er mir auf jeden Fall eingejagt.

Dann überholte mich der Fahrer, allerdings äußerst langsam, fast genauso schnell wie ich. Ich konnte nicht in das Wageninnere schauen, da alle Scheiben tiefschwarz abgedunkelt waren. Der Schlitten – ein Cadillac – sah aus wie eine dieser Gangsterlimousinen aus einem Streifen mit Kojak aus den 1970er-Jahren. Adrenalin schoss mir ins Blut, aber schon bald war ich wieder in den Anblick der Küstenlandschaft vertieft. Zehn Minuten später … wieder das gleiche Hupen! Fast hätte ich mein Bike vor Schreck in den Graben gefahren. Es war die gleiche weiße Limousine, und wieder fuhr der Wagen ganz dicht an mir vorbei, obwohl es genügend Platz auf der Straße gab! Woher war der denn jetzt gekommen? Er hatte auf jeden Fall nicht gewendet … Mir war an diesem Morgen, bis auf diesen Wagen, überhaupt noch niemand begegnet! Was wollte der Fahrer von mir? Doch bevor ich es herausfinden konnte, trat er aufs Gas und rauschte mit Volldampf davon. Wie viele Personen saßen wohl im Auto? Ich konnte es nicht ausmachen. Ich erinnerte mich an diese amerikanischen Spielfilme, in denen jugendliche Gangs in großen Amischlitten ihr Unwesen treiben. Mir wurde mulmig. Es war noch sehr früh am Morgen, und ich war allein auf dem Highway, zusammen mit dieser Limousine. Vielleicht auch ein verrückter Psychopath?, fragte ich mich. Der Fahrer schien jedenfalls nicht normal zu sein! Ich hatte das Auto beide Male nicht kommen hören, sondern wurde erst durch dieses durchdringende Hupen aufgeschreckt.

Ich fühlte mich, als würde ich in der Falle sitzen. Rechts von mir gab es kaum Platz zum Ausweichen, dort ging es mehrere hundert Meter in die Tiefe. Auf der anderen Seite der Fahrbahn erstreckte sich dichter Wald. Die Nervosität stieg an und ließ mich schneller werden. Immer wieder drehte ich mich um – ich wollte nicht noch einmal überrascht werden. Meine ganze Konzentration lag jetzt mehr auf der Straße hinter mir, und die schöne Aussicht der Küstenlandschaft war vergessen! Dann rollte der Wagen zum dritten Mal von hinten heran, bremste und hupte erneut. Mir war klar, dass der Fahrer die Absicht hatte, mich in Panik zu versetzen. Aber Panik konnte ich nicht gebrauchen! Stattdessen stieg Wut in mir auf, Wut über diesen Idioten. Wenn ich wenigstens entdeckt hätte, wo sich der Fahrer zwei Mal versteckt hatte, um mich passieren zu lassen. Ich hätte ihm seine Hupe in den Hintern gestopft! Ich steigerte mich so richtig in Rage und überlegte, wo ich den Wagen zum Stoppen bringen könnte. Noch weitere vier Mal passierte der Wagen, ohne dass ich die Chance hatte, ihn anzuhalten. Innerlich schnaubte ich wie ein Stier, mein Körper war ein Pulverfass. In meiner Rage verbog ich fast den Lenker meines Mountainbikes.

Schließlich hatte ich genug und forderte den Fahrer mit Zeichen auf, das Fenster herunterzulassen. Und das Fenster auf der Beifahrerseite senkte sich tatsächlich! In der Annahme, einige Jugendliche im Wagen vorzufinden, traute ich bei dem Anblick der Insassen meinen Augen nicht. Mich grinste ein fetter, schwitziger, etwa siebzig Jahre alter Mann an. Neben ihm saß ein ungefähr achtjähriger Junge, vermutlich sein Enkel. Der Typ war krank! Bei dem Vorbild, das er abgab, stellte ich mir vor, wie der Junge in seinem späteren Leben mit seinen Mitmenschen umgehen würde. Ich forderte den Fettsack auf anzuhalten, damit ich ihm zeigen konnte, was ich von seinem morgendlichen Spaß hielt. Doch er lachte nur und trat wieder feige aufs Gaspedal. Im nächsten Ort fand ich die weiße Limousine geparkt am Straßenrand. Mir juckte es in den Fingern, die Reifen des weißen Cadillacs zu zerstechen, aber dann wäre hier wohl meine Reise zu Ende gewesen. Irgendwo in einem kleinen Kaff zwischen Seattle und San Francisco im Knast zu landen, stellte ich mir nicht sonderlich toll vor. Ich schluckte meine Wut herunter und ließ den Ort hinter mir.

Mir sind im Verlauf meiner Reise durch die USA noch einige Situationen passiert, bei denen ich am normalen Geisteszustand meiner Mitmenschen gezweifelt habe. Auch die Schilderungen anderer Biker abends auf den Campgrounds spiegelten ein ähnliches Bild wider. In Kalifornien ist es mir zusammen mit einem Biker auf dem Highway passiert, dass uns der Fahrer eines Cabriolets mit weißen Pappschachteln bewarf. Nur mit viel Glück traf uns keine dieser Schachteln am Kopf, denn in den Schachteln waren irgendeine Art Werbefiguren aus Ton! Mein Mit-Biker erwischte eine Schachtel am Arm, und er schrie vor Schmerz auf! Ein anderer Radfahrer bekam, seinen Schilderungen nach, von einem vorbeifahrenden Beifahrer eine Portion Pommes frites mit Mayonnaise und Ketchup ins Gesicht geworfen. Es existierte ein gewisser Hass auf Fahrradfahrer, den einige Autofahrer im autoverwöhnten Land USA auch offen zur Schau stellten. Radfahrer wurden dort als störend empfunden, und Überholmanöver waren manchmal lebensgefährlich für uns. Deshalb waren wir darauf bedacht, soft es ging auf die Fahrradwege auszuweichen. Es gibt ein Buch mit dem Titel »Bicycling the Pacifik Coast«, das man als Bibel für Biker an der Westküste bezeichnen kann. Ein absolutes Muss!

Aber trotz all dieser unangenehmen Zwischenfälle würde ich diese Reise mit dem Rad durch die USA immer wieder machen. Die Vielseitigkeit der Landschaft ist unglaublich faszinierend. In den Redwoods in Oregon hatte man den Eindruck, sich in der Kulisse von »Jurassic Park« zu befinden. Man wartete regelrecht darauf, dass gleich ein Tyrannosaurus Rex hinter einem der riesigen Bäume auftauchte. Die Nächte verbringt man dort zusammen mit Waschbären auf mystisch wirkenden Campgrounds. Die nordamerikanischen *Racoons* sind gewiefte Kerlchen, die dank ihrer großer »Pfotenfertigkeit« sogar Reißverschlüsse von Zelten aufbekommen, um sich dann über alles Essbare herzumachen. Cyclops, Brennans alte Hündin, war in dieser Region morgens immer sehr müde; sie schlug sich ganze Nächte um die Ohren, um die Racoons zu verscheuchen. In einer Nacht fiel der Lichtschein eines spät ankommenden Campers auf die Wand meines Zeltes. Als ich aufwachte, sah ich überall die Schatten der Racoons. Es war wie in alten Zeichentrickfilmen, in denen Waschbären mit diebischem Vergnügen die Gegend unsicher machten. Als dann unmittelbar dahinter der Schatten unserer alten Cyclops auftauchte und hinterherflitzte, konnte ich mich vor Lachen nicht mehr halten.

Leider mussten Brennan und sein Bruder Lincoln die Reise vorzeitig abbrechen. Cyclops fiel es jeden Tag schwerer, neben dem Bike herzulaufen, aber sie blieb auch nicht still auf dem Anhänger sitzen. Mit einem Mietwagen machten sich die Brüder auf den Heimweg. Für mich blieb es die schönste Zeit, die man mit Freunden verbringen konnte.

SAN FRANZISCO ERWARTET MICH

AUF MEINER ROUTE über die »Panam« näherte ich mich nun San Francisco, eine Stadt, die ich unbedingt kennenlernen wollte; dementsprechend war ich voller Erwartungen. Schon die Überfahrt über die Golden Gate Bridge war ein absolutes Highlight. Ich musste gut eine Stunde vor der Brücke auf besseres Wetter warten, denn nur an sehr wenigen Tagen im Jahr ist die Brücke nicht in Wolken gehüllt. Heute bestand Hoffnung, dass sie aus ihrem Wolkenkleid schlüpfte und sich in ihrer ganzen Pracht zeigte. Endlich war es so weit! Der Himmel riss auf und die Brücke strahlte in der Sonne. Mich überkam eine Gänsehaut beim Anblick dieses berühmten Bauwerks. Ich kannte die Brücke nur aus Serien wie »Die Straßen von San Francisco«, und jetzt stand ich hier vor ihr! Die Emotionen waren überwältigend.

Als ich diesen Prachtbau überquerte, wurde es am höchsten Punkt extrem kalt. Starke Winde kamen plötzlich auf und schoben neue Wolken heran. Ich konnte von hier oben nur fünf Minuten einen Blick auf die »Frisco Bay« werfen. Auf dem höchsten Punkt hätte ich gern mit einer Flasche Sekt gefeiert! Es war ein einzigartiger Moment, der mir immer in Erinnerung bleiben wird.

Bei der Abfahrt zur anderen Seite löste sich der Wolkennebel wieder auf und die Sonne kam aufs Neue hervor. Von weitem konnte ich Alcatraz ausmachen. Das berühmt-berüchtigte Gefängnis ragte wie eine mahnende Festung aus der Bucht. Seit ich die Entfernung zum Festland kenne, teile ich die Meinung, dass es für Häftlinge auf der Flucht eher unmöglich gewesen sein muss, lebend das Ufer der Bucht und die damit verbundene Freiheit zu erreichen. Trotzdem gibt es Gerüchte über gelungene Fluchtversuche, die bis heute nie offiziell bestätigt oder dementiert wurden. Seit vielen Jahren ist Alcatraz ein Museum, in dem Touristen eine Vorstellung davon bekommen, wie die zu lebenslanger Haft oder Todesstrafe verurteilten Strafgefangenen isoliert dahinsiechten. Ein Fluchtversuch mit geringer Aussicht auf die Freiheit oder der wahrscheinlichere Tod durch Ertrinken oder einen Haiangriff stellte trotzdem für einige Sträflinge immer noch eine bessere Option dar, als lebenslanges Dahinvegetieren hinter diesen düsteren Mauern.

Auf den San Francisco Hills ließ ich es mir nicht nehmen, mit einer der Cablecars zu fahren. Ich wollte schon immer, wie in einem Film, auf eine fahrende Straßenbahn auf- bzw. abspringen. Das »Trittbrettfahren« gehört zum Stadtbild dazu. Nach drei Tagen reichte es mir dann doch mit dem Großstadtflair, und es ging weiter gen Süden.

DAS WIEDERSEHEN ...

ALS SAN FRANCISCO knapp vierzig Kilometer hinter mir lag, hupte wieder ein Auto neben mir. Oh Gott, dachte ich, nicht schon wieder so ein Verrückter! Es war ein alter Pick-up, der kurz vor mir ausscherte und mich zur Vollbremsung zwang! Ich wollte gerade tief Luft holen und den Fahrer wegen seines waghalsigen Manövers anbrüllen, als ich auf der Ladefläche ein altes Rennrad, einen Anhänger und zwei mir bekannte Hunde entdeckte. Cyclops und Star wedelten mir freundlich zu und wären wohl sofort von der Ladefläche gesprungen, wenn die Leinen es nicht verhindert hätten.

Brennan stieg mit einem breiten Grinsen aus dem Wagen. Er hatte seinen Bruder zu Hause abgesetzt und beschlossen, mich noch ein Stück mit seinem Pick-up durch die USA zu begleiten, natürlich mit all seinem Gerümpel samt Campingstuhl und Matratze. Lachend umarmten wir uns. Ich freute mich riesig über seine spontane Idee. *Welch ein Glück, dass ich ausgerechnet heute wieder auf dem Highway war*, ging es mir durch den Kopf. In San Francisco hätten wir uns sicherlich verpasst.

Brennan hatte sich vorgenommen, jeden Tag mit seinem Pick-up zum geplanten Tagesziel vorzufahren, dort Proviant zu kaufen und ein wenig mit den Hunden in der Gegend umherzuradeln. Rechtzeitig bei meiner Ankunft sollte das Lagerfeuer brennen. Spitzenidee! Und doch behielt ich mein Gepäck bei mir und lehnte sein Angebot, es für mich zu transportieren, dankend ab. Es hätte an meinem Stolz gekratzt, nicht die gesamte Strecke unter den gleichen Bedingungen gefahren zu sein.

Brennan und ich verabredeten uns für diesen Tag – einem Samstag – im sechzig Kilometer entfernten Half Moon Bay. Als ich dort ankam, saß er schon gemütlich in einem Café bei einem Schokoladen-Muffin. Nach kurzer Pause wollten wir dann weiter zum nahgelegenen Campground außerhalb der Stadt. Ich machte mich wieder auf den Weg, während Brennan die Einkäufe erledigte.

Es war nur noch ein kurzes Stück bis zum Campingplatz, und ich nutze den Seitenstreifen der 101. An einer der abzweigenden Seitenstraße gab es mit einem Mal einen riesigen Knall. Ehe ich mich versah, hing ich auf der Motorhaube eines großen Ford Bronco und hielt mich an dessen Scheibenwischern fest. Beim Aufprall war ich über die Motorhaube geflogen, Gott sei Dank, denn der große Ford Bronco hatte meine Florence samt Gepäck komplett unter sich begraben.

Scheinbar hatte der Fahrer den Aufprall nicht bemerkt, denn der Wagen fuhr mit unverminderter Geschwindigkeit weiter. Erst als ich den Fahrer durch die Windschutzscheibe anschrie, guckte er in meine Richtung und latschte voll auf die Bremse! Ich machte einen riesigen Satz in den Straßengraben. Ich versuchte durch Abrollen, den Aufprall etwas abzufangen, so wie ich es beim Training der Marine vor vielen Jahren gelernt hatte – aber ich schürfte mir am Asphalt meine linke Körperhälfte von der Hüfte an abwärts auf.

Ich sprang wieder auf und hüpfte kurz umher, um zu testen, ob nichts gebrochen war. Es schien alles in Ordnung. Dann blickte ich rüber zum Bike, oder besser zu dem, was davon noch übrig war. Verdammt! Das war das Ende meiner Reise! Der schwere Geländewagen hatte die zerbrochenen und zerrissenen Teile meiner Ausrüstung unter sich begraben. Der Fahrer stieg jammernd aus dem Wagen, schlug die Hände über dem Kopf zusammen und faselte abwechselnd auf Portugiesisch und Englisch irgendwelche Entschuldigungen. Er hatte als entgegenkommender Linksabbieger vom Highway in die Seitenstraße einbiegen wollen, aber da ihm ein Motorradfahrer entgegengekommen war, hatte er beschleunigt, um noch vor dem Motorrad durchzuflutschen. Mich hatte er dabei überhaupt nicht gesehen. Als er mich schon gerammt hatte, schaute er immer noch in Richtung des entgegenkommenden Verkehrs.

Der Motorradfahrer hatte zum Glück angehalten und rief die Polizei. Er hatte mich im hohen Bogen fliegen sehen und war sich sicher, dass ich nie mehr aufstehen würde. Im Nu waren *mehrere* Krankenwagen vor Ort, selbst die Feuerwehr kam mit großem Löschfahrzeug und Heidenlärm an die Unfallstelle. Es ähnelte mit all den blauen und roten Sondersignalen wieder einer Filmszene aus einem Actionfilm. Feuerwehrmänner und Polizisten suchten unter dem Geländewagen nach dem Fahrradfahrer. Ich stand dahinter und versuchte in dem hektischen Treiben zu erklären, dass es sich bei dem Biker um mich handelte. Erst als man den Motorradfahrer und den Bronco-Fahrer befragte, zeigten beide auf mich. Und schon sah ich mich beinahe in den Krankenwagen verfrachtet. *Die Jungs hier sind echt übereifrig!*, dachte ich. Ich sträubte mich beharrlich und konnte verhindern, dass man mich in irgendein Hospital abtransportierte. Dabei machte ich mir hauptsächlich Gedanken über mein gesamtes Hab und Gut. All meine Dokumente und Kreditkarten befanden sich in den Fahrradtaschen unter dem Bronco!

Eine halbe Stunde erreichte auch Brennan die Unfallstelle. Zusammen mit allen Zeugen klärten wir den Unfallhergang: Schuld trug eindeutig der Fahrer des Bronco. Nachdem ich nochmals die Einweisung in ein Krankenhaus ablehnte, durfte ich nach Aufnahme aller Daten in Brennans Pick-up steigen. Die Überreste meines Rades schmissen wir hinten auf die Ladefläche. Genauso schnell wie alles am Unfallort erschienen war, löste sich der Trubel wieder auf, und Brennan fuhr mich die letzten hundert Meter bedrückt zum Campground. Ich brauchte erst einmal eine Dusche! Doch auch danach fühlte ich mich immer noch, als hätte mich ein Zug geküsst. Nach kurzer Zeit zeigten sich schwere Hämatome auf der linken Seite meines Körpers, und die Schürfwunden brannten wie Feuer. Mein linker Fußknöchel war geschwollen, und meinen linken Arm konnte ich nicht mehr bewegen. Ich hoffte, die Schmerzen würden bis zum nächsten Morgen nachlassen, doch sie ließen mich die ganze Nacht nicht schlafen. Der harte Boden unter meiner dünnen Isomatte ließ mich jede Bewegung spüren. Mein Zelt war beim Unfall zerstört worden, deshalb schlief ich genau wie Brennan unter freiem Himmel, was dem Ranger des staatlichen Campground missfiel. Er schmiss uns kurzerhand am nächsten Tag vom Platz. Ohne Zelt kein Zeltplatz, so seine Logik!

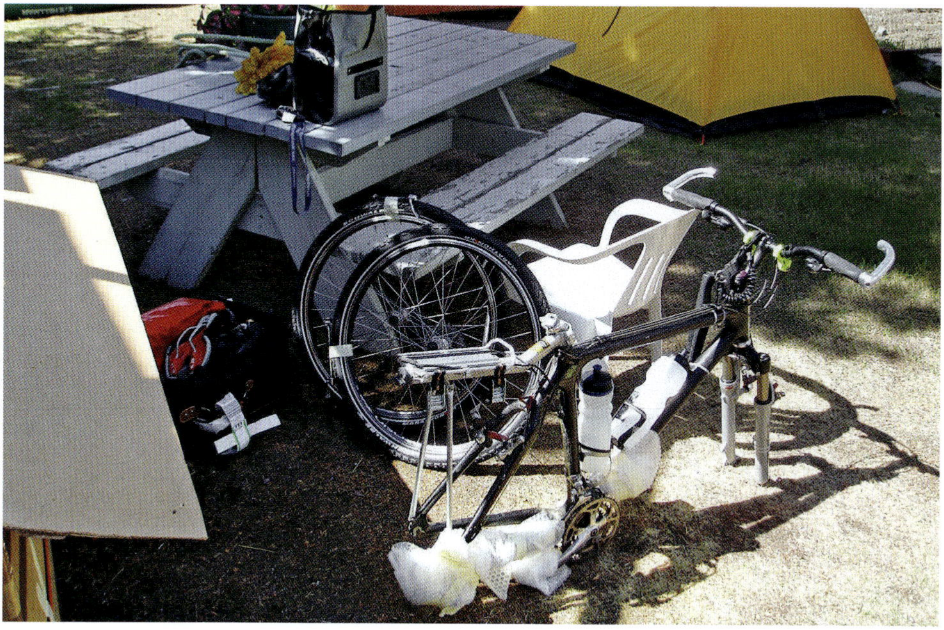

1 Endlich in Kanada gelandet!
Nun muss ich nur noch das Bike
zusammensetzen, dann kann es
losgehen!

2 Dawson City, im hohen Norden
Kanadas, scheint in der Gold-
gräberzeit stehengeblieben zu
sein. Filmkulisse live!

3 Am Ende des ersten Tages auf
dem Klondyke Highway. Bike
abschließen unnötig!

5

4 Nach zwei Tagen sparsamer Verpflegung wirkte die Moose Creek Lodge auf mich wie eine Oase in der Wüste.

5 Happy, aber ahnungslos! Die Nacht auf dem Tatchun Creek Campground, einem Bären-Hotspot im Frühling, blieb mir als längste Nacht auf meiner Reise in Erinnerung.

6 Ständige Begleiter in Kanadas Natur und absolut notwendig: Messer und Bärenabwehrspray.

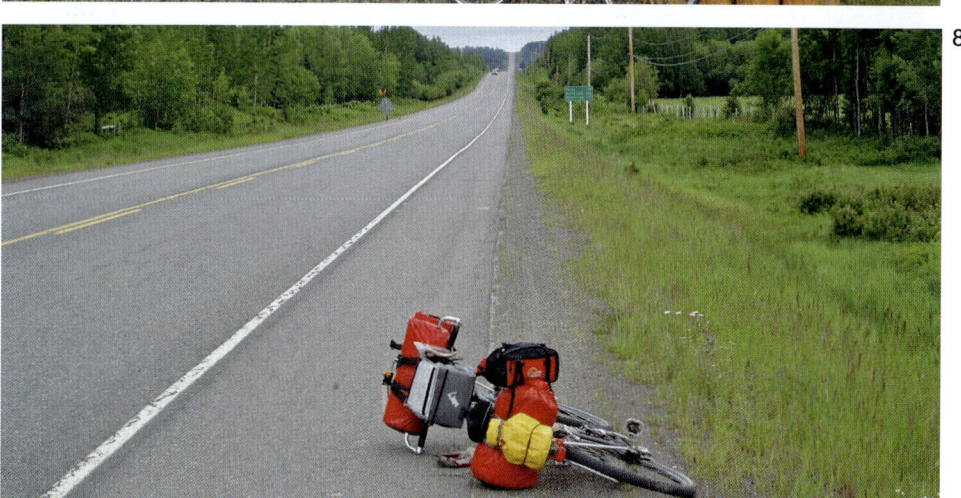

7 Auch heute gibt es immer noch
»Glückssucher mit Esel«, die
vom großen Goldfund träumen.

8 Die Panamericana in Kanada:
jede Menge Weg!

9 Schnell alles raus zum Trocknen,
die Sonne scheint.

10 Vier Jahre geplant, vier Klimazeiten, viel Gepäck am Bike und hochmotiviert.

11 Auf einem Campground lerne ich Brennan kennen, der in Begleitung seiner beiden Hündinnen Cyclops und Star mit dem Rad reist.

12 Auf den »Hiker-Biker-Areas«, den nationalen Campingplätzen in den USA, trifft man viele Gleichgesinnte mit Lust auf Abenteuer. Alles wird geteilt!

13 Ein imposantes Stamm-Haus aus einem einzigen Stamm eines Redwood Trees.

10

11

12

13

14 Ich verlasse nach Wochen den Highway 101 und fahre auf die Route No. 1 entlang der Pazifikküste in Richtung Mexiko.

15 Ein Kindheitstraum geht in Erfüllung! Ich stehe endlich vor der Brücke, die ich als Kind so oft im Fernsehen gesehen habe.

16 Meine Freunde »Wheelchair-John« und Brennan in Johns Stammkneipe. John und ich halten bis heute E-Mail Kontakt.

17 »Pain happens« – ein Motto, das bei solch einer Reise akzeptiert werden muss.

18 Man muss sich nur zu helfen wissen. Bis zur nächsten Stadt bin ich mit dieser Notreparatur gekommen.

19 Die USA fast geschafft! Es geht auf der Route No. 5 Richtung San Diego, der Grenzstadt zu Tijuana, Mexiko.

20 Der Lifestyle Kaliforniens: Anderssein und auffallen um jeden Preis. Dieser alte VW-Bus ist komplett beklebt mit Muscheln, Blumen und Spielzeug. Eine einzige Show!

19

20

21 In Tijuana ist es ratsam, nicht zu zelten. Das Rad sollte auch nicht vor der Hoteltür stehen.

22 Erst in der Wüste der Baja California, weit außerhalb der Stadt Tijuana, wagen wir es, wieder zu zelten. Aber die Wüste gehen wir zusammen an, als Gruppe.

23 Die Baja California in Mexiko: Eine traumhafte, aber teils unwirklich wirkende Landschaft mit extremen Temperaturen.

24 Trotz der extremen Bedingungen und Anstrengungen sind wir guter Laune.

22

24

23

25 Sandy aus Deutschland besucht mich auf meiner Reise. Die mexikanischen Kinder sind neugierig und möchten gern ihre helle Haut streicheln.

26 Die Panamericana entlang der mexikanischen Pazifikküste ist rau und zerklüftet – und wunderschön. Die Temperaturen sind schweißtreibend.

27 Zum Erreichen von abgelegenen Buchten und küstennahen Inseln Mexikos gibt es Wassertaxis. Als Fähren sind sie grenzwertig.

28 Mexiko: Willkommen in der hohen Kultur der Mayas.

Da nutzte es auch nichts, ihm den Unfallhergang zu erklären sowie das kaputte Zelt und das zerstörte Fahrrad zu zeigen. Er hatte den Charakter eines Roboters, der nur seine Vorschriften kannte und nicht fähig war, auf außergewöhnliche Situationen flexibel zu reagieren.

Wie dem auch war: Brennan und ich mussten zusehen, dass wir woanders unterkamen. Die folgende Nacht zum Montag verbrachten wir im örtlichen Baseball-Stadion. Nach Einbruch der Nacht schlichen wir uns hinein, und früh morgens räumten wir vor dem Erscheinen des Reinigungspersonals das Feld. Unter normalen Bedingungen wäre ich für solche Streiche wirklich zu haben gewesen, aber in meiner Verfassung war selbst ein Wasserbett unbequem.

Endlich war das Wochenende vorbei und wir konnten am Montagmorgen mein ramponiertes Bike zum Bike-Store von Half Moon Bay bringen. Das Resultat war eindeutig: Totalschaden! Selbst die Komponenten taugten nichts mehr. Alle wasserdichten Pakettaschen waren aufgeschürft. Aber ich brauchte ein Gutachten, dass ich der Versicherung des Unfallgegners vorlegen konnte. Bis ich allerdings Schadenersatz von der Versicherung bekam, musste ich tief in die Tasche greifen, um mir ein neues Bike samt Equipment zu kaufen, wenn ich weiterfahren wollte. Für die Versicherung fehlte noch der Unfallbericht der Polizei; es würde gut zwei Wochen bis zur Fertigstellung dauern. Brennan schlug mir vor, zu einer großen Familienfeier seiner Tante ins Inland zu fahren. Nun – die Aussicht auf ein Hotelzimmer mit weichem Bett und Dusche gefiel mir. Dort hatte ich wenigstens ein paar Tage Zeit, um buchstäblich meine Wunden zu lecken.

Die Familie nahm mich sehr freundlich auf, und nach ein paar Tagen konnte ich wieder normal laufen, nur der Arm machte mir noch zu schaffen. Liegestützen waren unmöglich, und ich konnte den Arm nicht höher als auf Schulterhöhe anheben. Wenn ich mich anziehen musste oder mir die Haare waschen wollte, kam ich mit der Hand nicht zum Kopf.

Irgendwann lag auch der Polizeibericht vor, und Brennan fuhr mich den ganzen Weg nach Half Moon Bay zurück. Er war wirklich ein wahrer Freund. Ohne ihn hätte ich in dieser Situation ganz schön blöd aus der Wäsche geguckt. Man sollte sich bei solchen Trips bewusst sein, dass man als Alleinreisender schnell mit der Frage konfrontiert wird: Wer hilft, wenn etwas passiert?

EIN NEUES BIKE MUSS HER

MIT DEM BERICHT DER POLIZEI und dem Gutachten des Bike-Stores setzte ich mich in den Bus zurück nach San Francisco und quartierte mich in ein *Youth Hostel* ein. Am nächsten Tag reichte ich alles bei der Versicherung des Unfallgegners ein und hoffte, schnell das Geld für ein neues Fahrrad zu erhalten. Es war eine der renommiertesten Versicherungen in den USA, und zumindest die Aussage der Versicherungsagentin am Telefon ließ mich auf eine schnelle, unkomplizierte Abwicklung hoffen. Sie erwähnte sogar etwas davon, dass in diesem Fall eines so kleinen Schadens wie einem Fahrrad vielleicht direkt ein Scheck ausgestellt werden würde. Falsch gehofft! Natürlich musste erst einmal alles geprüft werden, und dann konnte ich irgendwann, wenn die zuständige Sachbearbeiterin aus ihrem Urlaub zurückkam, meinen Scheck in Empfang nehmen. Ich sollte aber am nächsten Tag sicherheitshalber noch einmal anrufen, um zu erfahren, wann die Sachbearbeiterin wieder zurück sei. Also kehrte ich für eine weitere Nacht zum Youth Hostel San Francisco zurück, aber auch der nächste Tag brachte keine Neuigkeiten. Niemand wusste, wann die Sachbearbeiterin wiederkam, und niemand anderes konnte (angeblich) diesen Fall bearbeiten! Wir reden hier wohl bemerkt von der größten nordamerikanischen Versicherungsgesellschaft! Langsam ging mir ein Licht auf. Sie wollten mich hinhalten! Ich fragte nach, ob ich den Scheck über die Schadenersatzsumme auch später in einem anderen Versicherungsbüro in Empfang nehmen konnte. »For sure, no problem!«, lautete die prompte Antwort. Um nicht noch mehr Zeit zu verlieren, kaufte ich mir noch am gleichen Tag ein neues Bike mit Zubehör und Packtaschen. Durch den bisherigen Tourverlauf wusste ich genau, was ich brauchte, und ging erst gar nicht auf das Verkaufsgefasel des Verkäufers ein. Er stand im Laden und versuchte mir, während er sich die Hände rieb, Fahrräder anzupreisen, die viel zu viel Schnickschnack für meine Bedürfnisse hatten und demnach auch viel zu teuer waren. Ich bat ihn daher, auf einem Zettel meine Wünsche zu notieren, und stellte mir Fahrrad und Zubehör so zusammen, wie es meiner Meinung nach ideal war. Doch der Verkäufer versuchte weiterhin penetrant, mir seine teuren Bikes zu verkaufen. Die Montage meines Wunschbikes würde zwei Tage in Anspruch nehmen, so sein Argument. Vielleicht bekam er ja einen Verkaufsbonus. Ich stattdessen beharrte mit ernster Miene auf meinen Wunsch, mehr noch, ich gab dem Verkäufer zwei Stunden Zeit, das georderte Bike meinen Wünschen entsprechend umzubauen. Immer noch druckste er herum. Erst als ich erwähnte, dass ich die Rechnung *cash* bezahlen würde, hatte ich seine ganze Aufmerksamkeit. Sofort orderte er die Montage an. Zwei Tage auf die Montage des georderten Fahrrads zu warten, war mir zu lang, denn ich wollte noch heute wieder zurück zum Campingplatz nach Half Moon Bay. Nun fehlte mir noch ein neues Zelt. Die zwei Stunden, die ich dem Bike-Store Zeit gegeben hatte, mussten reichen, ein vernünftiges Zelt zu finden. Ein unscheinbarer, kleiner Outdoorshop hatte genau das, was ich suchte, und der Ladenbesitzer hatte obendrein richtig Ahnung.

Also stand ich exakt zwei Stunden später wieder im Bike-Store. Der eifrige Verkäufer stammelte händeringend irgendetwas von »Twenty minutes more, please«. Er schien total gestresst und bot mir als Entschädigung fürs Warten gratis eine Sonnenbrille meiner Wahl an. *Geht doch!*, dachte ich. *Vielleicht sollte ich in Zukunft meine Gutmütigkeit öfter mal überspielen.*

Nach einer Probefahrt war ich eineinhalb Stunden später mit einem funkelnagelneuen Bike zurück nach Half Moon Bay unterwegs. Sofort merkte ich, endlich auf dem perfekten Untersatz für mein Abenteuer zu sitzen, da es als Trekkingrad für die Straße leichter und schneller zu fahren war. Bob und Florence waren im Vergleich dazu Kompromisse gewesen. Dieses Teil war eine echte Rennmaschine! Ich jubelte, und die Welt war wieder in Ordnung ... Wäre da nicht der Arm gewesen, der mir immer noch zu schaffen machte.

Bei meiner Ankunft am Campground checkte der Park Ranger tatsächlich, ob ich diesmal ein Zelt bei mir hatte. Der Typ hielt mich wirklich für einen Obdachlosen! Egal! Im Hiker-und-Biker-Bereich zeltete außer mir noch ein weiterer Radfahrer. Endika stellte sich als Spanier, genauer gesagt als Baske vor. Er legte viel Wert darauf. In gebrochenem Englisch fragte er mich, ob ich einen deutschen Biker getroffen hätte, der auf dem Weg nach Feuerland unterwegs war. Überrascht stellte ich die Gegenfrage, ob er den Deutschen kenne und von wem er die Information über den Deutschen hatte. Also erklärte er mir, dass er seit zwei Monaten hinter dem Deutschen her war, weil er auf seiner Route mehrfach von ihm gehört hatte. Endika ahnte nicht, dass er gerade mit diesem Deutschen sprach, und in fließendem Spanisch, was ich in den vielen Jahren auf Mallorca gelernt hatte, klärte ich ihn auf. Erleichtert lachte Endika auf und war froh, in seiner Landessprache sprechen zu können. Voller Enthusiasmus planten wir unsere gemeinsame Weiterfahrt bis in den Süden Argentiniens. Es war für uns beide von Vorteil, denn spätestens ab Mexiko war es ratsam, im Team zu radeln. Unsere Sprachkenntnisse halfen uns natürlich für Mittel- und Südamerika enorm. Ich erzählte ihm von meinem Unfall und bedauerte, ihn nicht gleich am nächsten Tag begleiten zu können. Ich wollte noch einen weiteren Versuch bei der Versicherung starten. Endika und ich verabredeten deshalb, uns in Tijuana zu treffen, kurz hinter der mexikanischen Grenze. Endika hatte dort eine gute Freundin, die er ein paar Tage besuchen wollte; ich nahm mir vor, mir in dieser Zeit mein Geld von der Versicherung zu holen.

Doch die folgenden drei Tage in Half Moon Bay brachten mich nicht weiter, die Sachbearbeiterin war einfach nicht zu erreichen. Ich wusste nicht, wie viele Nachrichten ich ihr auf dem Anrufbeantworter gesprochen hatte, und irgendwann hatte ich die Nase voll und fuhr weiter. Schließlich hatte ich ja noch einige Wochen Zeit, bis ich Mexiko erreichen würde. Bis dahin musste diese Frau ja mal aus ihrem Urlaub zurückkommen!

Die folgenden Tage in Kalifornien waren sehr nebelig und kühl. Die Feuchtigkeit nahm mit Einbruch der Nacht extrem zu, und meine Ausrüstung blieb über Tage klamm. Ich hätte niemals gedacht, dass ich im sonnigen Kalifornien überhaupt frieren würde! Doch meine Stimmung konnte dieses Wetter nicht senken. Die Küste Kaliforniens war sehr abwechslungsreich. Ich sah viele Surfer, die in der Brandung auf ihren Surfbrettern die ideale Welle suchten. Selbst das recht kalte Pazifikwasser in diesen Breitengraden konnte die Jungs nicht von ihrer Leidenschaft abhalten. Mit dem ersten Tageslicht hockten die ersten in Neoprenanzügen auf ihren Brettern. An einem anderen Strand entdeckte ich eine Kolonie von Seelöwen und war beeindruckt von der Größe der massigen Bullen, und zweimal tauchten auf der Strecke zwischen San Francisco und Los Angeles Wale aus dem Meer auf. Ein anmutiger Anblick! Orte wie St. Cruz, Cambrio und Pismo Beach besaßen mit ihren kleinen Surfshops, Fischerbuden und Bars ein tolles Flair. Viele Studenten, die meisten von ihnen aktive Surfer, tummelten sich hier im Sommer, und es fiel mir schwer, diese Orte hinter mir zu lassen und weiterzuziehen. Aber in Kalifornien gilt auf den Campground für Wanderer und Biker eine maximale Aufenthaltsdauer von zwei Nächten.

Dazu kamen andere Kuriositäten: In Cambria musste ich wegen eiens Speichenbruchs am örtlichen Bike-Store mein gesamtes Gepäck vom Fahrrad abladen, damit das Bike auf die Werkbank gehoben werden konnte – man hätte ja auch das Laufrad abmontieren können. Auch hier gelten die strikten *american rules*! Selbst wenn nur eine Schraube nachgezogen werden musste – das Fahrrad kam auf die Werkbank!

Mit neuen, stabileren Speichen packte ich drei Stunden später mein Gepäck zusammen und machte mich auf den Weg, denn ich musste so oder so noch neunzig Kilometer bis zum Abend schaffen. Mit großer Eile kam ich bei Einbruch der Nacht am Campground an und machte mich gleich daran, mir einen schönen Spot fürs Zelt zu suchen. In der Dunkelheit ein Zelt aufzubauen, bedarf einer gewissen Übung. Das hatte ich eigentlich auch drauf. Doch wo waren verflixt noch mal die Zeltstangen? Nach zehnminütigem Gesuche im Dunkeln auf dem Boden schwante mir Böses. Oh Mann! Ich hatte die Dinger im Bike-Store in Cambrio liegen gelassen! Und wie sollte ich nun das Zelt aufbauen? Wegen der hohen Feuchtigkeit und der Mücken hatte ich keine Lust, nur im Schlafsack unter freiem Himmel zu schlafen, also suchte ich mir tastend einen Platz unter einem Baum mit ausladenden Ästen. Das Innenzelt spannte ich mit einer Leine wie ein Moskitonetz vom Ast herunter, während ich die Außenhaut wie ein Dach über die Äste warf. Wenn es in dieser Nacht nicht stark regnen würde, blieben meine Sachen trocken. Es klappte, der Regen verschonte mich. Am nächsten Tag wollte ich den Bus zurück nach Cambrio nehmen, um die vergessenen Zeltstangen zu holen, aber der Bus fuhr erst gegen elf Uhr los. Bis dahin konnte ich mit dem Bike schon dort sein. So wurde eine dumme Unachtsamkeit mit zusätzlichen hundertachtzig Kilometern belohnt! Als ich an diesem Abend todmüde an meinen Wigwam zurückkehrte, fand ich dort Rob vor, einen jungen Amerikaner mit chinesischer Abstammung. Noch mit Fahrradhelm auf dem Kopf, rauchte er genüsslich einen Joint und lag gemütlich auf der Wiese. Einladend hielt er mir seinen Joint entgegen. Ich lehnte ab, aber Rob ging darüber hinweg. Er war zum Schießen! Lächelnd erzählte mir, dass er auf dem Weg nach Los Angeles sei, um Beverly Hills zu sehen.

Während er einen zweiten Joint baute, machte ich Liegestützen. Rob beobachtete mich dabei und fragte, ob ich einen Unfall gehabt hätte. Ich berichtete ihm, was vorgefallen war, verschwieg ihm aber meine Schmerzen. Rob forderte mich auf, mich mal kurz mit dem verletzten Arm an einem Ast des Baumes bei unseren Zelten zu hängen. Warum denn das jetzt? Gesagt, getan. Groß drüber nachdenken konnte ich nicht mehr, denn ein stechender Schmerz fuhr mir durch die Schulter! So stark, dass sich wohl meine Gesichtsfarbe verändert hatte. Grinsend, den Joint im Mundwinkel, diagnostizierte Rob, dass meine Schulter wohl ausgekugelt sei. Er positionierte sich breitbeinig neben mich. Lässig nahm er meinen Arm mit beiden Händen, stemmte seinen Fuß in meine Hüfte – und ehe ich mich versah, drehte er kräftig den Arm um seine Längsachse. Mit lautem Knacken und noch größerem Schmerz rutschte mein Arm zurück in meine Schulterpfanne. Ich wollte Rob an die Gurgel springen! Er hatte all das einfach so gemacht, ohne mich zu fragen, und ich brüllte ihn an und fragte, ob er mich umbringen wolle. Doch Rob grinste immer noch und forderte mich auf, den Arm zum Kopf zu heben. Es klappte, ganz ohne Schmerzen. Okay, der Typ ist Arzt oder Chiropraktiker, dachte ich. Doch Rob verneinte und meinte, er hätte das mal im Fernsehen gesehen. Jetzt hätte ich ihm wirklich fast den Kopf abgerissen! Den nächsten Tag ließ ich meine Schulter röntgen, nur für alle Fälle. Der Arzt war mit der Aufnahme zufrieden und gab mir nur noch ein paar Schmerzmittel für die nächsten Tage mit.

Dann ging es für Rob und mich wieder auf die Straße. Ziel: Los Angeles. Rob war ein richtiger Chaot! Er achtete niemals auf Hinweisschilder, und so passierte es öfter, dass ich ihn zurückrufen musste, wenn er einfach weg von der Küste in Richtung Landesinnere abdrehte. Ich glaubte, er schwebte immer auf einer »Marihuana-Wolke«. Aber dadurch war er ein spaßiger Typ und nahm alles sehr locker. Mehrmals am Tag rauchte er ein Köpfchen. Rob konnte richtig feiern und war auch sonst ein Lebemann. Er steckte mich regelrecht an mit seinem lockeren Lebensstil.

Als wir in Malibu ankamen, wollten wir uns für einen Tag ein Auto mieten. Ein normales! Aber stattdessen mieteten wir uns ein brandneues, schwarzes Mustang Cabriolet und cruisten mit diesem Schlitten durch Beverly Hills, wie ich es nur aus den typischen amerikanischen Serien her kannte. An einer Bushaltestelle sahen wir drei Touristinnen, die wir kurzerhand zu einer Spritztour durch L.A. einluden. Die Mädels kamen aus Österreich. Sie glaubten, wir wären sogenannte *Locals*, also Einheimische aus der Stadt. Rob fand es lustig und zog die Masche durch. Ihm gefiel die große Blondine unter den Freundinnen. Zum Mittagessen schleppte er uns nach Chinatown, und wir aßen alles, was die Speisekarte hergab. Rob stellte das Menü fachmännisch in seiner Muttersprache Chinesisch zusammen, wobei wir ihm den Spaß anmerkten, uns Delikatessen aus seiner »Heimat« kosten zu lassen. Schließlich waren wir pappsatt und fuhren zum Strand, und nach einer durchgemachten Nacht in den Clubs von Malibu konnte Rob auch irgendwann die E-Mail-Adresse seiner Traumblondine ergattern. Morgens brachten wir den Mustang zurück und fuhren danach todmüde ins Camp. Heute weiterradeln? No way! So faulenzten wir fast den ganzen nächsten Tag auf dem Campground. Ich habe das Tagebuch weitergeschrieben, es war die einzige Möglichkeit, etwas Sinnvolles an diesem Tag zu tun.

Kurz hinter Long Beach trennten sich dann unsere Wege. Rob musste wieder zurück. Sein Urlaub war vorbei und die Arbeit rief. Er hatte sichtlich wenig Lust und wäre wohl gern weiter mitgefahren. Für mich war es nun nicht mehr weit bis San Diego, und ich bereitete mich schon einmal mental auf meine Einreise nach Mexiko vor. Meine Reiselust nahm bei dem Gedanken an das Latino-Land noch zu. Doch leider hatte ich immer noch keine Antwort von der Versicherung wegen des Fahrradschadens!

In San Diego fand ich ein kleines Hostel. Dort traf ich auf Marc, einen Schweizer. Als ich mein Bike in den Innenhof des Hostels schob, kam er gleich zu mir herüber. Marc begutachtete mein Gepäck und erklärte mir dann, auch bald mit dem Fahrrad durch Mexiko radeln zu wollen. Er müsse allerdings zuvor seinen in den USA gekauften Wagen loswerden und sich dann ein Fahrrad zulegen. Ich erzählte ihm von meiner Verabredung mit dem Basken Endika, der auf mich in Tijuana wartete. Daraufhin wollte Marc sich uns kurzerhand anschließen. Wir würden zusammen die Baja California von Norden nach Süden durchqueren. Ich fand es eine gute Idee, zu dritt diesen Teil der Panamericana zu fahren, denn die extrem hohen Temperaturen in der mexikanischen Wüste und die wenigen Gelegenheiten, etwas Ess- und Trinkbares zu kaufen, machten diesen Abschnitt der Reise zu einem gefährlichen Unterfangen. Es war also abgemacht, zum Besten für uns drei.

Den Anruf bei der Versicherung in San Diego sparte ich mir. Bisher war ich am Telefon immer nur vertröstet und abgewimmelt worden. Stattdessen suchte ich mir die Adresse der Hauptniederlassung in der Stadt aus dem Branchenbuch heraus und fuhr mit einem Taxi dorthin.

Es war ein großes, schickes Büro, und sogleich kam ein Mitarbeiter mit breitem Lächeln auf mich zu. Ich schilderte ihm den Fall und legte die gesamten Originalunterlagen vor. Ohne die Papiere auch nur einzusehen, wollte mich der Typ mit der Aussage, dieses Büro sei nicht für das Aktenzeichen zuständig, hochnäsig abwimmeln. Ich müsste die Sachbearbeiterin anrufen und den Fall telefonisch zu Protokoll geben. Mit diesen Worten wollte er sich umdrehen und mich stehen lassen, doch ich erinnerte mich an meinen Erfolg im Bike-Store in San Francisco. Ich wechselte die Tonlage und pfiff den jungen Mann zurück. Regelrecht empört guckte er mich an, als ich ihm bestimmt, aber höflich anwies, die Sachbearbeiterin anzurufen. Er druckste herum und äußerte, er könne das nicht tun. Nun hob ich meine Stimme und fragte laut hörbar für alle anderen Kunden im Office, ob er hier für die Versicherung arbeitete. Er bejahte. Dann fragte ich ihn, ob er taubstumm wäre. Er verneinte, und ich nagelte ihn fest. Dann wäre er ja körperlich in der Lage, das Telefonat zu führen, andernfalls würde ich hier in diesem schicken Büro mein Zelt aufschlagen und mit meinem Campingkocher so lange hier ausharren, bis jemand auf meine Forderungen einginge. Der Mann war überfordert und rief seinen Vorgesetzten. Der Manager erschien unmittelbar und raunte mit gesenkter Stimme, er könne den Fall nicht bearbeiten, da der Unfall in einem anderen Distrikt passiert wäre. Dies widersprach der Aussage des Versicherungsbüros in San Francisco, und mir kam die Galle hoch! Ich war kurz davor, den Mann an seiner Krawatte über den Tresen zu ziehen. Stattdessen lehnte ich mich zum ihm herüber und zischte ihm mit leiser, aber scharfer Stimme ins Ohr. Die Ansage war unmissverständlich: Wenn er nicht binnen fünfzehn Minuten aus San Francisco eine positive Abwicklung meines Schadens erreichen würde, stünde hier in einer halben Stunde das Fernsehteam in seinem Office, das mich auf Teilen meiner Reise begleitet und einen Dokumentationsfilm dreht. Ein absoluter Bluff, ich hatte nicht einmal einen Sponsor. Ohne ein weiteres Wort zu vergeuden, drehte ich mich um, ließ ihn mit meinen Unterlagen stehen und setzte mich in einen der pompösen Ledersessel in der Lobby. Die anderen Kunden hatten die gesamte Diskussion mitverfolgt und grienten in sich hinein, als der Manager mit meinen Unterlagen in sein Büro verschwand. Einer der anderen Kunden zeigte mir lachend das Victory-Zeichen mit den Fingern. Ich zwinkerte zurück. Zehn Minuten später kam der Manager mit einem Anweisungsformular aus seinem Büro zurück. Er bräuchte meine persönlichen Daten für die Transferierung des Geldes. Da ich keine Anstalten machte, mich aus dem Sessel zu erheben, musste er um den Tresen zu mir herumkommen und mir das Formular auf den flachen Glastisch legen. Ich hatte ihn dort, wo ich ihn haben wollte! Der andere Kunde jauchzte vor Vergnügen! Beim Verlassen des Büros flüsterte er mir zu: »Just liked this!« Weitere dreißig Minuten dauerte es, bis ich einen Barscheck über eine erheblich höhere als der in dem Gutachten geforderten Summe in den Händen hielt. In den USA kann man durch Androhung mit der Presse viel erreichen! Skandale waren unerwünscht, doch für mich war dieser Bluff überlebensnotwendig. Ich musste mit allen Mitteln hier, in der letzten Stadt vor der mexikanischen Grenze, an mein Geld kommen. Wäre ich einmal über die Grenze nach Mexiko ausgereist, hätte ich von der Wiedergutmachung nie mehr etwas gesehen! Als ich den Scheck bei der Bank einlöste, wurde mir ein neues Problem bewusst. Wohin mit dem ganzen Bargeld? Wenn damals jemand gewusst hätte, dass ich mit fast fünftausend Dollar in bar auf einem Fahrrad durch Mexiko geradelt bin, ich glaube, ich würde nicht mehr auf dieser Welt weilen.

Da ich nun alles erreicht hatte, hielt mich auch nichts mehr in San Diego. Am folgenden Morgen machte ich mich auf, die Grenze zu Tijuana zu überqueren.

MEXIKO UND LATEINAMERIKA

MEXIKO, EIN TRAUMLAND ...

Mit Marc, dem Schweizer, war ich so verblieben, das Endika und ich in Tijuana auf ihn warten würden. Da Endika in Tijuana besagte Freundin hatte, konnte ich ein paar Tage die Stadt besichtigen. Am Grenzübergang bot sich mir ein Anblick, wie man ihn aus einem Katastrophenfilm kennt. Auf der Einreiseseite nach Mexiko war es relativ leer, aber am gegenüberliegenden Grenzposten in Richtung USA standen Hunderte von Autos in der sengenden Mittagshitze. Die alten amerikanischen Flaggschiffe mit mexikanischen Kennzeichen waren weit über das normale Maß beladen. Da sich alles staute, standen die Türen der meisten Autos weit offen, und es dröhnte Musik von allen Seiten. Mexikaner sind laut! Die Grenze schien für die Einreise in die USA gesperrt zu sein. Ich für meinen Teil kümmerte mich erst einmal darum, mein kleines Gefährt bis zum Grenzposten zu fahren.

Auf USA-Seite warteten Grenzbeamte mit ihren verspiegelten Sonnenbrillen und stahlharter Miene. Emotionslos forderten sie mich auf, an den Straßenrand zu fahren und Platz für die motorisierten Fahrzeuge zu machen – ich kam ohne Kontrolle bis auf die mexikanische Seite. Dort holte ich mir meinen Einreisestempel in einem kleinen und schlichten Büro ab. Der mexikanische Zöllner war freundlich und zuvorkommend beim Ausfüllen der Einreisedokumente. Doch hatte ich nicht noch etwas vergessen? Ich musste doch noch den grünen USA-Aufenthaltszettel den US-amerikanischen Grenzbehörden aushändigen. Würde ich das unterlassen, bliebe mir eine zukünftige Einreise in die USA für immer verwehrt.

Tijuana ist einer der meistbefahrenen Grenzübergänge der Welt, an dem in zehnspurigen Warteschlangen Massen an Autofahrern in die USA einreisen oder ausreisen wollen. Jetzt musste ich mit meinem Fahrrad einmal quer von dem mexikanischen Grenzhäuschen auf die mit Barrieren abgesicherte Seite der USA und wieder zurück. Erst wenn ich das grüne Einreisedokument dort zurückgegeben hatte, war ich aus dem Datenerfassungssystem der USA als Tourist abgemeldet. Beim Betreten des Offices stand dem US-Beamten die Arroganz schon auf die Stirn geschrieben. Anstatt mich aus dem System zu löschen, fing er an, mich zu befragen. Woher? Wohin? Warum? Da waren sie wieder, die drei Fragewörter. Was hatte denn das alles diesen Typen bei meiner Ausreise zu interessieren? Meinen Einreisestempel nach Mexiko hatte ich schon im Reisepass, mein Fahrrad stand ebenfalls gut sichtbar vor der Tür des Offices. Und meinen Fahrradhelm hatte ich auf dem Kopf. Wenn der gute Mann zwei plus zwei zusammenzählen konnte, hätte er mir all diese Fragen nicht gestellt. Ich biss mir auf die Lippen, um nicht wieder, wie noch zu Beginn meines Trips am Grenzübergang in Alaska, eine zweideutige Antwort zu geben. Ich war diese Verhörspielchen leid. Um der ganzen Sache noch einen draufzusetzen, fragte mich der Typ zum Schluss tatsächlich, ob ich mir bewusst wäre, dass mich mein Weg in diese Richtung Mexiko führen würde. Er gäbe mir die »Chance«, es noch einmal zu überdenken ... »For sure not!«, antwortete ich knapp und kurz. Ich musste aus diesem Büro raus!

Dann, unmittelbar hinter der Grenze, hatte ich den Eindruck, durch den Vorhang eines Zirkuszeltes eine andere Welt zu betreten. Das Straßenbild änderte sich schlagartig. Je weiter ich in die Stadt Tijuana fuhr, umso lebhafter bot sich mir ein (scheinbar) funktionierendes Chaos. Laut Endikas Wegbeschreibung in seiner letzten E-Mail musste ich durch ein großes Armenviertel am südlichen Stadtrand. Ich dachte wieder an das viele Bargeld, das ich seit gestern mit mir führte. Das Armenviertel lag an einem langgezogenen Berg, und Hitze sowie Abgase machten den Anstieg per Bike zur Qual. Am Straßenrand wurde mir oft »Para! Gringo!« nachgerufen. Nein, ich wollte nicht anhalten! Auch wenn es mir schwerfiel, ich zog den Anstieg am Berg ohne Pause durch.

Das Viertel war wirklich etwas beunruhigend. Oben angekommen, bot sich mir der Blick auf die Küste zu meiner rechten Seite. Endlich frische Luft von der Meeresbrise. Eine halbe Stunde später erreichte ich die Adresse meiner Gastgeber. Endika hatte den Weg bis ins Detail erklärt. Noch nie war ich so gut an einen Ort geleitet worden. Zu allererst bestaunte er mein neues Bike und befand es für top. Dann stellte er mir unsere Gastgeber vor. Es waren ehemalige Freunde seiner Eltern, die irgendwann einmal von Nordspanien nach Mexiko ausgewandert waren. Ihre Tochter war schon in Mexiko geboren und hatte Endika vor Jahren einmal in Spanien besucht. Seitdem pflegten sie ihre Freundschaft übers Internet. Alle begrüßten mich, als ob sie mich schon ewig kennen würden. Endika hatte ihnen vermutlich einiges von mir erzählt. Meine Ankunft wurde abends in einem Restaurant der Stadt gefeiert. Fünf Gruppen von Mariachis, den typisch mexikanischen Musikern, spielten abwechselnd an den Tischen die Musikwünsche der Gäste. Ein Lied, ein Dollar! Der Lärmpegel war nur mit lautem Reden zu übertönen, aber eigentlich war es mehr ein Schreien. Über den Abend lief viel Mezcal unsere Kehlen herunter. Der Schnaps ist das Destillat aus der Frucht der Agave. Das Typische an dem Getränk ist der beigefarbene Wurm, der in jeder Flasche zu finden ist. Wie ich es geahnt hatte, musste ich den letzten Schluck einer Flasche Mezcal samt Wurm in meinem Glas leeren. Der Brauch will es, dass man diesen dicken, cremefarbenen Wurm vor allen Anwesenden hinunterspült. Wie hatten es diese »Ganoven« nur geschafft, dass die Flasche ausgerechnet bei mir landete, als es galt, den letzten Schluck zu trinken? Alle Anwesenden saßen mit einem gespannten Blick um mich herum und grinsten. Sie waren ein eingespieltes Team und hatten diesen Spaß mit Sicherheit schon öfter ausgeübt. Es war das erste Mal, dass ich einen Wurm im Mund hatte, zwar leblos und desinfiziert, aber es blieb ein Wurm! Ohne zu kauen spülte ich ihn zusammen mit einem großen Schluck Mezcal hinunter, wobei ich mir vorstellte, es sei Hühnchenfleisch. Danach war die »Aufnahmeprüfung« bestanden, und die Feier ging mit anderen verrückten Spielen bis spät in die Nacht weiter. Irgendwann trat ein dicker Typ mit schwarz-roter Latexmaske und einem Henkerskostüm an unseren Tisch, mit sich führte er eine Autobatterie. Es galt, zwei Kabelenden mit ausgestreckten Händen so lang wie möglich festzuhalten, während der »Henker« mit einem Ampereregler Stromstöße durch den Körper jagte. Bei den verzerrten Gesichtern und verkrampften Händen der Opfer brüllte der ganze Saal vor Lachen. Als Höhepunkt fassten sich dann alle am jeweiligen Tisch an den Händen, und die ganze Gruppe wurde mit einem Stromstoß beglückt. Verloren hatte derjenige, der als erster den menschlichen Stromkreis unterbrach und losließ.

Die Mexikaner wussten zu feiern, dachte ich, als ich mittags darauf in den Spiegel schaute. Der Tag war wie Weltuntergang. Ich hatte einen Brummschädel und kam nicht in die Puschen. Die gesamte Familie hing in den Seilen und schlief den Tag durch. Tags drauf erhielten Endika und ich eine Nachricht von Marc aus San Diego. Er hatte es geschafft, sein Auto zu verkaufen und wartete nun auf das bestellte Bike. Morgen würde es fertig montiert sein und dann wollte er sich unmittelbar auf den Weg nach Mexiko machen. Uns wollte er in Ensenadas treffen, der nächsten Stadt südlich von Tijuana. Endika und ich packten unsere Bikes und fuhren dorthin. Wir mieteten ein Motelzimmer für drei Personen. Dann prüften wir unsere Ausrüstung noch einmal gründlich. Wir wollten gewappnet sein, bevor es in die mexikanische Wüste ging, der Baja California. Eine Panne in dieser Region mit den hohen Temperaturen, die dort vorherrschten, konnte äußerst unangenehm werden. Deshalb waren wir auch froh, als Marc abends am Treffpunkt ankam. Nun waren wir ein Trio. Es gab uns das Gefühl der Sicherheit, besonders in Bezug auf Überfälle oder Unfälle jeglicher Art. Endika und Marc hatten noch keinen Schutz gegen Hepatitis, was für Reisen in Mittel- und Südamerika unbedingt empfohlen wird. Endika nahm es locker, aber Marc wollte zuerst nicht an den einfachen Straßenständen essen, aus Angst vor mangelnder Hygiene. Später blieb ihm keine andere Wahl, denn auf unserer Strecke wurden die Restaurants rar. Auf den Impfstoff gegen Hepatitis hätten wir vier Tage warten müssen, und das wollte keiner von uns. Alle im Team waren heiß, wieder auf Tour zu gehen, und Marc mit seinem trockenen Schweizer Humor brachte uns ständig zum Lachen.

Der erste Tag verlief reibungslos, wenn auch etwas zu langsam für mich. Besonders Endika nahm sich viel Zeit für Fotos und hielt oft an. Marc dagegen hatte sehr wenig Gepäck dabei und fuhr oft vorneweg. Am Ende des Tages kamen wir an einer kleinen Posada an und aßen mit der dort lebenden mexikanischen Familie zusammen zu Abend. Marc hatte zum ersten Mal die Möglichkeit, etwas an seinem eingerosteten Spanisch zu arbeiten. Doch dank der ungewohnten Anstrengung auf dem Fahrrad kroch er als Erster in den Schlafsack. Endika und ich besaßen eindeutig einen großen Trainingsvorsprung. Am nächsten Morgen jammerte Marc über Muskelkater in den Beinen und Schmerzen am Hintern. Endika und ich lachten, denn uns war es zu Beginn unserer Reise nicht anders ergangen. Da musste Marc jetzt durch. In ungefähr zehn Tagen würden die Schmerzen nachlassen. Der Körper gewöhnt sich an alles! An diesem Tag fuhr Marc nicht mehr vorneweg, sondern blieb etwas hinter uns.

DER EINSAME RADLER ...

IM ORT VICENTE GUERREIRO gab es eine schöne Posada mit einer kleinen Bar an der Durchfahrtsstraße. Der Sohn des Besitzers sagte uns, dass es an diesem Abend eine Dorffeier mit Live-Musik in der Bar gebe. Grund genug für uns zu bleiben, und wir quartierten uns in einem großen Zimmer mit vier Betten ein. Als Gruppe konnten wir uns die Kosten für ein Zimmer teilen, und in Mexiko gab es lange nicht so viele Campingplätze wie in den USA. Wir waren gezwungen, häufig auf die teureren Posadas auszuweichen, die uns zu dritt aber günstiger als ein Zeltplatz in den USA kamen. Unsere Bikes nahmen wir in der Regel samt Ausrüstung mit aufs Zimmer, wodurch es ziemlich eng wurde ...

Nach einer erfrischenden Dusche saßen wir geschniegelt für die Feier auf der Straße. Wir genossen die lauwarme Nacht bei einem kühlen Bier, als ein einzelner Biker mit einem vollbeladenen Anhänger vor uns vorbeifuhr. Es war schon fast dunkel, aber Endika und ich erkannten ihn sofort: Er war uns beiden bereits auf Campgrounds in den USA begegnet. Er hatte uns jetzt aber nicht bemerkt und radelte langsam die Hauptstraße hinunter. Außerdem machte er einen sehr müden Eindruck. Wir baten den Besitzer der Posada, den Biker mit seinem Pick-up aufzulesen und mit uns in die Posada zu bringen. Als wir den Biker auf Englisch ansprachen und einluden, mit zur Posada zu kommen, konnte man ihm die Erleichterung sichtlich ansehen – Steven war Engländer und verstand kein Wort Spanisch. Mexikaner hatten ihm gestern mit Händen und Füßen versucht zu erklären, dass eine Gruppe »Gringos« auf Fahrrädern südwärts gefahren sei. Steven war schon um drei Uhr in der Früh aufgebrochen, um uns einzuholen. Aber er hatte an diesem Tag viel Pech gehabt, denn er musste zweimal den Reifen seines Anhängers flicken. Es war ein ziemlich glücklicher Zufall, dass wir an der Straße saßen, als er durch den Ort fuhr. Er hätte uns sonst bei der Suche unabsichtlich überholt und wäre wohl bis in die späte Nacht weitergefahren.

Jetzt waren wir zu viert und alle Betten im Zimmer belegt. Obwohl völlig verschwitzt und müde, bestellte Steven erst einmal ein kühles Bier. Dabei nahm er nicht einmal seinen Bike-Helm ab. Erst als wir anderen kräftig unten in der Bar feierten, ging Steven unter die Dusche. Aber seine Müdigkeit war vergessen, die Feier wollte er sich partout nicht nehmen lassen. Nach ein paar weiteren Bieren erzählte er uns seine Lebensgeschichte, die sich wie ein Film ausnahm ... Er hatte nach einer abgesessenen Haftstrafe keinen Job gefunden, und seine Frau hatte ihn verlassen. Von dem wenigen, im Knast zusammengesparten Geld kaufte er sich ein Fahrrad und ein Flugticket nach Kanada. Eigentlich wollte Steven dann »nur« bis in den Süden der USA radeln, aber als er dort angekommen war, wusste er nicht, warum er überhaupt zurück nach England sollte, wo nichts und niemand auf ihn wartete. Also fuhr er einfach weiter über die mexikanische Grenze. Ohne auch nur ein Wort Spanisch zu verstehen, hatte er es zu allem Übel verpasst, sich einen Einreisestempel in seinen Pass drücken zu lassen. Kurzum: Steven war ohne Einreisegenehmigung illegal in Mexiko! Das würde große Probleme geben, wenn er in eine der üblichen Militärkontrollen der mexikanischen Miliz geriet.

Wir anderen guckten uns an. Wahrscheinlich würde er gleich wieder in den Knast wandern, aber in Mexiko war das als Gringo sicher nicht so behaglich! Bei der Art, sein Leben zu schildern, konnten wir uns ein Schmunzeln nicht verkneifen. Steven trug eine sehr dicke Brille, was ihn sehr naiv erscheinen ließ, und er trug alles mit einer witzigen Gleichgültigkeit vor. Für ihn war es das erste Mal, dass er überhaupt im Ausland war; zuvor war er kein einziges Mal von seiner Insel heruntergekommen.

Am nächsten Morgen hatten wir alle einen Kater! Es war wirklich schwer, in einer mexikanischen Bar zeitig nach Hause zu gehen. Mexikaner können ziemlich ordentlich feiern, und selbst das Morgengrauen veranlasste hier keinen dazu, nach Hause zu gehen. Als unsere Vierertruppe endlich losfuhr, war es schon nach zehn Uhr morgens. Die Sonne schien heiß herab. Zehn Uhr und schon vierzig

Grad auf dem Thermometer, das kann ja heiter werden, dachte ich mir. Man hatte uns am Abend zuvor erklärt, das Vicente Guerrero auch »la puerta del horno« genannt wurde, also Tür des Ofens, da es mit der Wüste Gran Desierto de Altar auf dem Festland Mexikos auf einer Höhe lag. Von dort aus wehten sehr heiße Winde herüber, und ab hier würde es nun mit jedem Tag heißer, so erklärten es uns die Einheimischen. Wir stellten uns auf harte Tage ein. Nachdem wir rund sechs Kilometer aus der Stadt gefahren waren, hielt Steven zum ersten Mal an. Sein Reifen am Anhänger hatte erneut einen Platten, und er machte sich umständlich daran, ihn zu flicken. *Hatte er denn nicht erst am Vortag zweimal den Reifen geflickt?*, ging es mir durch den Kopf. Nach einer halben Stunde fuhren wir weiter. Genau drei Kilometer! Wieder hielt Steven an und fluchte über den Reifen des Anhängers. Diesmal schauten Endika und ich uns die Sache einmal genauer an. Nun: Der Mantel war völlig abgefahren und zerschlissen, und an einer Seite schauten sogar die Drähte der Kaskade heraus. Sie waren der Grund für die ständigen Reifenpannen! Steven war schon dabei, den Reifenschlauch aufs Neue zu flicken, als wir auf seinem Anhänger einen funkelnagelneuen Mantel zwischen seiner Ausrüstung entdeckten – doch Steven wollte ihn zu unserer Überraschung partout nicht aufziehen. Seiner Ansicht nach war der alte Reifen noch gut genug für einige tausend Kilometer. Wie konnte jemand nur so ignorant sein? Es kostete uns echte Überredungskraft, Steven dazu zu bringen, dann doch den neuen Reifen aufzuziehen. Er hätte wahrscheinlich noch Wochen damit verbracht, alle paar Kilometer Reifen zu flicken, ohne die Ursache für die Pannen zu erkennen.

Ab diesem Moment gab es keine weiteren unfreiwilligen Stopps mehr, und wir erreichten El Consuelo, einen Küstenabschnitt, an dem die Panamericana direkt an den Stränden der Baja California vorbeiführt. Die kilometerweiten und menschenleeren Strände luden zum Baden ein. Wir waren durch die hohen Temperaturen alle völlig ausgepowert und stürzten uns in die Fluten des Pazifiks. Welch eine Wohltat! Die angestaute Hitze im Körper war vergessen. Wir blieben über eine Stunde im Wasser, niemand wollte so recht weiterfahren. Da außer uns weit und breit keine Menschenseele an diesem Küstenstreifen zu sehen war, verwarfen wir den Plan zur Weiterfahrt und bauten kurzerhand unsere Zelte für die Nacht auf. Wir nutzten dabei die Deckung einer Düne, damit man uns von der Straße aus nicht sehen konnte.

Zum Glück hatte jeder von uns etwas zu essen dabei. Spaghetti, ein wenig Thunfisch, Salz, eine Suppe und Tee. Unser Festmahl war gesichert! Wir suchten Treibholz für die Nacht zusammen. Dann wurden wir mit einem atemberaubenden Sonnenuntergang am Strand belohnt. Es war der beste Abend, den wir als Gruppe hatten!

Den nächsten Morgen begannen wir mit einem erfrischenden Bad im Meer, dann bauten wir das Lager ab. Noch gut fünfzehn Kilometer lagen bis El Rosario vor uns, wo Steven sich bei der Polizei um seine Aufenthaltsgenehmigung kümmern wollte. Auf der Fahrt dahin warteten einige Steigungen auf uns, und Steven fiel weit zurück. Sein Anhänger war einfach zu schwer beladen, um mit uns mithalten zu können. An Steigungen gab es zwischen uns die Abmachung, dass jeder von uns seinen eigenen Rhythmus fuhr, denn für einen starken Fahrer war es ebenso schwer, langsam zu machen, wie es einem schwachen Biker schwerfiel, schneller zu werden.

In El Rosario warteten wir auf Steven, der von der anstrengenden Tour an diesem Morgen bereits gezeichnet war. Steven hatte zuvor in seinem Leben nie ernsthaft Sport gemacht, geschweige denn sich auf diesen Trip vorbereitet. Auch die Jahre in Haft waren seiner Kondition nicht förderlich gewesen. Umso bemerkenswerter war sein Biss. »Engländer sind hart im Nehmen«, sagten wir uns schmunzelnd.

Der mexikanische Polizist saß schwitzend in seinem Büro, einen kleinen Ventilator und eine Schreibmaschine vor sich auf dem Tisch, und schlug die Zeit tot. Im Hintergrund krächzte Mariachi-Musik aus einem Transistorradio. Endika erklärte dem Mann unser Anliegen. Steven stand nickend neben ihm, ohne auch nur ein Wort von dem zu verstehen, was gesprochen wurde. Es war wirklich zum Schießen, denn ab und zu hob er zuckend die Schultern, als ob er seine Unschuld beteuern wollte. Marc und ich hatten alle Mühe, ernst zu bleiben. Der Polizist hob mit jedem Wort mehr aus Endikas Mund die Augenbrauen höher und machte ein wichtiges Gesicht; dabei hielt er Stevens Reisepass in den Händen und blätterte immer wieder darin umher. Wir waren uns sicher, dass der Mann keine Ahnung hatte, wie in solch einer Situation zu verfahren sei. Sicherlich konnte er auch kein Wort Englisch. Irgendwann meinte er nur, Steven müsse auf seinen Vorgesetzten warten, denn nur der wäre autorisiert, hier zu entscheiden. Wann dieser Vorgesetzte jedoch käme, konnte er uns nicht sagen.

Der Verlauf des Gespräches gefiel uns gar nicht, und am liebsten wären wir einfach weitergefahren. Aber der Polizist hatte immer noch Stevens Reisepass. Was sollten wir tun? Eigentlich hätten wir gern an diesem Tag noch einige Kilometer weiter abgespult, aber nun saßen wir fest!

Steven fasste schließlich eine Entscheidung. Er wollte allein auf diesen ominösen Vorgesetzten warten. Wir sollten am Tagesziel eine Posada für die Nacht suchen und ihm ein Bett freihalten. Spätestens am Abend würde er zu uns stoßen.

Uns war nicht wohl dabei, ihn allein zurückzulassen, aber Steven trat ziemlich vehement auf und bestand darauf. An diesem Abend warteten wir vergeblich auf ihn. Auch am nächsten Morgen gab es keine Nachricht von Steven. Wir waren in einem ernsten Gewissenskonflikt. Wir wollten wissen, wie es um ihn stand, andererseits mussten wir wegen Marc weiter, dessen Zeitfenster für die Reise begrenzt war. In diesem großen Land konnte viel passieren, und jeder von uns konnte einmal gezwungen sein, kostbare Tage zu verlieren.

Marcs Rückflug in die Schweiz ging in zwei Monaten. Das war eng bemessen, um Mexiko per Rad zu durchqueren. Also hinterließen wir Steven eine Nachricht in der Posada und fuhren weiter, wenn auch mit schlechtem Gewissen.

Die Temperaturen wurden immer heißer, und jeder von uns hatte in der folgenden Woche mindestens einen mentalen Einbruch zu durchstehen. Es war so trocken, dass ich mir gut vorstellen konnte, wie jemand in dieser Gegend mit einer Autopanne ohne ausreichend Trinkwasser ernsthafte Probleme bekommen konnte. Die Panamericana hier in der Baja California war nicht sehr häufig befahren, ab und zu passierten uns vereinzelte Trucks, von denen einige sogar anhielten und uns frisches Trinkwasser anboten. Wir sahen von der Straße aus Pferde- oder Rinderskelette in der steinigen Wüstenlandschaft liegen, Überreste verdursteter Tiere. Und um dieses Bild noch zu vervollständigen, hockten doch tatsächlich Geier auf den riesigen Kakteen. Alles ähnelte der klassischen Filmkulisse eines Hollywoodstreifens mit Wüstenszene und verdurstendem Darsteller.

Die Mexiko 1, wie die Panamericana hier bezeichnet wird, schlängelte sich nun durchs Inland der Baja California. Einsame kleine Hütten oder Unterstände mit Holzbänken vor der Tür waren das einzige Zeichen menschlichen Lebens, kleine Bodegas, in denen man Tacos, Tequila und warmes Bier bekam. Wir wunderten uns immer wieder, wie isoliert diese Leute wohnten, denn rings herum gab es nichts als Sand, Steine, Klapperschlangen und Skorpione. Nie sahen wir auch nur einen Gast dort sitzen, und es war uns unbegreiflich, womit diese Menschen ihren Lebensunterhalt verdienten. Aber wir dachten wahrscheinlich zu »europäisch«. Die Menschen hier kannten kein anderes Leben und fanden es vermutlich auch nicht trostlos. Wenn wir anhielten, um uns zu stärken, waren sie erfreut über ihre wahrscheinlich einzigen Kunden an diesem Tag oder in dieser Woche.

Aber trotz des unmenschlichen Klimas und der Trostlosigkeit hatte die Landschaft der Baja California etwas Faszinierendes. Mit jedem neuen Tal, das wir durchfuhren, veränderte sich die Landschaft. Mal warteten feine Sandfelder, dann wieder steinige Geröllwüste. Besonders gefielen mir die durch Winderosionen entstandenen Sandsäulen, die wie Türme einer Moscheenstadt in die Höhe ragten. Dann wieder entdeckten wir riesige Felder mit hohen und schlanken Kakteen.

In dieser Wüstenlandschaft konnte man besonders gut seinen Gedanken nachhängen, und deshalb fuhren Marc, Endika und ich oft stundenlang nebeneinander, ohne ein einziges Wort miteinander zu wechseln. Ich erinnere mich an eine für mich sehr spezielle Nacht in der absoluten Einsamkeit der Wüste. Wir drei befanden uns weitab von jeglicher menschlichen Ansiedlung, als wir einen verrotteten Sattelauflieger eines Trucks passierten. Es war schon spät, und wir suchten ein geeignetes Nachtquartier. Die alte Ladefläche des Trucks entpuppte sich als idealer Schlafplatz. Sie bot uns Schutz vor Schlangen, Spinnen, Skorpionen und allem anderen Getier, das nachts auf dem Boden herumkrabbelt. Unter freiem Himmel, auf unseren Schlafsäcken liegend, erstreckte sich über uns eine absolut wolkenfreie und sternenklare Nacht. Es gab keine Stadt in der Nähe, deren Lichtsmog gestört hätte, und so erschien der Sternenhimmel als riesige Kuppel über uns. Wir konnten trotz Müdigkeit lange nicht einschlafen, derart zog uns das Universum in seinen Bann.

Rund zwei Wochen nach unserer Abfahrt aus Tijuana erreichten wir Guerreiro Negro. Diese Stadt war ein markanter Punkt auf unserer Route, da wir nun die nördliche Hälfte der Baja California geschafft hatten. Vor uns lag nun der schwierigste Teil auf unserer Strecke entlang der mexikanischen Halbinsel. Über eine Distanz von zweihundertzehn Kilometern durchquert die Mexiko 1 hier die Wüste von Vizcaíno entlang des Gebirges San Francisco. Dabei kreuzt die längste Straße der Welt, die Baja California, in ihrer gesamten Breite in Richtung Ostküste bis zum Golf von Kalifornien. Auf diesem Streckenabschnitt gab es an nur zwei Orten die Chance, Trinkwasser aufzufüllen. Wir mussten also mit unserem Wasservorrat trotz der sehr hohen Temperaturen extrem sparsam umgehen. Wir beschlossen deshalb, vor Antritt dieser schwierigen Etappe einen Tag zu pausieren, um unseren Körpern die Chance auf etwas mehr Erholung zu geben. Ich nutzte die Zeit, um eine Unwucht an meinem hinteren Laufrad zu richten und gebrochene Speichen zu ersetzen. Keiner von uns wollte mit einer unnötigen Panne in diesem Backofen liegenbleiben. Die zehn Liter Wasser, die jeder von uns pro Tag zur Verfügung hatte, waren immer noch knapp bemessen, sollten wir tatsächlich länger als die geplanten achtundvierzig Stunden für die Durchquerung der Vizcaíno brauchten.

Am nächsten Tag ging es los. Die Hitze war unglaublich. Die Luft war so trocken, das wir nicht einmal unseren eigenen Schweiß spürten. Ich merkte lediglich, dass irgendwann das T-Shirt ganz steif und salzig auf der Haut kratzte. Für den ersten Tag hatten wir uns vorgenommen, soviel Strecke wie möglich zu schaffen, denn unsere Körper würden bereits am zweiten Tag ziemlich geschwächt sein. Wir waren diszipliniert und tranken sofort etwas, wenn der Mund zu trocken wurde. Immer nur kleine Schlucke, dafür aber in kurzen Abständen.

Ich brachte gewisse Grundkenntnisse aus Survivalkursen bei der Marine mit. Wenn der Körper einmal ein Flüssigkeitsdefizit aufweist, fällt die Leistungsfähigkeit stark ab und es drohen Kreislaufprobleme. Um elf Uhr mittags zeigte das Thermostat an Endikas Fahrradlenker eine Temperatur von 48 °C an, allerdings in der Sonne! Und Schatten war weit und breit nicht zu finden. Eine Stunde später kamen wir an einer verlassenen und zerfallenen Tankstelle vorbei. Marc vertrug die Hitze nicht so gut und bat uns, hier ein wenig zu pausieren. Wir beschlossen, über die heißen Mittagsstunden im Schatten auszuruhen. Marc war kreidebleich im Gesicht und hatte Schwindelgefühle. Er legte sich auf den Boden, mit den Beinen auf dem Rucksack, und wir gaben ihm von unserem Wasser ab, damit er mehr trinken konnte.

Während Marc sich erholte, erkundeten Endika und ich das zerfallene Gebäude. Wir entdeckten zwei dunkle Kellerräume, in denen es viel kühler als draußen war. Wir breiteten unsere Isomatten auf dem Kellerboden aus und halfen Marc hinein. Die Fahrräder stellten wir in dem anderen Raum ab.

Marc war nicht mehr in der Lage weiterzufahren und musste sich ausruhen. Die anfangs angenehm empfundene Kühle des Kellers war aber nur relativ, tatsächlich zeigte das Thermometer hier 36 °C! Aber das war immer noch besser als die 48 °C in der Sonne.

Wir versuchten ein wenig zu schlafen, um so wenig Energie wie möglich zu verbrauchen. Erst nach und nach erholte sich Marc wieder, und wir einigten uns darauf, bis zum Abend zu warten, um dann weiterzufahren. Marc hatte somit noch einige Stunden Zeit, sich zu regenerieren.

Als die Dämmerung einbrach, bemerkten wir eine Veränderung auf dem Fußboden. Überall um uns herum bewegte sich etwas, wir lagen inmitten kriechender und krabbelnder Schaben und Käfer. Wir wussten nicht so recht, wo sie hergekommen waren, aber es musste etwas mit dem Einbruch der Nacht zu tun haben. Als dann noch Mäuse und Skorpione durch die Kellerräume flitzten, verließen wir fluchtartig unser Lager.

Da es draußen nun kühler war, legten wir uns dort an einer Mauer vor der Tankstelle auf den Boden, und mit unseren Schlafsäcken als Unterlage schliefen wir sofort wieder ein. Doch irgendwann in der Nacht wachte ich auf. Irgendetwas hatte mich am Gesicht berührt. Erst glaubte ich, dass Endika mir aus Versehen im Schlaf mit seiner Hand ins Gesicht gehauen hatte. Aber als ich die Augen öffnete, entdeckte ich, keine zwanzig Zentimeter von mir entfernt, eine riesige, haarige Spinne krabbeln … Sofort war ich hellwach und weckte die anderen auf. Beide guckten mich mit verschlafenem, fragendem Blick an, als ich die Nacht für beendet erklärte. Es war drei Uhr nachts und genau die richtige Zeit zum Weiterfahren! Marc brauchte zwar noch eine ganze Weile, bis er startklar war, aber dann rollten wir wieder über den Asphalt gen Süden.

Die Kühle der Nacht war angenehm. Bei sternenklarem Himmel gewöhnten wir uns schnell an die Sichtverhältnisse. Gegen fünf Uhr bedeckte ein wunderschönes Morgenrot den Himmel. Wir fuhren in einen neuen heißen Tag hinein …

Irgendwann tauchte ein Kojote auf und kreuzte unseren Weg, womit er Endika fast zum Stürzen brachte. Der Bursche kannte wahrscheinlich nur laute Trucks und war mit unseren geräuscharmen Gefährten total überfordert. Erst schaute er uns verdutzt an, um sich dann mit einem Satz in Endikas Vorderrad zu stürzen. Murphys Gesetz lauerte überall! Die Aktion, auf einem einsamen Wüstenhighway mit einem

Kojoten zu kollidieren, brachte Endika die Auszeichnung für »Pechvogel des Tages« ein.

Doch die Begegnung mit dem Kojoten störte uns nicht weiter. Das Freiheitsgefühl an diesem wundervollen Morgen war riesig! Wir schrien und jauchzten wie Schulkinder beim letzten Klingelton der Schulglocke vor den großen Ferien! Auch Marc war wieder besser drauf. Die Farbe war in sein Gesicht zurückgekehrt, und er machte wieder seine trockenen Witze. Doch es lagen immer noch fünfzig Kilometer vor uns bis zu der Station, an der wir endlich frisches Wasser auffüllen konnten. Unser Wasservorrat war durch die lange Pause am Vortag stärker geschrumpft als geplant.

Um acht Uhr in der Früh stieg das Thermometer abermals über 40 °C, und keiner von uns sprach mehr ein Wort. Jeder war mit sich selbst beschäftigt, um den Durst zu ignorieren. Ich für meinen Teil unterteilte mir die verbleibende Strecke in etwa gleichlange Abschnitte und trank nach jeweils fünf Kilometern ungefähr einhundert Milliliter Wasser. So müsste mein letzter Liter Wasser bis zum Erreichen des Rastpunktes reichen. Welche Methode die beiden Freunde anwandten, weiß ich nicht, aber als wir endlich am Cruzeiro Fisher den ersten kleinen Laden erreichten und uns eine eiskalte Cola kaufen konnten, legte sich Marc direkt vor dem Verkaufstresen auf den Boden und legte die Beine hoch. Sein Kreislauf war erneut im Keller! Nach der Cola teilten wir uns zu dritt eine Fünf-Liter-Wassergalone und tranken sie förmlich in einem Zug leer. Dann erst suchten wir uns einen schattigen Baum und füllten unsere Trinkvorräte auf. Durch den Flüssigkeitsmangel hatte Endika auf den letzten zwölf Kilometern Krämpfe in Ober- und Unterschenkeln bekommen, war aber, ohne auch nur eine Miene zu verziehen, unter starken Schmerzen weitergefahren. Nun rieb er sich die Beine, um die verhärtete Muskulatur zu lockern. Für heute war es geschafft! Wir hatten wieder genug zu trinken und morgen nur noch weitere siebzig Kilometer durch diesen Backofen vor uns, um den Golf von Kalifornien zu erreichen. Ab dort würde es wieder leichter werden.

Entlang der Küste häuften sich die Ansiedlungen, in denen wir etwas essen und trinken konnten. Heute jedoch entschlossen wir uns dazu, direkt neben unserer »Oase« zu zelten und auszuruhen. Der Besitzer des Miniladens hatte vor kurzem begonnen, kleine Apartments für Trucker zu bauen. Sie befanden sich noch im Rohbau, bis auf eines, das schon bezugsfertig war. Es fehlten zwar die Betten, aber es hatte ein Bad mit Dusche und gefliestem Fußboden. Er bot uns an, kostenlos dort zu schlafen; vielleicht hoffte er darauf, dass wir blieben und möglichst viel konsumierten. Durch uns machte er sicherlich das Geschäft der Woche, allein schon an Getränken …

Am Folgetag erreichten wir schon bald den Ort San Ignacio, den wir eigentlich nicht als Übernachtungsort eingeplant hatten, da wir unser letztes Nachtlager erst zwanzig Kilometer zuvor verlassen hatten. Doch San Ignacio, mitten in der Baja California und rund fünfzig Kilometer Luftlinie entfernt vom Golf von Kalifornien, konnte man nicht ignorieren!

Es war eine wahrhaftige Oase. Durch ein tiefes Tal führte der gleichnamige Fluss San Ignacio, und beide Ufer des Flusses waren mit saftig grünen Wiesen und hohen Palmen gesäumt. Nach so vielen Tagen nur Sand- und Steinwüste war der Anblick auf so viel Grün mehr als einladend. Wir schlugen unsere Zelte im Schatten einer Palme auf und sprangen in den kühlen Fluss. Der Garten Eden musste ungefähr so ausgesehen haben!

Von San Ignacio bis Santa Rosalia waren es laut Landkarte genau vierundsiebzig Kilometer. Dann endlich konnten wir wieder im Meer baden, Internet nutzen und mit unseren Familien Kontakt aufnehmen.

Die Abfahrt am nächsten Tag von San Ignacio bis zur Küste wurde der bisher härteste Tag für mich. Die Luft war so heiß und trocken, dass keiner von uns anhalten wollte; nur mithilfe des Fahrtwindes war es auszuhalten. Zudem ging es permanent bergauf. Wir mussten über ein Gebirge, und hinter jeder Biegung erhofften wir den Scheitelpunkt. Aber irgendwie kam und kam er nicht!

Irgendwann spürten wir, dass die Luftfeuchtigkeit zunahm, denn wir hatten erstmals wieder Schweißperlen auf der Haut, und auch der Mund war nicht mehr so staubtrocken. Endlich erreichten wir den höchsten Punkt des Gebirges, und uns schlug eine kühlende Meeresbrise entgegen. Von hier oben konnten wir den Golf von Kalifornien überblicken, und von nun an ging es bergab: Ganze vierzehn Kilometer konnten wir die Bikes laufen lassen. Es war der Lohn nach der ganzen Plackerei beim Anstieg.

Doch unten in der Stadt war die Luft zum Schneiden. Kein Hauch von der angenehmen Meeresbrise war noch zu spüren, deshalb suchten wir uns für die Nacht ein Zimmer mit Deckenventilator. Zelten war einfach zu heiß, dabei hätten wir uns nicht ausruhen können. Nun lagen wir auf unseren Betten, alle Viere ausgestreckt, und vermieden jede Bewegung. Keiner wollte die notwendigen Einkäufe übernehmen. Jetzt verstanden wir, warum die Mexikaner den Brauch der Siesta so pflegen.

Selbst die Nächte wurden nun immer heißer, und wir konnten kaum noch richtig schlafen. Nur in den kühleren Morgenstunden wäre erholsamer Schlaf möglich gewesen, aber die mussten wir nutzen, um überhaupt weiterzukommen.

Mit dem Weg in Richtung Mulegé begann der Anfang vom Ende unseres »Dreamteams«. Endika, der sonst so konsequent gefahren war, brach total ein. Ihm machten die hohen Temperaturen nachts zu schaffen. Er wollte nur die Hitze der Baja California hinter sich lassen, mitten auf der Strecke abbrechen und den Bus nehmen, der ihn vierhundert Kilometer südlich nach La Paz bringen sollte. Marc und ich waren sprachlos. Dieser drastische Stimmungswandel kam wirklich sehr plötzlich, ohne jegliche Vorankündigung. Wir versprachen ihm, in Mulegé ein Zimmer mit Klimaanlage zu suchen, damit Endika einmal richtig ausruhen konnte. Dieses Versprechen baute ihn wieder ein wenig auf, und so ging es weiter …

DER ALTE MEISTER IN MULEGÉ

IN MULEGÉ BLIEBEN WIR ZWEI NÄCHTE, um die angeschlagene Moral zu richten. Ich nutzte den freien Tag, um ein neues Hinterrad für mein Bike zu kaufen. Mittlerweile waren so viele Speichen gebrochen, dass ich keine Möglichkeit mehr hatte, das Hinterrad zu reparieren. Mir fehlte ein spezielles Werkzeug, mit dem sich die Speichen aus der Felge drehen ließen. Man konnte ja auch nicht alles mitnehmen an Werkzeug, sonst wäre das Gepäck noch schwerer geworden.

Im Ort gab es nach meiner Schätzung vierzig Werkstätten oder Geschäfte mit Zubehör für Autos, aber ich konnte keinen einzigen Fahrradladen finden. Während ich bei sengender Hitze die Hauptstraße absuchte, lagen Marc und Endika im kühlen Zimmer und schliefen. Irgendwann holte ich bei einem Einwohner Auskunft ein, der mich zwei Häuserblocks von der Hauptstraße entfernt in eine kleine Seitengasse schickte. Dort gab es einen kleinen einfachen Fahrradladen, der von außen als solcher kaum zu erkennen war.

Der alte Mann im Laden konnte mir aber keine neue Felge verkaufen, denn er hätte sie erst bestellen müssen. Bis zur Lieferung hätte es dann nochmals zwei weitere Tage gedauert. Ich war gefrustet, denn mein Hinterrad war durch! Ob die Jungs wohl mit mir warten würden? Der alte Mann sah meine bedrückte Miene, überlegte kurz, hob den Zeigefinger in die Luft und verschwand im Lager. Als er zurückkam, strahlte er übers ganze Gesicht. In der Hand hielt er ein gebrauchtes Laufrad, das ganz passabel aussah. Er erklärte mir stolz, dass vor einigen Jahren ebenfalls ein Gringo mit dem gleichen Problem zu ihm in den Laden gekommen wäre. Er hatte eine neue Felge bestellt und seine alte kaputte Felge im Laden zurückgelassen. Er hatte sich daraufhin die Mühe gemacht, die alte Felge zu reparieren, in der Hoffnung, sie eines Tages verkaufen zu können. Da aber niemand mehr kam und eine Hinterradfelge benötigte, verschwand sie für Jahre im Lager. Und jetzt tauchte endlich ein weiterer Gringo auf und brauchte genau dieses gute Stück. Ich war begeistert! Die Sorgsamkeit, mit der der alte Mann das Ersatzrad gerichtet hatte, ermöglichte meine sofortige Weiterfahrt. Ich konnte den ursprünglichen Schaden fast nicht ausmachen, so sauber hatte der alte Meister gearbeitet. Die Felge war perfekt ausgewuchtet und passte haargenau auf mein Bike.

Als er mir dann den Preis für seine Mühen und den Verkauf der »neuen« alten Felge sagte, musste ich noch einmal nachfragen. Der alte Mann verlangte für alles zusammen fünf Dollar! Wenn ich die Stunden berechnete, die er gebraucht hatte, aus alt wieder neu zu machen, ergab der Preis keinen Sinn. Doch der alte Mann lehrte mich an diesem Tag etwas, was mir in Europa bisher verborgen geblieben war. Er sagte, dass in all den Jahren diese alte Felge auf ihren Einsatz und Zweck gewartet hatte. Für ihn war nun die Freude, vor Jahren die richtige Entscheidung getroffen zu haben, Lohn genug. Beindruckt von seiner Denkweise lächelte ich und fragte ihn scherzend, ob er auch Garantie auf seine Arbeit geben würde. Aus vollster Überzeugung antwortete er, dass dieses Laufrad bis Argentinien und zurück halten würde. Wir verabschiedeten uns herzlich, und ich war mir sicher, dass er meine kaputte Felge abermals richten und für den nächsten Gringo aufheben würde.

Auf dem Weg zurück ins Hotelzimmer glaubte ich, wegen der Hitze eine Halluzination zu haben. Im hektischen Treiben des für Mexiko üblichen Verkehrschaos entdeckte ich ein oranges Fähnchen an einem Fahrradanhänger hin und her wackeln. Im Getümmel der Autos bewegte sich ein Fahrradhelm auf und ab, der zu einem Kopf gehörte, dessen Gesicht mit der dicken Brille ich sofort wiederkannte. Es war unser verlorengegangener Freund Steven! Ich rief ihm durch den lauten Verkehr zu, und er verursachte beinahe einen Unfall, als er mich auf der gegenüberliegenden Straßenseite erkannte.

»Mann, bin ich erleichtert, dich wiederzusehen«, prustete er freudestrahlend los. Ohne sein Bike von der Straße zu nehmen erzählte Steven mir, dass er an der Polizeistation bis zum nächsten Morgen auf den Vorgesetzten hatte warten müssen und dort sogar sein Zelt über

Nacht aufgebaut hatte. Erst am nächsten Morgen wären zwei rang-höhere Polizisten mit einem Jeep vorgefahren, um mit ihm auf Englisch zu sprechen. Als die Polizisten seine Story endlich geglaubt hatten, bekam er seinen Reisepass mit gültigem Einreisestempel zurück. Steven hatte zwar noch versucht uns einzuholen, und ich erinnerte mich wieder an die zweihundertzehn Kilometer durch die Wüste, die Steven ganz auf sich allein gestellt absolviert hatte. Ich war echt beeindruckt. Steven war zwar wegen seines Anhängers langsamer als wir gewesen, hatte dafür aber keine Probleme mit Wassermangel gehabt. Auf seinem Anhänger entdeckte ich vier Wasserkanister à fünf Liter. Die zwanzig Kilo Zusatzgewicht hatte er gern in Kauf genommen. Über die gesamte Strecke hatte er nur gecampt – was für ein tougher Typ!

Wir fuhren zum Hotel. Marc und Endika schliefen tief und fest, aber als Steven ein lautes »Get up, boys!« brüllte, war das Zimmer sofort mit lautem Gegröle erfüllt. Alle waren happy, den verloren geglaubten Engländer wiederzusehen. Den gesamten restlichen Abend musste Steven immer und immer wieder auf seine trockene, humor-volle Art die Durchquerung der »Durststrecke« erzählen. Sogar sein Spanisch war seit unserem Abschied besser geworden, schließlich konnte er nun schon Wasser und Bier bestellen und obendrein »Gracias« und »Adios« sagen!

DER SCHLANGENMANN

DIE KÜSTE AM GOLF VON KALIFORNIEN war zwar dichter besiedelt als die rauen Ufer am Pazifik der Baja California, aber trotzdem standen wir oft mit heraushängenden Zungen vor geschlossenen Supermärkten. Innerlich hatten wir gehofft, in dieser Gegend der Halbinsel leichter Essen und Trinken zu bekommen und es somit wenigstens in diesem Punkt leichter zu haben. Aber dem war nicht so. Wir wussten nicht, ob in der Baja gerade Nebensaison war, aber fast überall hingen Schilder mit der Aufschrift »cerrado« an den Türen der Lebensmittelgeschäfte, also geschlossen. Der Frust in der Gruppe wuchs, denn die Temperaturen bewegten sich meistens um die 40 °C im Schatten. Etwas Erfrischendes zu finden entwickelte sich zur »Challenge« eines jeden Tages. Irgendwann entdeckten wir, kurz vor dem Ort Loreto, einen Wohncontainer an der Landstraße, der mit Werbetafeln etwas Ess- und Trinkbares versprach. Es war zwei Uhr nachmittags, und unsere Mägen knurrten bereits. Vor dem Container war eine Terrasse mit einem Netz überspannt, das Schatten spendete. Zwei Tische waren jeweils mit einem Kaktus nett dekoriert. Dieses idyllische Bild passte irgendwie so gar nicht in diese menschenunfreundliche, heiße und staubigsteinige Gegend. Als wir vier vorfuhren, kam eine kleine Mexikanerin aus dem Container und nahm lächelnd unsere Bestellung auf. Selbst Marc, unser penibler Schweizer, war von der Sauberkeit dieser Taco-Bude mitten in der Einöde beeindruckt.

Maria, die Besitzerin, machte sich auch gleich daran, Tacos für uns zu brutzeln. Dabei redete sie wie ein Wasserfall und erzählte von ihrem Mann Paco, der gerade bei seiner Lieblingsarbeit hinter dem Container sei. Wir fragten sie, welche Arbeit das denn sei, denn außer dem Container hatten wir weit und breit nichts anderes gesehen, weder ein zweites Gebäude noch ein Fahrzeug oder Ähnliches, was auf Arbeit schließen ließe. Sie antwortete völlig gleichgültig, dass Paco dabei sei, einige Klapperschlangen zu fangen! Wir guckten uns mit offenem Mund an. Nur Steven, der die Unterhaltung mal wieder nicht verstanden hatte, döste weiter vor sich hin ... Marc war der Erste, der vom Tisch aufsprang, um hinter den Container zu laufen. Endika und ich folgten auf dem Sprung. Der Hunger war vergessen, die Tacos konnten warten – das hier war interessanter! Wir wollten Paco bei seiner »Arbeit« zuschauen! Steven, der uns alle hinter den Container rennen sah, folgte uns, ohne zu wissen, um was es ging.

Paco stand keine zwanzig Meter entfernt und sah konzentriert auf den Boden. Obwohl er uns gehört haben musste, hielt er seinen Blick ohne jede Regung gebannt auf den Boden gerichtet. Als wir jedoch bis auf drei Meter an ihn herangekommen waren, gab er uns kaum merkbar mit einer Hand das Zeichen stehen zu bleiben. Dabei sprach er kein Wort, nicht einmal ein »Buenos dias, compadres« oder »Hola gringos« kam über seine Lippen. Steven war noch etwa zehn Meter hinter uns und kam herangeschlurft.

Paco hatte in der linken Hand einen circa eineinhalb Meter langen Holzstock, in der anderen Hand hielt er ein Stück Nähgarn, das er mit einer kleinen Schlinge kurz über dem Boden pendelte. Jetzt drehte er mit dem Stock einen etwa dreißig Zentimeter großen Stein um und wackelte mit dem Stock in kurzen Bewegungen hin und her. Wir hörten ein rasselndes Geräusch und sahen eine Klapperschlange, die sich in die Richtung des Stockes drehte. Die Rassel am Ende ihres spitz zulaufenden Leibes stand dabei senkrecht in der Luft.

Blitzschnell pendelte Paco das Nähgarn über das Schwanzende der Schlange und zog die Schlinge zu. Jetzt baumelte die Schlange kopfüber an dem dünnen Faden und Paco drehte sich uns grinsend zu. Dann hob er stolz die am Faden hängende Schlange in unsere Richtung. Marc, Endika und ich wichen einen Schritt zurück. Das dünne Nähgarn sah nicht sehr vertrauensvoll aus! Steven, der unsere Gruppe in diesem Augenblick erreichte, stand plötzlich unmittelbar vor Paco und der baumelnden Schlange! Wegen seiner schlechten Augen dauerte es gute drei Sekunden, bis Steven blinzelnd realisierte, was sich da vor ihm am Bindfaden windete. Ohne auch nur einen Schrei des Entsetzens auszustoßen, machte Steven einen riesigen Satz nach hinten, stolperte und fiel in hohem Bogen auf seinen Hintern. Dann rappelte er sich wieder auf und hastete im Zickzack zurück zum Container.

Wir anderen mussten uns die Hosen festhalten vor Lachen. Mit Lachtränen in den Augen begrüßte uns Paco und meinte, dass Stevens Flucht wohl das Gefährlichste sei, was er hier in dieser Gegend machen konnte, denn auf dem Weg zum Container hätte er ohne Weiteres von einer anderen Klapperschlange gebissen werden können. Man sollte zuerst immer schauen, wo man hintrat, und rennen sei sowieso lebensgefährlich. Paco machte sich mit der baumelnden Schlange auf den Weg zurück zum Container, und wir anderen drei dackelten im Entenmarsch hinterher, immer schön in Pacos Fußstapfen.

Am Container lagen einige alte Lkw-Felgen ohne Bereifung auf dem Boden herum, über die Netze gespannt waren. Paco hob eines dieser Netze hoch und ließ die Schlange in die hohle Innenseite der Felge gleiten. Dann spannte er das Netz wieder darüber. Fertig war ihr Terrarium!

Steven saß trotz Sonnenbrand kreidebleich auf seinem Stuhl. Maria hatte in der Zwischenzeit die Tacos serviert, doch er hatte noch keinen angerührt. Ihm saß der Schreck noch sichtlich in den Knochen, und wir anderen amüsierten uns köstlich über ihn.

Erst nach einer Weile trank Steven von seinem Bier und begann an seinen Tacos zu mümmeln, er hatte schon seit seiner Kindheit Panik vor Schlangen. Paco erklärte uns, dass in dieser Region viele Klapperschlangen zu finden seien. Sie säßen bei der Hitze entweder unter oder neben Steinen, die ihnen etwas Schatten boten. Auch andere kühle Orte, wie leer stehende Gebäude oder Autowracks, waren beliebte Unterschlupfe. Man sollte deshalb immer langsam und mit wachsamem Auge, aber besonders mit wachsamem Gehör umherlaufen. Klapperschlangen tarnen sich sehr gut am Boden, um von Beutetieren nicht erkannt zu werden. Wenn sie sich jedoch bei Erschütterungen, hervorgerufen durch Fußtritte, bedroht fühlen, warnen sie mit ihrer Rassel – ziemlich praktisches Instrument, denn dadurch lassen sich viele Unfälle vermeiden. Wenn man das Rasseln einer »cascabel« hört, sollte man sich ganz langsam und auf dem gleichen Weg zurückbewegen, auf dem man gekommen ist. Der Biss einer Cascabel kann für einen Menschen innerhalb von dreißig Minuten tödlich enden, wenn man nicht sofort ein Antiserum bekommt. Paco führte uns in aller Deutlichkeit vor Augen: Hier in der Baja California würde medizinische Hilfe unmöglich rechtzeitig da sein! Trotzdem hatte Paco mit den Schlangen eine »Geschäftsidee« enzwickelt und großen Erfolg. Er fing Klapperschlangen, um sie an vorbeifahrende Touristen zu verkaufen. In einfachen Pappschachteln wechselten sie für fünfzehn Dollar pro Stück den Besitzer. Und sein Geschäft boomte, verriet uns Paco stolz. Bei vielen US-Amerikanern war Paco mittlerweile bekannt. Sie kamen von weit her zu ihm, nur um ein »Mitbringsel« aus Mexiko mit nach Hause zu nehmen. Was mit den Schlangen dann bei den neuen Besitzern passierte, konnte Paco mir nicht sagen. Traurig genug, dachte ich.

Die Fangmethode mit dem Nähgarn hatte Paco angeblich selbst entwickelt. Er behauptete, dass die Schlangen mit dem Kopf nach unten hängend nicht beißen konnten. Sie müssten sich für einen Angriff vorher zusammenkringeln, um dann wie eine Sprungfeder loszuschießen – dann aber konnten die Tiere bis zu drei Meter weit springen. Trotzdem wollte ich nicht unbedingt in der Reichweite einer Schlange sein, selbst wenn sie an einem Faden nach unten hing! Steven hatte durch Marcs Übersetzung alles verstanden und wollte von da an nicht einmal mehr zum Pinkeln vom Asphalt des Highways runter. Maria fügte den Schilderungen Pacos noch stolz hinzu, dass ihr Ehemann schon dreimal von einer Schlange gebissen worden war und sie ihn jedes Mal über Monate mit mexikanischen Hausmittelchen gesund gepflegt hatte. Die ersten beiden Male hatte sie noch gefürchtet, er würde die monatelangen Fieberanfälle nicht überleben, aber beim letzten Mal, als er nachts auf eine Schlange getreten ist und ins Bein gebissen wurde, dauerte das Fieber »nur noch« drei Wochen. Er war wohl mittlerweile immunisiert. Paco zeigte uns dabei Stolz die Narben am Bein, die zurückgeblieben waren, weil Maria mit einer glühenden Eisenstange die vergiftete Wunde ausgebrannt hatte. Paco witzelte obendrein noch, jeder Schlangenbiss habe den Vorteil, dass er danach ordentlich Mezcal trinken dürfe, ohne deshalb gleich von seiner Maria beschimpft zu werden! Wir kriegten uns bei diesem Pärchen mit seinen kleinen Sticheleien nicht mehr ein vor Lachen! Die beiden wohnten fernab von der Zivilisation unter so widrigen Umständen in einem Blechcontainer und waren einfach glücklich miteinander. Sie hatten sich hier in der Wüste ihre eigene kleine Oase aufgebaut.

Die Stadt Loreta war für die nächsten dreihundertfünfzig Kilometer der letzte große Ort am Golf von Kalifornien auf unserer Route. Südlich von Loreta zog sich die Mexiko 1 über die Sierra de la Giganta parallel zur Küste entlang. Unser Plan lautete, diesen schwierigen Abschnitt wegen der Hitze ganz früh morgens anzugehen. Aus diesem Grund wollten wir am Nachmittag aufbrechen, um in den laueren Abendstunden bis zum Fuß des Gebirges zu radeln und dort unser Lager aufzuschlagen, um dann ganz früh morgens den Anstieg anzugehen. Wenn alles gut verliefe, hätten wir bis zum Mittag den höchsten Punkt des Gebirges erreicht und konnten uns dann, in den heißen Nachmittagsstunden, an die Abfahrt machen. Der Fahrtwind würde uns erfrischen. Der Plan klang gut, aber es sollte alles anders kommen …

DIE ZEIT DER HURRIKANS

FÜR DIE REGION UM LORETA bestand seit zwei Tagen eine Unwetterwarnung. Der Hurrikan Otis zog vom Südpazifik Richtung Baja California. Es begann die Zeit der Hurrikans! Otis gewann auf dem Meer ungeheuer an Kraft und zog mittlerweile mit Windgeschwindigkeiten von bis zu zweihundert Stundenkilometern Richtung Küste. Experten versuchten, den vermutlichen Verlauf von Otis zu berechnen. Demnach sollte er in einem Halbbogen über die Baja California hinwegbrausen, also irgendwo zwischen La Paz und Loreta! Die mexikanischen Behörden trafen entsprechende Vorsichtsmaßnahmen. Zufahrtstraßen sollten gesperrt werden, und nachmittags galt ein generelles Fahrverbot für den Verkehr außerhalb der Städte. Die Bevölkerung wurde alarmiert, ihre Gebäude, so gut es ginge, gegen den Sturm abzusichern.

Unverzüglich fingen die sturmerprobten Mexikaner an, Fenster und Türen ihrer Häuser mit Holzbohlen zu verbarrikadieren. Alles, was vom Wind weggetragen werden konnte, wurde demontiert, verzurrt oder verstaut. Es herrschte regelrecht Ausnahmezustand! Währenddessen kamen immer wieder neue Meldungen im Fernsehen und im Radio, die Entwicklung des Hurrikans war besorgniserregend. Um 10 Uhr war es amtlich: Otis sollte auf der Höhe von Loreto die Baja California durchkreuzen und gegen 21 Uhr über die Stadt hinwegziehen. Wir vier saßen vor dem Fernseher unserer kleinen Pension und hielten eine Krisensitzung. Ein Weiterfahren mit dem Fahrrad war zwar zurzeit noch möglich, aber bei der örtlichen Polizeistation riet man uns davon ab. Wenn die zeitlichen Berechnungen stimmten, würde uns der Sturm genau unterhalb des auf unserer Route liegenden Gebirges erwischen und wir hätten nicht den geringsten Schutz in der kommenden Nacht. Aber in der Stadt zu bleiben, davon wurde uns ebenso abgeraten. Vor vielen Jahren war Loreta schon einmal einem Hurrikan zum Opfer gefallen. Damals hatten die stürmischen Winde viel Wasser mitgebracht und schwere Überschwemmungen in dem Städtchen verursacht. Loreta lag zwar generell etwas über Meeresspiegel, aber einige Gebäude waren in tiefer liegenden Mulden gebaut, so auch unsere Pension. Der Besitzer war sehr beunruhigt und wollte das Risiko nicht übernehmen, uns dort weiter zu beherbergen. Endika und Marc gingen nochmal zur Polizei, um neue Informationen zu bekommen. Als die beiden zurückkamen, hatten sie einen Entschluss getroffen. Sie wollten den Mittagsbus in den Süden bis nach La Paz nehmen, da es dort sturmsichere Gebäude wie das städtische Museum gab. Das mexikanische Militär richtete dort bereits Notunterkünfte ein. Steven und ich waren einverstanden. Unsere Gruppe hatte zugunsten der Sicherheit entschieden.

So standen wir um halb zwölf mittags an Loretas Busbahnhof und kauften unsere Tickets Richtung La Paz. Für unsere Bikes und die Ausrüstung mussten wir zusätzlichen Plätze bezahlen, da wir zu viert sehr viel Stauraum benötigten. Die Busgesellschaft hatte Sonderbusse eingesetzt, um dem Andrang der Leute Herr zu werden. Genau wie wir wollten viele andere die Stadt verlassen. Um 12 Uhr war der letzte Abfahrtstermin für Busse, ab dem Nachmittag sollte der Highway über Nacht gesperrt werden. Unser Bus würde La Paz um 17 Uhr erreichen, sodass wir noch genügend Zeit hätten, das Museum oder ein sturmsicheres Hotel zu suchen.

Während der Fahrt betrachtete ich die Landschaft aus dem Busfenster und stellte mir vor, wie anstrengend aber auch schön die Etappe durch dieses Gebirge gewesen wäre. Schmerzlich war auch der Gedanke, das mir auf meiner Reise durch den amerikanischen Kontinent nun dreihundertfünfzig Kilometer auf dem Bike fehlten, was die Jungs nicht zu stören schien.

Als wir La Paz erreichten, war es kurz nach halb fünf. Wir bepackten unsere Bikes mit unseren Packtaschen, und ich beeilte mich dabei nicht großartig, denn für heute stand ja nichts Bedeutendes mehr an, außer die Suche nach einem Hotel. Aber Endika und Marc hatten es sehr eilig. Sie standen schon in den Startlöchern und fuhren los, ohne so recht auf Steven und mich zu warten. Verwundert über diese Hektik spornte ich Steven an, fertig zu werden, der mit seinem Anhänger immer etwas länger brauchte und es natürlich schwerer hatte, aus den Startlöchern zu kommen. Als wir die beiden einholten, wunderte ich mich, dass weder Endika noch Marc nach dem Museum oder einer anderen Unterkunft suchten, sondern schnurstracks Richtung Hafen fuhren. Hatte ich irgendetwas verpasst? Deshalb fragte ich nach, ob das Museum in der Nähe des Fährhafens läge. Endika nahm sich nicht mal die Zeit zu antworten, doch Marc guckte mich verlegen an, biss sich auf die Lippen und suchte nach einer passenden Antwort. Endlich ging mir ein Licht auf. Endika hatte wohl von Anfang an nicht die Absicht gehabt, in La Paz abzuwarten, bis der Hurrikan vorüber gezogen war. Vor Tagen hatte er einmal den Wunsch geäußert, bis hierhin den Bus zu nehmen, um so schnell wie möglich nach Mazatlán aufs Festland überzusetzen. Das stieß beim Rest der Gruppe jedoch auf Ablehnung, weil wir wenigstens einen Teil der Sierra sehr wohl mit dem Fahrrad machen wollten. Meine Absicht, zusätzlich weiter nach Cabo San Lucas zu radeln, dem südlichsten Punkt der Baja California, teilte wiederum niemand. Ich wollte die gesamte Halbinsel durchfahren, um auch den südlichsten Punkt mitzunehmen, an dem der Pazifik auf den Golf von Kalifornien trifft. Die Sturmwarnung war für Endika also lediglich der Vorwand gewesen, seinen Plan umzusetzen! Marc hatte sich dem Plan nun angeschlossen, denn seine zwei für die Durchquerung Mexikos eingeplanten Monate waren sehr kurz bemessen. Die beiden hatten die Sache auf dem Weg zur Polizeistation ausbaldowert, ohne Steven und mich zu fragen. Ich war sauer! Hätten sie uns eingeweiht, wäre ich das Risiko eingegangen und in Loreta geblieben, um nach Abzug des Hurrikans mit dem Bike weiterzufahren. Nur dem Teamgeist zuliebe war ich darauf eingegangen, den Bus zu nehmen. Ich stellte Endika zur Rede. Er meinte, dass jeder für sich selbst entscheiden müsse, was für ihn zu tun sei. Nach den ganzen letzten Wochen, in denen wir im Team gefahren waren, hatte ich nicht mit so einer laschen Antwort gerechnet. Ich war sehr von Endika enttäuscht, er hatte seine Entscheidung ohne eine Absprache getroffen. Er hatte nicht den Mumm gehabt, mir seinen Plan mitzuteilen, bevor wir den Bus genommen haben. Ohne ein weiteres Wort zu verlieren wendete ich und fuhr in die Stadt zurück. Steven, der genauso wenig von der Entscheidung der beiden anderen mitbekommen hatte, schaute mich fragend an. Ich wusste, dass Steven mit seinem äußerst knapp kalkulierten Budget besser beraten war, den anderen zu folgen, als mit mir den Umweg von dreihundertachtzig Kilometern bis zum Cabo San Lucas und zurück zu machen. Deshalb ermutigte ich ihn, zusammen mit den anderen die Fähre zu nehmen. In einer Mail erfuhr ich später von ihm, dass auch er sich kurz hinter Mazatlán von Endika und Marc getrennt hatte.

Nachdem ich nun wieder allein unterwegs war, fuhr ich zuerst zum Museum. Am Eingang erwartete mich eine lange Schlange von wartenden Menschen, hauptsächlich Frauen mit kleinen Kindern, die dort Schutz suchten. Konnte ich einer Mutter und ihren Kindern eines der Notbetten wegnehmen? Also suchte ich mir ein einfaches Zimmer in einer Posada. Besser ausgestattete Zimmer kamen jetzt nicht mehr infrage, da die Preise für mich allein zu hoch waren. Ich hatte mir genaue Kalkulationen gemacht und wusste, wieviel Geld ich für drei Jahre zur Verfügung hatte. Ich fand schließlich eine umgebaute Pferdebox ohne Fenster, dafür aber mit Stalltür zu einem Innenhof. Außer meiner Box gab es noch weitere zwanzig dieser »Suiten«. Sammelduschen und Toilette lagen im Hof. Es war die billigste Unterkunft, die La Paz zu bieten hatte. Außerdem waren die meisten Hotels und besseren Pensionen wegen des Hurrikans ausgebucht. Aus der ganzen Region kamen die Menschen, um Schutz zu suchen. Mit meinem Bike im Zimmer konnte ich mich kaum noch ind er Box bewegen, doch das gute Teil draußen zu lassen, hätte nur Diebe angezogen. Und so war mein Bike und mein Equipment hoffentlich gut vor dem Sturm geschützt.

Also saß ich in der offenen Tür und schaute auf den ehemaligen Reiterhof. Viele Backpacker waren heute hier angekommen, und die Zeltplätze entlang Baja California waren wie leergefegt. Niemand wollte einen Hurrikan in einem Zelt erleben. Ich hatte gerade geduscht, als ich mir sehr vertraute Stimmen hörte: Endika, Marc und Steven kamen in den Innenhof. Endika war sichtlich verlegen, mich hier zu antreffen, doch Marc und Steven zwinkerten mir zu und verabredeten sich mit mir auf ein Bier.

Die drei waren also zur Fähre gefahren, aber aufgrund der Hurrikanwarnung legte kein Schiff mehr ab. An diesem Abend versuchten mich Marc und Steven dazu zu überreden, mit ihnen weiterzufahren, aber ich hatte meine Entscheidung getroffen. Von jetzt an lieber wieder allein!

In der Nacht wehte zwar ein ordentlicher Wind, aber selbst in Loreta war der Sturm harmlos verlaufen. Otis war weiter nördlich durch die Wüste gezogen, ohne großen Schaden anzurichten. Nach der Entwarnung verabschiedete ich mich von den drei Weggefährten, wünschte ihnen Glück auf ihrer weiteren Reise und fuhr in Richtung Cabo San Lucas ab.

Die hundertfünfundsechzig Kilometer bis dorthin schaffte ich in zwei Tagen, und ich genoss mein Bad in den brechenden Wellen an der Südspitze der Baja. Ein gutes Gefühl, wieder einen Abschnitt geschafft zu haben. Eine Woche später stand auch ich vor der Fähre, die mich von La Paz nach Mazatlán bringen sollte. Es war die südlichste Fährverbindung zum Festland. Früher legte auch weiter südlich von San Jóse del Cabo eine Fähre ab, doch wegen einer mehrere Jahre zurückliegenden Havarie war der Betrieb eingestellt. Das einzige Schiff war gesunken, und für ein neues hatte die Reederei kein Geld gehabt und ist bankrott gegangen.

IM LAND DER MAYA UND AZTEKEN

DIE ÜBERFAHRT ZUM FESTLAND Mexikos dauerte einen Tag und eine Nacht. Wie schon zuvor in Kanada schlief ich auf dem Oberdeck. Je näher wir Mazatlán kamen, umso mehr spürte ich, wie sich das Klima veränderte. Die letzten Wochen waren wir von extremer Trockenheit begleitet worden. Hier, an der Küste, in Höhe des 24. und 25. Breitengrades, verlief die Tropic of Cancer, der nördlichste Breitengrad der Erde, über dem die Sonne im Zenit stehen kann. Beim Erreichen des Hafens in Mazatlán lag schon eine schwüle, tropische Wärme in der Luft, und am Horizont konnte man große dunkle Gewitterwolken erkennen. Die Vegetation an der Küste war genau nach meinem Geschmack. Tropische Pflanzen säumten dunkelgrün und saftig den Weg entlang der Küste gen Süden. So hatte ich mir Mittel- und Südamerika vorgestellt!

DER BESUCH EINER GUTEN FREUNDIN

Wochen zuvor hatte mich eine überraschende E-Mail von einer guten Freundin erreicht. Bei meiner Verabschiedung aus Deutschland hatte Sandy mir versprochen, mich irgendwann einmal auf meiner Tour entlang der Panamericana zu besuchen. Sandy liebte Reisen in ferne Länder und war schon viel herumgekommen. Sie war ein wahres Energiebündel und immer gut drauf. Ich hatte Sandy vor Jahren in Kiel kennengelernt, als ein Freund aus Spanien mich besuchte. Als wir uns in einer Kneipe über die anwesenden Mädchen unterhielten, stand Sandy in einer Gruppe junger Frauen neben uns. Wir hatten uns in normaler Lautstärke unterhalten, allerdings auf Spanisch, und nicht damit gerechnet, von irgend jemandem in dem Kieler Pub verstanden zu werden. Doch Sandy war in der Vergangenheit viel gereist und verstand die Sprache sehr gut. Sie schnappte unser Geläster auf, drehte sich mit ihren funkelnden Augen zu uns um und reagierte in perfektem Spanisch auf unsere ironischen Kommentare mit einer schnippischen Bemerkung. Mein Kumpel und ich waren ertappt, und unsere Entschuldigungsversuche fielen deshalb eher platt aus. Sandy nahm die Sache jedoch, Gott sein Dank, mit Witz und Humor, und es bildete sich eine innige Freundschaft. Nun hatte sie mir geschrieben, dass sie mich ein paar Wochen durch Mittelamerika begleiten wollte. Ich wusste zwar, dass Sandy sehr spontan und sportlich war, doch war sie auch fit genug auf dem Fahrrad? Mir kam die Episode mit Britta auf Vancouver Island wieder in den Sinn. Doch ich kannte Sandy gut und wusste, dass sie voller Ehrgeiz steckte. Als sie sich dazu entschied mich mit dem Fahrrad zu begleiten, musste sie ihr Mountainbike ein wenig aufrüsten. Ich gab ihr per Internet ein paar Tipps bezüglich Ausstattung und Equipment für Mexiko.

Wir verabredeten uns in Puerto Vallarta an der Westküste Mexikos. Sandy erreichte Puerto Vallarta mit dem Bus von Mexiko-Stadt aus, und praktisch wie Sandy war, hatte sie wirklich nur das Nötigste im Gepäck. Sie war ausschließlich mit den Packtaschen ihres Fahrrads angereist. Ich war begeistert! Sandy lachte und meinte, das Wichtigste zum Reisen wäre nicht ein großer Koffer, sondern die Kreditkarte. Ich stimmte ihr zu, auch wenn in einigen Orten der Welt auch die Kreditkarte nicht viel weiterhilft …

Sie brachte ihr Bike in einem Transportkarton mit. Wir brauchten es nur noch zusammenbauen und konnten am nächsten Tag losfahren. Sandy hatte sich viel vorgenommen, und wollte mit mir die neunhundert Kilometer bis nach Acapulco radeln. Dafür hatte sie nur neunzehn Tage Zeit. Nicht viel bei diesen klimatischen und topografischen Bedingungen! Außerdem war sie beruflich immer so stark eingebunden, dass es für sie nicht gereicht hatte, wie geplant zu trainieren. Wegen mangelnder Übernachtungsmöglichkeiten an einigen Abschnitten entlang der Küste lagen zum Teil recht anspruchsvolle Distanzen vor uns. Vom Zelten in Mexiko wurde uns generell abgeraten, denn hier waren Überfälle auf Camper an der Tagesordnung. Aber ich wusste, dass Sandy alles geben würde, um Acapulco zu erreichen. Sie sprühte vor Energie und Abenteuerlust.

So blieb uns am ersten gemeinsamen Tag nichts anderes übrig, als sofort die ersten vierundvierzig Kilometer mit vielen Steigungen und hohen Temperaturen in Angriff zu nehmen. Wenn ich an Sandys Fitness und ihr Trainingsmanko dachte, war ich besorgt und kritisch, ob sie durchhalten würde. Selbst ich fand diesen Teil auf dem Panamericana echt knackig, wie musste es dann Sandy ergehen? Aber wie nicht anders von ihr erwartet: Sie biss die Zähne zusammen und kurbelte langsam, aber stetig die steilen Kurven hinauf. Ich weiß nicht, ob ich es ohne Training ebenso geschafft hätte. Deshalb war es ihr auch nicht zu verdenken, dass sie am Nachmittag bei unserer Ankunft an der ersten Posada nach einer Abkühlung im Pool direkt am Rand des Pools noch auf den Steinen einschlief! Ich ließ sie bis zum Sonnenuntergang in Ruhe und weckte sie erst, als es draußen zu kühl wurde. Eigenartigerweise klagte Sandy während der ganzen neunzehn Tage niemals über Muskelkater. Nur einmal erwähnte sie Schmerzen im Gesäß vom ungewohnten, stundenlangen Sitzen auf dem schmalen Fahrradsattel.

Ich erinnerte mich an meinen eigenen schmerzvollen Beginn oder das Gejammer von Marc, der schon am dritten Tag nicht weiterfahren wollte. An dieser Stelle muss ich zugeben, dass Frauen, obwohl immer als das »schwache« Geschlecht bezeichnet, durchaus in der Lage sind, den Männern zu zeigen, wo der Hammer hängt. Logischerweise musste Sandy auch in den folgenden Tagen öfter anhalten, um kleine Erholungspausen einzulegen, aber wir kamen besser voran als ich erwartet hatte. Bei jedem Stopp beschrieb sie mir, wie schön ihr die Landschaft gefiel. Wir hatten wirklich eine wunderbare Natur um uns herum. Die tropischen Waldgebiete wechselten sich mit schönen Küstenstreifen ab. Nur einmal beschwerte sie sich darüber, dass ich sie nicht vor einer Vogelspinne gewarnt hatte, die vor ihr auf der Straße hockte. Sie wäre fast vor Schreck in den Straßengraben gefahren, doch ich gab ihr nur ein »Willkommen in Mexiko!« zur Antwort und lachte über ihre Empörung. Solche Situationen waren hier alltäglich, das hatte sie schnell eingesehen.

Die Freundschaft zwischen Sandy und mir kann man wie die Verbindung beschreiben, die zwischen Geschwistern besteht. Obwohl wir uns sehr selten trafen – unserer Wohnorte lagen immer zu weit auseinander –, hatten wir regelmäßigen Kontakt über das Internet, und es herrschte ein großes Vertrauen. Wir lagen sozusagen auf der gleichen Wellenlänge. Bei der Auswahl der Posadas gab es nie Diskussionen. Wenn wir abends an einem Ort ankamen, durchstöberten wir mit gleichem Interesse die Straßen und planten den Tagesablauf für den nächsten Tag. Wir teilten die Begeisterung für Exkursionen an Naturstränden, und Sandy steckte auch nicht zurück, wenn es beispielsweise darum ging, in die Höhlenlabyrinthe der Felsformation von Marutá hineinzuklettern. Sie war bereits allein, nur mit ihrem Rucksack bewaffnet, ein Jahr lang um die Welt gereist und hatte sich in Indien auf den Flachdächern der einfachen Hotels einquartiert. Kurz: Sie war das Reisen ohne Komfort gewohnt. Mir gefiel, dass sie keine Berührungsängste zu den Ärmsten der Armen in Mexiko hatte. Mit ihrer freundlichen und natürlichen Art setzte sie sich an einem Mittag in den Schatten einer sehr ärmlichen Hütte und spielte mit den Kindern. Sie behandelte alle Menschen mit Würde und Respekt, ohne einen Unterschied zu machen. Das passte genau zu meiner Einstellung! In Mexiko ist die Meinung über die »Gringos« sehr heikel. Touristen verhalten sich oftmals geschockt angesichts der Armut und geben sich sehr distanziert.

Diese Berührungsangst gibt den Menschen in Mittel- und Südamerika ein Gefühl von Minderwertigkeit. Viel schlimmer noch ist allerdings, wenn die Gringos mit einer ungerechtfertigten Arroganz auftreten. Das Verhältnis zu US-Amerikanern ist in Mexiko deshalb sehr gespannt. Historisch gesehen wurde Mexiko durch den nördlichen Nachbarstaat »kulturell vergewaltigt« und wirtschaftlich missbraucht. Auch heute noch herrscht bei vielen US-Amerikanern die Meinung, eine Vorrangstellung gegenüber den Mexikanern innezuhaben. Dabei wird völlig vergessen, dass zumindest kulturell gesehen Mexiko viel mehr in die historische Waagschale zu werfen hat als die

USA, da es dieses Land als eigenständigen Staat länger gibt als die Vereinigten Staaten von Amerika. Man kann den Mexikanern also nicht verdenken, wenn manche das herablassende Verhalten einiger Gringos auf die gesamten Touristen ummünzen.

Sandy und ich versuchten jeden Tag durch höfliches Auftreten zu zeigen, dass es auch eine andere Art von Tourismus gibt, der Mexiko, seinen Menschen und seiner Kultur mit Respekt begegnet.

Trotzdem schützt Kontaktfreudigkeit nicht vor der kriminellen Ader einiger weniger Menschen. Bei Reisen durch die Welt, egal in welchen Ländern, sollte man die Empfehlungen und Warnungen von Einheimischen auf jeden Fall ernst nehmen! Ich habe mich auf meiner Reise durch den amerikanischen Kontinent immer gewundert, wenn Urlauber sich beklagten, beklaut oder überfallen worden zu sein. Aber es erscheint doch logisch, dass man auf einem mittel- oder südamerikanischen Wochenmarkt nicht mit einer teuren Armbanduhr oder der neuesten Kamera umherläuft.

Man sollte vielmehr die Gewohnheiten der jeweiligen Länder annehmen und sich halbwegs integrieren. Sandy und ich machten auch unsere Erfahrungen. Entgegen aller Warnungen schlugen wir unser Zelt an einem Traumstrand von Maruata auf. Wir hatten hier ein altes Hippie-Ehepaar aus San Francisco kennengelernt, die schon seit neunundzwanzig Jahren jedes Jahr mit ihrem alten Camper für fünf Monate durch Mexiko reisten. Wir begegneten ihnen an der Küstenstraße, und sie luden uns spontan zum Abendessen auf ihren Campingplatz ein. Da es vom Strand zu weit bis zur nächsten Posada war, suchten Sandy und ich unweit von unseren Gastgebern ein ruhiges Plätzchen für unser Zelt. Eigentlich wähnten wir uns dort sicher, denn die Camper kamen schon seit Jahren an diesen Strand und werteten die Gegend als *safe*. Nach ein paar kühlen Bier schliefen wir tief und fest. Vielleicht zu tief und fest! Am nächsten Morgen wunderten wir uns beide, was für Kopfschmerzen uns plagten, obwohl wir nicht übermäßig viel Alkohol getrunken hatten. Ich bemerkte, dass der Reißverschluss des Zeltes offenstand und mein Rucksack draußen vor dem Zelt lag. Sofort checkte ich meine restlichen Sachen. Zum Glück fehlte nichts, denn ich deponierte meine Wertsachen immer im Kopfkissen. Sandy und ich fühlten uns schwindelig, aber anders als nach einer durchzechten Nacht. Es war eher dieses Gefühl, das man von Kreislaufproblemen her kennt. Als ich meine Fahrradschuhe anziehen wollte, waren sie verschwunden! Ausgerechnet die hatte man mir geklaut.

Langsam dämmerte mir die Erklärung für unsere Kopfschmerzen und das Schwindelgefühl. Es gab bei Militärstreitkräften Inhalationssprays mit narkotisierender Wirkung. Diese Sprays konnte man zum Beispiel durch Schlüssellöcher in Räume sprühen und dadurch potenzielle Gegner in einen Tiefschlaf versetzen. Wenn die Diebe so ein Spray bei uns angewendet hatten, dann lag es auf der Hand, warum wir nichts mitbekommen hatten.

Ich jedenfalls fluchte wie ein Rohrspatz, da ich nun wahrscheinlich für die nächsten vierhundertsiebzig Kilometer in meinem zweiten Paar Schuhe – meinen Badelatschen – auf den kleinen Klickpedalen fahren musste. Bis Acapulco bestand wohl kaum die Chance, irgendwo neue Fahrradschuhe herzubekommen. Schon nach dem ersten Tag hatte ich das Gefühl, als ob sich die Mini-Pedalen wie zwei große Bohrer durch meine Füße fräsen! Die Schmerzen unter den Fußsohlen waren kaum auszuhalten! In den folgenden Tagen suchte ich in jedem noch so kleinen Ort, durch den wir fuhren, nach einem Fahrradladen. Ohne Erfolg. Erst nach zweihundertachtzig Kilometern entdeckten wir in Ixtapa einen Laden mit Fahrradzubehör. Ich hoffte, hier passende Schuhe und vor allem die dazugehörenden Schuhplättchen für meine Pedale zu bekommen. Doch beim Betreten des Ladens verlor ich all meine Hoffnung. Der Ladenbesitzer hatte nur einen Ladenhüter, ein Uraltmodell, anzubieten. Auch die Schuhgröße passte nicht. Meine Fußsohlen waren mittlerweile stark geschwollen und entzündet, die restlichen zweihundert Kilometer bis nach Acapulco würde ich unter diesen Bedingungen nicht schaffen. Also kaufte ich mir stattdessen normale Fahrradpedalen und ein Paar einfache Turnschuhe.

Wieder hatte ich etwas gelernt! Hightech nutzt dir gar nichts, wenn du weit und breit kein Zubehör oder Ersatzteile findest! Oftmals ist veraltete Technik robuster, einfacher zu reparieren und vor allem einfacher zu ersetzen.

Je weiter wir Richtung Acapulco radelten, umso flacher wurde die Gegend. Trotzdem kamen wir nicht schneller voran als die eineinhalb Wochen zuvor, denn Sandys Kraftreserven waren aufgebraucht. Sie hatte sich in den Bergen Mexikos zu sehr ausgepowert. Allerdings lagen wir mit unserem Zeitplan gut im Rennen, und wenn alles glattging, hätten wir sogar noch einen ganzen Tag frei, um in Acapulco bummeln zu können.

Bis dahin war es jedoch noch ein hartes Stück Arbeit. Den schlimmsten Tag erwischte Sandy vermutlich in der letzten Woche vor unserer Ankunft in Acapulco. Wir hatten an diesem Tag siebzig Kilometer zurückgelegt, was schon mehr als genug war. Nun mussten wir am Ende des Tages kurz vor der Grenze zu einem Dorf einen sehr steilen Berg hinauffahren. Die Posada des Dorfes lag gleich neben der Kirche am höchsten Punkt des Ortes. Die Steigung war selbst zu Fuß kein Zuckerschlecken. Oben angekommen erregte ich bei den Menschen auf der Marktstraße mit meinem bepackten Bike viel Aufsehen. Als ich auf Sandy wartete, die ein gutes Stück zurückgefallen war, kamen immer mehr Dorfbewohner hinzu. Sie blieben stehen und bildeten eine Traube um mich und tuschelten dabei leise über den verrückten Gringo mit dem vollbeladenen Fahrrad. Als Sandy am Rand des Marktplatzes erschien, fingen die Leute plötzlich an zu jubeln, besonders die mexikanischen Männer zeigten sich begeistert! Ich sah Sandy an, dass sie sozusagen auf der Felge fuhr. Sie hätte wohl am liebsten ihr Fahrrad in die Ecke geschmissen, aber ihr Stolz und der Jubel der Menschen machten ihr ein Aufgeben unmöglich. Ihrem Blick nach konnte man förmlich ihre Gedanken lesen. *Warum müssen die hier alle stehen und glotzen?*, ging es ihr bestimmt durch den Kopf. Doch ich feuerte sie zusammen mit all den anderen an. Hätten Blicke in diesem Moment töten können, wäre ich sicherlich stocksteif vom

Fahrrad gefallen! Mit der Hand wies ich ihr den Weg zur Posada, und sie schnaubte mit funkelnden Augen an mir vorbei. Ich stichelte noch zusätzlich und rief ihr zu: »Komm schon, das Hügelchen schaffst du doch!« Oben angekommen beteiligte sich Sandy zum ersten Mal nicht an der Auswahl des Zimmers, sondern blieb einfach vor der Rezeption auf dem Boden neben ihrem Bike sitzen. Erst als ich ihr den Zimmerschlüssel vor die Nase hielt, schlurfte sie mit schweren Beinen hinter mir her. Beim Öffnen der Zimmertür verzichtete sie auf die übliche Begutachtung des Bads, sie verstaute auch nicht, wie gewöhnlich, ihre Fahrradtaschen ordentlich. Nein! Diesmal lehnte sie ihr Rad, bepackt wie es war, gegen die Wand, setzte sich in voller Bikemontur auf die Bettkante, ließ sich nach hinten fallen und war eine Minute später eingeschlafen.

DIE KLIPPENSPRINGER VON ACAPULCO

SANDY HATTE ES GESCHAFFT! In siebzehn Tagen war sie mit ihrem Bike eine Strecke von mehr als 900 Kilometern gefahren und hatte dabei ordentlich Höhenmeter bewältigt. Sie war Vogelspinnen und Giftschlangen auf ihrem Weg begegnet und hatte sich auch in anderen Situationen tapfer geschlagen. Nur einen Tag in den letzten zweieinhalb Wochen hatten wir pausiert. Jetzt, am achtzehnten Tag unserer gemeinsamen Reise, waren wir in Acapulco angekommen. Wir standen nördlich oberhalb der großen Bucht auf einer Aussichtsplattform und ließen uns von anderen Touristen fürs Fotoalbum fotografieren. Emotionen kamen in Sandy hoch. Glücklich über ihre Leistung, lachte und weinte sie zugleich. Wir genossen von hier oben die sensationelle Aussicht auf die Bucht von Acapulco und ließen uns Zeit mit der Abfahrt hinunter zur Bucht. Sandy hatte allen Grund zu feiern. Sie hatte wieder bewiesen tougher zu sein, als viele Leute es ihr zutrauten, mich eingeschlossen. Nun wollte sie feiern! Und diesmal sollte es zur Feier des Tages ein tolles Hotel direkt an der Bucht sein, in dem wir uns für ihre letzten beiden Nächte in Mexiko bis zu ihrem Rückflug nach Deutschland einquartierten.

Auf dem Zimmer gab es neben Kabelfernsehen auch eine Minibar mit kühlen Getränken. Doch für uns war das nicht sonderlich wichtig. Vielmehr machten wir uns für den Abend schick. Sandy hatte schon vor Beginn der Reise davon geschwärmt, die Klippenspringer von Acapulco zu sehen. Natürlich hatte sie sich auch vorher ausführlich über dieses Spektakel im Internet informiert. Es gab drei Vorstellungen pro Tag, an denen die teilweise noch jugendlichen Springer ihre Show darboten. Die schönste Vorstellung sei, laut Internet, die Nachtvorstellung. Die Schlucht, in die die wagemutigen Männer sich hinabstürzten, würde dann von Scheinwerfern erleuchtet und besäße ein besonderes Flair.

Sandy wünschte sich, ihre Mexikoreise gebührend mit einer dieser Nachtvorstellungen zu beenden. Um an Eintrittskarten zu kommen, mussten wir stundenlang am oberen Zugang zur Schlucht warten. Erst als es dunkel wurde, gab man den Abstieg in die Schlucht frei. Mit dem für Lateinamerika üblichen Gerangel versuchte jeder Besucher, den besten Platz zu ergattern. In Mexiko wird es nicht als unhöflich angesehen, sich direkt vor die Nase eines anderen zu schieben, nicht einmal, wenn die Person, die sich da gerade vordrängelt, zusätzlich ein kleines Kind auf den Schultern sitzen hat! Kurzum: Wir hatten arge Probleme, gute Sicht auf die Schlucht zu bekommen.

Solch ein Verhalten – nennen wir es ungezähmte Neugier – hatte ich schon zuvor auf Wochenmärkten erlebt. Jeder, egal ob jung oder alt, schiebt sich so weit wie möglich und ohne Rücksicht auf Verluste nach vorn.

Irgendwann betraten endlich die berühmten Klippenspringer ihre Bühne. Ich war überrascht, wie jung einige von ihnen waren. Die beiden jüngsten Springer mochten vielleicht sieben oder acht Jahre alt sein. Alle Springer mussten sich von hinten durch die Zuschauermenge im Entengang bis zur Absperrung zwängen. Bis die Gruppe von zehn Mann endlich durch die Menschenmasse hindurch war, hatte sich die Anordnung der Zuschauer noch einmal verändert. Penetrante Drängler waren nun mittlerweile ganz nach vorn gelangt, während etwas ruhigere Gringos wie wir ins hintere Glied gerutscht waren. Der Einmarsch der »Gladiatoren« war sehr schlecht organisiert, kaum zu glauben, dass dieses Spektakel schon seit fünfzig Jahren hier stattfand.

Einmal unten in der Schlucht, mussten die Springer auf die andere Seite schwimmen. Erst dann begannen sie mit dem Aufstieg zu den Absprungstellen. Dabei kletterte ein erfahrener Recke barfuß über die schon sichtlich abgenutzten Stellen im Fels hinauf, die seit Generationen als natürliche Treppe benutzt wurden. Alle anderen Springer kletterten, wie an einer Perlenschnur aufgereiht, hinterher. Erst ab halber Höhe trennte sich die Gruppe, insbesondere die Jüngeren und

Unerfahreneren bezogen tiefer gelegene Positionen in der uns gegenüberliegenden Steilwand. Der höchste Absprungpunkt lag bei vierundvierzig Metern, der niedrigste bei fünfzehn.

Ich wusste von meiner Ausbildung als Marinetaucher, was es bedeutet, aus sechzehn Metern Höhe auf eine freie Wasseroberfläche zu springen, aber vierundvierzig Meter in eine enge Schlucht zu springen, in der sich Felsen unter der Wasseroberfläche befanden, war schon mit etwas mehr Mut verbunden. In einer Nische in der gegenüberliegenden Wand befand sich ein Marienschrein mit vielen Kerzen. Die Springer knieten ehrfürchtig vor diesem Felsaltar nieder und bekreuzigten sich. Dann wurde Formation aufgenommen und die beiden Jüngsten begannen mit ihren Sprüngen. Akrobatik und Risiko steigerte sich immer mehr, bis zum Finale mit den höchsten Sprüngen durch die erfahrensten drei Springer. Sie sprangen von drei Stellen in die Schlucht und tauchten trotz unterschiedlicher Absprunghöhe zeitgleich ins Wasser ein. Es war ein bis ins Detail ausgetüfteltes Timing. Die Zuschauer honorierten die Springer mit tosendem Beifall. Auch unsere Erwartungen hatten sich erfüllt, und wir ließen den schönen Abend bei einem ruhigen Spaziergang an der Strandpromenade ausklingen.

Am nächsten Morgen durchstöberten wir Acapulcos Zentrum und hatten Probleme, mit dem hektischen Gehabe der »Touristenfänger« zurechtzukommen. Man wurde fast alle zwei Minuten auf Englisch angesprochen und dazu animiert, irgendwelchen Ramsch zu kaufen. Erst versuchten wir noch, auf Spanisch höflich zu verneinen und abzulehnen, aber die Straßenverkäufer redeten völlig unbeeindruckt weiter ihren eingepaukten englischen Text herunter. Was für ein Stress! Nirgends konnten wir kurz stehenbleiben, um beispielsweise ein interessantes Gebäude zu fotografieren. Sofort waren neue Händler neben uns und quatschten drauf los. Es störte sie nicht, dass wir sie ignorierten und in eine andere Richtung schauten. Im Gegenteil! Sie rüttelten einem am Arm, damit man doch endlich den Blick auf das so unentbehrliche Andenken warf.

Also brachen wir unsere Sightseeing-Tour abrupt ab und verkrümelten uns in den Schatten einer kleinen Bodega, um uns bei kühlen Margaritas vor den Touristenjägern zu verstecken. Unseren letzten gemeinsamen Abend verbrachten Sandy und ich dann in einem riesigen Restaurant direkt am Strand. Das Lokal erinnerte mich sehr an eines dieser gigantischen Restaurants in El Arenal auf Mallorca, die ich immer gemieden hatte. Aber heute hatte ich dieses Lokal bewusst gewählt. Der Trubel im Lokal sollte Sandy davon ablenken, nicht in eine wehmütige Stimmung über ihre Abreise zu verfallen.

Der letzte Tag – Tag 19 – von Sandys Urlaub war gekommen! Ihr Bike steckte wieder demontiert in einem Karton, und zusammen mit den Packtaschen wurde es im Taxi verstaut. Auch ich hatte mein Fahrrad gepackt. Als Sandys Taxi davonfuhr, checkte ich aus dem schicken Hotel aus und machte mich auf die Suche nach etwas Günstigerem. Ich wollte noch einige Tage in Acapulco verbringen.

DIE BERGE VON OAXACA

NACH EINER WOCHE STRAND nahm ich die letzten 2.000 Kilometer durch Mexiko in Angriff. Auf meiner Karte zur Durchquerung des amerikanischen Kontinents hatte ich jeden Tag die zu wählende Route studiert. Dabei fiel mein Blick immer wieder auf ein Land, das zwar nicht direkt auf meinem Weg entlang der Panamericana lag, aber auf mich wie ein Magnet auf einen Sack Eisennägel wirkte: Kuba! Ich liebe lateinamerikanische Musik, besonders Salsa. Oft hatte ich mir gewünscht, zu diesen Rhythmen so tanzen zu können, wie man es in Filmen sieht. Eine größere Chance, als jetzt auf dieser Reise in Kuba den Tanz zu erlernen, bekam ich wohl nicht wieder. Für mich war die Karibikinsel allemal einen Abstecher wert!

Doch dieser Abstecher war mit dem Fahrrad kein Zuckerschlecken. Die erste Möglichkeit, auf die gegenüberliegende Küste Mexikos zu gelangen, bot sich mir rund vierhundert Kilometer südlich von Acapulco. In San Pedro Pochutla gab es die Landstraße 175, die durch die Berge von Oaxaca bis nach Veracruz in die Karibik führte. Diese Route erschien mir reizvoll.

Acapulco ist von der Landseite her mit Bergen umgeben. Die Gebirgsausläufer begannen unmittelbar hinter der Stadtgrenze. Obwohl ich schon früh am Morgen entlang der Strandpromenade aus der Stadt herausfuhr, gestaltete sich die Abfahrt sehr stressig. Die vielen Busse und Taxis nahmen keine Rücksicht auf mich und schnitten mich jedes Mal, wenn sie kurz vor mir in eine Haltestelle einbogen. Gar nicht lustig, wenn man dabei immer zu einer Vollbremsung gezwungen wird.

Nachdem dann endlich der Busverkehr entlang der Promenade nachließ, führte die Straße circa zehn Kilometer lang die Berge hinauf. Je höher ich kam, umso schöner wurde die Aussicht. Unten, in der tiefblauen Bucht, lag ein mexikanisches Segelschulschiff. Ganz oben angelangt, zitterten mir wieder vor Anstrengung die Beine! Wo war nur die letzte Woche Erholung geblieben? Dass ich schon am ersten Tag strauchelte, war mir unbegreiflich. Ich hatte keine Kraftreserven mehr!

In Puerto Escondido versuchte ich, übers Wochenende neue Kraft zu sammeln. Es war ein kleines pittoreskes Fischerdorf, und am Freitag meiner Ankunft startete dort zu meiner Begeisterung eine dreitägige Meisterschaft im Hochseeangeln. Die Spielregeln waren einfach: Die Crews der einzelnen Boote mussten versuchen, auf hoher See den größten oder schwersten Fisch zu angeln. Sie hatten dafür an drei Tagen Zeit, von Sonnenauf- bis Sonnenuntergang. Am Sonntagabend stand der Sieger fest. Mit einem hunderteinundfünfzig Kilogramm schweren Marlin hatte ein Team den Hauptpreis gewonnen, einen großen Geländewagen. Die Dreiercrew brauchte fünf Stunden, um den riesigen Fisch nach dem Biss ins Boot zu zerren. Der Marlin gehört zur Gruppe der Speerfische. Er besitzt eine riesige, segelartige Rückenflosse und ein spitzes, degenförmiges Maul. Marlins sind große Kämpfer und lassen sich nur mit größter Anstrengung und Erfahrung angeln, aber ich musste zugeben, dass fünf Stunden Angeln für mexikanische Fischer eine Arbeit war, die mit dem Hauptpreis in Form eines Sechzigtausend-Dollar-Autos einen reizvollen Stundenlohn ergab!

Bei Gesprächen mit den Leuten aus Puerto Escondido kam immer wieder die Frage über meine gewählte Route auf. Normalerweise gab ich niemals detaillierte Auskunft, dafür war ich zu misstrauisch. Ich wollte dadurch verhindern, dass mich jemand auf einer einsamen Straße abfängt und überfällt. Auch heute noch gibt es in Mexiko Straßenräuber oder Banden, die allein durch Überfälle auf Reisende ihren Lebensunterhalt bestreiten. Doch da Gerüchte von Banden in den Bergen Oaxacas seit meiner Abfahrt von Acapulco grassierten, wollte ich mich diesmal bei einer vertrauenswürdig erscheinenden Person genauer informieren. Doch jedes Mal, wenn ich jemanden darauf ansprach, mit dem Fahrrad die Sierra Norte de Oaxaca zu überqueren, schlug derjenige die Hände über dem Kopf zusammen und nannte mich einen *Loco*, einen Verrückten also. Die Lage schien ernst zu sein, denn selbst die hiesigen Busunternehmen machten einen zehnstündigen Umweg, um nicht die berüchtigte Landstraße 175 fahren zu müssen.

Ich befand mich in einem Gewissenskonflikt! Wieder einmal standen sich Sportsgeist und Sicherheit gegenüber, aber dieses Mal gewann die Sicherheit! Ab Puerto Escondido auf der Pazifikseite aus fuhr ich mit dem Bus die Ruta 131 bis Oaxaca, das mittig in den Bergen im Landesinneren von Mexiko liegt.

Von Oaxaca aus ging es mit einem zweiten Bus weiter nach Vera Cruz auf die Atlantikseite. Während der Busfahrt durch die Bergregion Oaxacas fühlte ich mich zunehmend schlechter, und auch, wenn ich es zuerst nicht wahrhaben wollte, zeigte ich allem Anschein nach Symptome der Seekrankheit. Nicht einmal in all den Jahren bei der Marine war mir so etwas passiert! Es waren vermutlich die letzten Monate der Monotonie, die meinen Gleichgewichtssinn geschwächt hatten. Jetzt saß ich in diesem schaukelnden Bus und musste konzentriert auf die Straße vor mir starren, um mich nicht übergeben zu müssen.

Vera Cruz ... was für ein vielversprechender Name! Ich hatte mir darunter immer eine idyllische Hafenstadt vorgestellt. Aber als der Bus die Stadt erreichte, blickte ich zuerst auf den verschmutzten Industriehafen. Meine Erwartungen von einem mexikanischen Traumziel waren damit gleich erloschen. Meine Absicht, einen Tag hier zu bleiben, legte ich sofort ad acta und radelte gleich nach dem Verlassen des Busses raus aus der Stadt. Schon bald änderte sich das Bild drastisch. Im Vergleich zum Pazifik sieht der Atlantik blauer und wärmer aus. Er lud direkt zum Baden ein, und ich nahm mir vor, hier an einem geeigneten Ort ein paar Tauchgänge zu machen, um endlich einmal mit Haien tauchen zu können. Von anderen Reisenden hatte ich unterwegs gehört, dass man hier in diesen Breitengraden gute Chancen hatte, Bullenhaie zu beobachten. Diese Haigattung zählt zu den Menschenhaien, also zu den Hai-Arten, zu deren Beuteschema potenziell Menschen gehören. Die bis zu vier Meter großen Tiere gelten heutzutage in der Rangliste für Angriffe auf Menschen als

Nummer Eins und haben dem berühmten Weißen Hai den Rang als gefährlichste Hai-Art abgelaufen. Der »Tiburon toro« ist als einzige Hai-Art der Welt in der Lage, sowohl in Salz- als auch in Süßwasser zu überleben. So hat man Exemplare in vielen Flüssen in Mittel- und Südamerika weitab der Meeresküste angetroffen. Mittlerweile sind sich auch Biologen sicher, dass in Flüssen viele tödliche Angriffe auf Menschen auch auf das Konto dieser Tiere gehen und nicht, wie früher immer vermutet, ausschließlich auf das von Alligatoren. Häufig wurden die Menschen im Flachwasser »gerissen«, meistens beim Angeln oder Baden. Der Bullenhai greift meist in geringen Wassertiefen von nur einem Meter an, bevorzugt in trübem Wasser.

Vor mir lag also nun die herrliche Atlantikküste auf meinem Weg nach Cancún. Klima und Landschaft hatten sich stark verändert. Ich fuhr an Mangrovensümpfen vorbei, die mir Hunderte von Mückenstichen bescherten. Man konnte sich nur schwer vorstellen, wie Menschen es hier aushielten. Die Holzhütten waren auf Pfählen errichtet und mit klapperigen Stegen bis zur Straße gebaut, das Vieh stand bis zum Bauch im Wasser. Auf Höhe von Ciudad del Carmen war ich auf einer Strecke von sechzig Kilometern von Wasser umgeben. Zu meiner linken Seite der riesige Atlantik, und zu meiner rechten eine riesige Lagune. Die Ruta Mexiko 180 führte mitten hindurch. Die Luftfeuchtigkeit erhöhte sich drastisch, sodass Tausende Moskitos an meinen Armen, Beinen und am Hals klebten, auch im Gesicht. Selbst unter meinen Helm drangen diese biestigen Viecher und stachen mich durch die verschwitzen Haare! Das Summen vor meiner Nase machte mich schier kirre.

Ab diesen Breitengraden musste man mit dem Dengue-Fieber rechnen, was nicht zu meiner Beruhigung beitrug. Das Dengue-Virus verursacht hohe, wiederkehrende Fieberanfälle, die, je nach körperlicher Verfassung, tödlich enden können. Eine Impfung gab es nicht. Mein guter Freund und Arzt Martin hatte mir vorab in Deutschland für diese Reise alle nötigen Impfungen verpasst. Seine Worte in Bezug auf Dengue sind mir stets in Erinnerung geblieben. »Eine Mücke, die nicht stechen kann, kann auch kein Dengue verbreiten.« Der beste Schutz gegen Dengue und Malaria ist also, sich nicht stechen zu lassen! Deshalb fuhr ich »wie der Teufel«, aber diese Biester ließen sich nicht abschütteln. Am Abend sah ich aus wie ein lebendiger Streuselkuchen!

DIE HEILIGE VON GUADALUPE

ANFANG DEZEMBER fehlten mir weniger als 2.000 Kilometer bis nach Cancún. In den ebenen Sumpfgebieten in der Region Campeche wartete nicht viel Abwechslung. Die Landstraße führte ewig lang geradeaus, und am Horizont verschwand der flimmernde Asphalt in einem imaginären See.

Ich kurbelte in einem tranceähnlichen Zustand Richtung Mérida. Ich blickte auf meine Vergangenheit zurück, das Leben als Taucher bei der Marine, später die Arbeit als Bergungstaucher auf Mallorca, als mich eine schimmernde Silhouette aus meinen Gedanken riss. Weit hinten am Horizont machte ich eine Person aus, die wie auf Wasser wandelte. Als ich mich näherte, konkretisierte sich die Silhouette zu einem jungen Mann, der barfuß auf dem wahnsinnig heißen Asphalt in die gleiche Richtung wie ich lief. Er war mit einem weißen T-Shirt bekleidet, auf dem ein Marienbild abgedruckt war. In einer Hand hielt er ein Gefäß, eine Blechdose, in der eine Kerze brannte. Ich hatte keine Ahnung, wo der einzelne Läufer herkam. Weit und breit war kein Anzeichen erkennbar, dass irgendwo ein sportliches Event stattfand. Als ich ihn erreichte und fragte, was er hier mitten im Nirgendwo mache, blieb er keuchend und schweißgebadet stehen. Es dauerte eine Weile, bis er wieder zu Atem kam. Dann antwortete er schnaufend, dass er auf dem Weg nach Mérida sei, Pilgerstätte der heiligen Maria von Guadalupe, der Schutzpatronin der Mexikaner.

Ich glaubte ihm nicht. Wie konnte er allein und ohne Verpflegung, nur mit der Kerze in der Hand, so viele Kilometer zurücklegt haben? Der letzte Ort lag unzählige Fahrradstunden zurück. Außerdem war sein Lauftempo zu schnell für eine so lange Distanz, es wäre selbst zu schnell gewesen für jeden Ironman-Marathon! Ich bot ihm Wasser an, und er trank fast einen ganzen Liter.

Ich war echt beeindruckt von diesem jungen Mann und fuhr weiter. Drei Kilometer weiter sah ich einen Lkw am Straßenrand stehen.

Schon von weitem machte ich viele Leute aus, die das gleiche weiße T-Shirt trugen. Als ich den Lkw erreichte, wurde ich mit großem Jubel begrüßt. Auf der Ladefläche saßen vielleicht zwanzig junge Mexikaner. Diesmal versorgten sie mich mit Wasser und klärten mich über »meinen« einsamen Läufer auf. Jedes Jahr im Dezember wird in Mexiko die Schutzpatronin von Guadalupe geehrt. Dabei pilgern aus vielen Teilen des Landes Abgesandte aus Dörfern und Städten nach Mérida. Dort wird dann bei einem riesigen Fest die heilige Santa Maria de Guadalupe gefeiert, und die Pilger wählen verschiedene Arten der »Entbehrung«, um der Heiligen zu huldigen. Die meisten entscheiden sich, begleitet von Lkw, für eine Art Staffellauf, bei dem mehrere Läufer die gesamte Strecke von ihrem Heimatdorf bis Mérida zurücklegen. Alle paar Kilometer wurde der Läufer gewechselt. Eine Gruppe war sogar aus der 3.000 Kilometer entfernten Hauptstadt Mexiko-Stadt unterwegs.

Mittlerweile hatte auch mein einsamer Läufer den Lkw erreicht. Er übergab die Kerze an einen anderen Pilger, der sich sofort auf den Weg machte, den nächsten Abschnitt zu laufen. Die Gruppe lud mich ein, mit ihnen in Mérida zu feiern, und ich nahm ihr Angebot an.

Je weiter ich mich Mérida näherte, umso häufiger traf ich auf andere Pilgergruppen. Zu erkennen waren sie am Marienbild sowie an den roten, weißen und grünen Kopftüchern oder Stoffstreifen, die für die mexikanische Flagge standen. Außerdem legten alle einen unglaublichen Willen an den Tag, die körperlichen Anstrengungen bis Mérida durchzuhalten.

Irgendwann passierte ich in der Mittagshitze eine einsame Bushaltestelle auf der Route zwischen Champotón und Campeche, an der vier alte, klapprige Fahrräder auf dem Boden lagen. Im Schatten der Überdachung schliefen vier junge Burschen, sie lümmelten sich kreuz und quer auf der steinernen Bank und dem Boden. Das Bild erinnerte an müde Soldaten nach einer geschlagenen Schlacht. Die vier jungen Männer kamen aus Sa Pobla, einem neunhundert Kilometer entfernten Dorf im Landesinneren, sie hatten diese Strecke in sage und schreibe sechs Tagen zurückgelegt. Ohne einen Cent in der Tasche lebten sie nur von Almosen, die sie durch Bewohner aus Dörfern auf der Reise bekamen. Ihre Fahrräder waren in einem erbärmlichen Zustand, und ich verstand nicht, wie sie es unter diesen Umständen überhaupt geschafft hatten, bis hierhin zu kommen. Total ausgepowert lagen sie nun in der Mittagshitze und ruhten sich aus. Ihnen fehlten noch zweihundert Kilometer bis zum Ziel. Ich hatte keinen Zweifel daran, dass sie es schaffen würden, aber ich stellte mir die Frage, wie sie wieder zurück nach Hause kämen? Auch von ihnen konnte mir niemand diese Frage beantworten. So weit hatten sie ihren Plan nicht durchdacht ...

Im späteren Verlauf auf meiner Reise durch Mittel- und Südamerika sollte ich immer wieder Menschen treffen, deren körperliche Leistungen und Entbehrungen meine eigenen in den Schatten stellten.

MEXIKO UND DIE MAYAS

CAMPECHE UND MÉRIDA waren die beiden schönsten Städte, die ich in Mexiko besucht habe. Mit ihren alten historischen Herrenhäusern im spanischen Kolonialstil versetzten sie mich zurück in die Zeit der spanischen *Conquista*. Von Mérida aus besuchte ich die nahegelegene Mayastätte mit dem schwierig auszusprechenden Namen Dzibilchaltún (der Ort der flachen Steine). Es ist mir unbegreiflich, wie es die Maya einst vollbracht haben, ihre architektonisch exakt konstruierten Bauten aus riesigen, zentnerschweren Steinblöcken zu errichten. Es war verbunden mit dem Leid Tausender Sklaven, die sich bei diesen Arbeiten zu Tode schufteten.

Zurück in der Stadt machte ich mich auf die Suche nach einem Reisebüro. Es war an der Zeit, den Flug für meinen Abstecher von Cancún nach Kuba zu buchen. Als ich mit der Kreditkarte zahlen sollte, musste ich erst überlegen, wo und wann ich die Karte im Gepäck verstaut hatte. Richtig! Es war vor der Etappe in die Berge Oaxacas. Aus Schutz vor eventuellen Überfällen hatte ich die Karte in den vorderen Packtaschen meines Fahrrades versteckt, wo es zwischen der Halterung und der Packtasche einen Schlitz gab, in den die Karte exakt hineinpasste. Selbst wenn man mir mein Gepäck unterwegs geklaut hätte, hätten die Diebe sie wahrscheinlich übersehen.

Also ging ich zurück in die Posada, um meine Kreditkarte zu holen. Gezielt griff ich in das Versteck der rechten Fahrradtasche und dort war … nichts! Ich tastete die andere Packtasche ab, eigentlich schon wissend, dass ich die Kreditkarte dort nicht versteckt hatte. Ebenfalls keine Karte! Auf einen Schlag wurde mir sehr heiß. Schweißgebadet begann ich, alle meine Gepäckstücke auf dem Bett auszuleeren. Von der Karte jedoch keine Spur! Ich bin nicht der Typ, der seine Sachen verlegt. Beim Militär wurde ich auf Ordnung gedrillt! Außerdem erinnerte ich mich genau an das Versteck der Karte. Dass sie mir jemand geklaut hatte, war zwar unwahrscheinlich, aber nicht ganz ausgeschlossen. Vielmehr schlich sich aber die Befürchtung ein, dass die Karte durch Erschütterungen aus dem schmalen Schlitz der Packtasche gefallen war. Doch auch das wäre fatal, denn mit meiner Gold-Kreditkarte konnte man Einkäufe im Wert von bis zu 10.000 Euro pro Monat tätigen, sofern kein Identitätsnachweis vom Einkäufer verlangt wurde! Und das kam fast nie vor in Mexiko.

Das letzte Mal hatte ich die Kreditkarte vor zehn Tagen in der Hand gehabt. Ich war gefrustet! Nun lag meine Hoffnung wenigstens darin, dass ich sie irgendwo weitab jeglicher Zivilisation auf der Landstraße verloren hatte und sie dort nicht einmal zufällig von jemandem gefunden wurde. Sofort rief ich die Notrufnummer meiner Bank in Deutschland an und meldete den Kartenverlust, erst dann wurde die Karte gesperrt. Das Kreditkarteninstitut reagierte sehr schnell und sendete mir innerhalb von achtundzwanzig Stunden eine Ersatzkarte zu, sodass ich zumindest wieder »flüssig« war, aber die folgenden zwei Wochen bis zur monatlichen Kreditkartenabrechnung hatte ich wahrlich schlaflose Nächte!

Die Abrechnungen gingen postalisch an meine Mutter, und als sie mich anrief und mir mitteilte, dass im besagten Zeitraum keine Abbuchungen getätigt worden waren, war ich unendlich erleichtert.

CANCÚN, DIE FOLGEN DES HURRIKANS UND EINE NEUE REISEBEGLEITUNG

MITTLERWEILE WAR ICH VON MERIDA über Valladolid in Richtung Cancún unterwegs. Die Strecke führte nun östlich direkt durch das Landesinnere der Region Yucatán. Auf meinem Weg lag die berühmte Mayastätte Chichén Itzá, die mich mit ihrem großen Opferbrunnen sehr beeindruckte. Hier in Chichén Itzá konnte man genau nachvollziehen, wie hochzivilisiert die Kultur der Mayas gewesen ist. Es gab ein ausgeklügeltes Straßensystem und eine strickte Anordnung der Gebäude, entsprechend der sozialen Stellung seiner Bewohner.

Nach sieben Monaten und 11.700 gefahrenen Kilometern erreichte ich Cancún. Von den drei Ländern, die ich bis jetzt durchradelt hatte, war Mexiko das reizvollste, aber auch das anstrengendste Land. Cancún, das Urlaubsparadies, hatte in diesem Jahr sehr gelitten. Hier hatte Hurrikan Wilma, der stärkste seit Jahren, viele Trümmer auf den verschlammten Straßen hinterlassen. Als es zu regnen anfing, sah ich durch den roten Schlamm aus wie ein Mountainbiker nach einem Crossrennen. Der Hurrikan war so heftig, das sogar umgeknickte Stahlmasten auf der Straße lagen. Von großen Werbetafeln standen nur noch die Metallgerippe. Industriehallen waren komplett abgedeckt!

Überall waren die Bewohner eifrig mit den Aufräumarbeiten beschäftigt. Cancún befand sich mitten in der Hochsaison, und viele Touristen waren vor dem Sturm ausgeflogen worden. Für die Stadt war es ein finanzielles Desaster.

Ich entdeckte durch großen Zufall gleich das *International Hostel* von Cancún. Es war ein großes Hotelgebäude und lag direkt im Zentrum der Stadt. Seit Vancouver in Kanada, als ich zum ersten Mal in einem International Hostel übernachtet hatte, war ich Mitglied dieser Jugendherbergsorganisation. Als Mitglied erhielt ich Rabatt, und dadurch hatte ich die beste Option für meinen Aufenthalt in Cancún

160

gefunden. Zwei Stunden nach dem Einchecken machte ich eine neue Erfahrung, die ich aus all den anderen Hostels nicht kannte: Nach dem Einchecken hatte ich einem kurzen Spaziergang gemacht, um meinen Beinen etwas Abwechslung zur eintönigen Bewegung im Sattel zu gönnen. Zurück im Hostel öffnete ich die Tür meines Zimmers, als vor mir eine sehr attraktive junge Frau mit langen blonden Haaren stand. Verlegen entschuldigte ich mich, ich musste mich wohl im Zimmer geirrt haben, aber die Nummer auf meinem Schlüssel stimmte mit der Nummer über der Tür überein. Ich warf einen zweiten Blick ins Zimmer, und tatsächlich: Da standen meine Sachen vor dem Bett, das mir von der Rezeption zugewiesen worden war. Unsicher betrat ich »unser« Zimmer und wartete die Reaktion der jungen Frau ab.

Doch sie lächelte mir gelassen zu und fragte auf Englisch, ob ich der Typ sei, dessen Bike unten im Gang stünde. Ich nickte unsicher. Sie stellte sich freundlich vor. Ihr Name war Carla und sie kam aus Boston. Auf meine Frage, ob es im Hostel zu wenig Zimmer gäbe und wir deshalb zusammen auf einem Zimmer einquartiert wurden, musste Carla lachen. In einigen *International Hostels*, so erklärte sie mir, sei es normal, die Zimmer nicht nach Geschlecht der Hostelgäste zu trennen; so auch hier in Cancún. Bisher war ich nur in Hostels abgestiegen, in denen es stets separate Mehrbettzimmer für weibliche und männliche Gäste gegeben hatte.

Für mich war es eine ungewohnte Situation, mit einer Frau – also einer mir fremden Frau – das Zimmer zu teilen. Mit Männern auf engem Raum zusammenzuleben, war durch die Marinezeit zur Routine geworden, und es störte mich nicht in meiner Privatsphäre. Mit einer fremden Frau auf dem gleichen Zimmer dagegen wurde selbst der Weg von der Dusche zum Kleiderspind kompliziert. Carla jedoch war so natürlich und nett, dass ich meine Hemmungen schnell ablegte. Wir unterhielten uns über unsere Reisen und stellten fest, dass wir beide nach Kuba fliegen wollten. Sie fragte mich, ob ich am Abend etwas vorhätte, und wir beschlossen, gemeinsam zu Abend zu essen und Pläne für Kuba zu schmieden.

KUBA: SALSA, ARMUT UND LEBENSFREUDE

DER ABEND MIT CARLA war wirklich eine erfrischende Abwechslung. Wir unterhielten uns auf Englisch, da ihr Spanisch noch etwas haperte. Carla war vom Charakter meiner Freundin Sandy sehr ähnlich und steckte voller Tatendrang. Mit dem Rucksack unterwegs wollte sie genau wie ich bis nach Argentinien und Brasilien reisen. Meine Idee, eine Rundreise mit dem Bike durch Kuba zu machen, fand sie klasse. Sie hatte ihren Flug für den 22. Dezember gebucht, mein eigener ging einen Tag später. Im Laufe des Abends stellten wir fest, dass wir viele gemeinsame Interessen hatten. So wollten wir beide Salsa auf Kuba lernen.

Nachdem wir uns beschnuppert hatten, beschlossen wir kurzentschlossen, für die Zeit auf Kuba ein Zimmer in einem privaten Haushalt zu teilen. Carla wollte mich bei meiner Rundtour auf Kuba begleiten. In Kuba gab es als Tourist drei Möglichkeiten, irgendwo unterzukommen. Die teuerste Option war natürlich ein Hotel, aber sie lag für uns beide außerhalb unseres Budgets. Die zweite Alternative war das Wohnen in privaten Haushalten bei kubanischen Familien, welche durch die kubanische Regierung eine Genehmigung zum Beherbergen von Touristen erhalten hatten. In diesen Haushalten war garantiert, dass die Posada seriös war. Die dritte Option waren private Haushalte, die laut kubanischem Gesetz illegal Zimmer vermieteten. Es war die billigste der drei Alternativen. Dort machte sich jedoch bei einer eventuellen Kontrolle sowohl der Vermieter als auch der Tourist strafbar. Und Kontrollen gab es in der kommunistischen Diktatur Kuba viele und überall!

Also entschieden sich Carla und ich für die zweite, die legale Alternative. Generell zahlte man auf Kuba pro Zimmer Festpreise, egal ob als Einzelgast oder zu zweit. Deshalb kam es uns beiden gelegen, ein Zimmer zu teilen. Carla wollte an ihrem Ankunftstag in Havanna nach einem Zimmer für uns beide suchen, mich am folgenden Tag vom Flughafen abholen und zu unserer Unterkunft begleiten. Alles musste an diesem Abend koordiniert werden, denn telefonieren war unmöglich. Die einzige Möglichkeit, uns auf Kuba zu treffen, war der Flughafen, und zwar nach meiner Landung. Am nächsten Tag flog sie los.

Ich verbrachte den verbleibenden Tag in Cancún mit der Reinigung und Pflege meines Bikes. Es war durch die schlammigen Straßen zu verschmutzt, um es so im Flieger transportieren zu können. Tags darauf machte ich mich mit einem Taxi zum Flughafen auf, denn ich hatte mein Bike in einen selbstgefertigten Karton verpackt, damit es auf dem Flug nicht beschädigt wurde. Zudem gab es, wie bei allen Fluggesellschaften, die strikte Anweisung der staatlichen Fluggesellschaft »Cubana aerolinea«, Fahrräder nur verpackt zu transportieren. Kartons hatte ich mir aus einem Supermarkt besorgt, in mühevoller Kleinarbeit zurechtgeschnitten und neu verklebt. So erhielt ich einen flachen Transportkarton, in den das Bike mit demontierten Rädern gut hineinpasste. Am Eincheckschalter angekommen wartete bereits eine lange Schlange. Alle hatten irrsinnig viel Gepäck dabei, das meiste in Weihnachtspapier eingepackt, schließlich war am nächsten Tag Heiligabend. Bei diesen sommerlichen Temperaturen hatte ich Weihnachten total vergessen!

Irgendwann kam ich dann endlich an die Reihe und legte mein Ticket auf den Tresen. Die hübsche Kubanerin tippte meine Daten mit gleichgültiger Miene in ihren Computer und fragte dann nach meinem Gepäck. Ich stellte meine Packtaschen und den Rucksack aufs Laufband. Dann schob ich den Karton mit dem Fahrrad dazu. Als sie den großen Karton sah, stand sie mit gleichbleibendem Gesichtsausdruck auf und ging kurz nach hinten. Ich dachte, sie würde jemanden vom Gepäckpersonal holen, der das sperrige Gepäckstück zum Flugzeug bringt. Zumindest war es bei meinem Flug von Deutschland nach Kanada so abgelaufen. Aber als sie wiederkam, schüttelte sie mit dem Kopf und teilte mir mit, sie könne das Fahrrad nicht einchecken! Ich dachte, ich höre nicht richtig, und fragte, ob es an dem Karton läge, schließlich hatte ich genau den Anweisungen des Reisebüros entsprechend mein Bike verpackt. Doch sie erklärte, dass es aus Platzmangel im Frachtraum keine Möglichkeit gäbe, mein Fahrrad mitzunehmen. Ich war wie vor den Kopf gestoßen und bestand darauf, dass ich bei meiner Buchung darauf hingewiesen hatte, ein Fahrrad im Gepäck zu haben. Sie fragte mich, ob ich etwas Schriftliches von dem Reisebüro hätte, einen zusätzlichen Eintrag für die Mitnahme meines Rades zum Beispiel. Nein! Hatte ich natürlich nicht! Gar nicht daran gedacht! Die Kubanerin mit ihrer unglaublichen Gleichgültigkeit meinte daraufhin nur, dass durch das bevorstehende Weihnachtsfest der Platz im Frachtraum der Maschine ausgeschöpft sei. Ich fragte sie, ob es hier am Flughafen die Möglichkeit gäbe, das Fahrrad für die Zeit meiner Reise verstauen zu können. Völlig gelangweilt zuckte sie unkooperativ mit den Schultern, sodass ich mich bereits ernsthaft fragte, wie viele Valium-Tabletten sie wohl geschluckt haben musste, um auf dieses Gemütslevel zu kommen! Hinter mir maulten andere Fluggäste über die langsame Abfertigung. Das »Valiummädel« gab mir Reisepass und Ticket zurück, als ob sie meinen Flug storniert hätte, schaute den nächsten Fluggast an – und ich war raus aus der Warteschlange! Jetzt hatte ich ein Problem! Mit einem Flugticket in der Hand für einen Flug, der in vierundfünfzig Minuten starten sollte, stand ich mitten in der Abflughalle eines Flughafens, in dem ich mich nicht auskannte. Auf Kuba wartete eine Nordamerikanerin, mit der ich vereinbart hatte, ein Zimmer zu teilen. Und vor mir hatte ich einen flachen Karton mit meinem zerlegten Fahrrad, das ich nicht mitnehmen durfte, aber auch nirgendwo so schnell für die nächsten zwanzig Tage verstauen konnte. Ich suchte die Gepäckaufbewahrung; die aber weigerte sich, Gepäckstücke länger als drei Tage aufzubewahren! Man zeigte mir, wo es Schließfächer gab, aber selbst die größten waren für mein Bike zu klein!

Die Zeit wurde langsam knapp. Ich schleppte meinen ganzen Kram samt Karton nochmals zum Abfertigungsschalter, um zu sehen, wie viel Zeit mir noch blieb. Die Schlange war bis auf ein paar wenige Menschen geschrumpft. Meine Gedanken rasten! Ich musste schnell eine Lösung finden! *Bevor ich das Bike hier einfach zurücklasse, muss ich versuchen, es zu verkaufen!* Ich hatte den Gedanken zu meiner misslichen Situation kaum zu Ende gedacht, als mir ein junger Mann ein Handzeichen gab und zu mir herüberkam. Es war ein Exilkubaner, der seine Mutter zum Flughafen gebracht hatte. Beide hatten in der Warteschlange gestanden und mein Problem mitbekommen. Der junge Mann interessierte sich für mein Bike, wollte es aber wenigsten vorher sehen. Wir rissen zusammen den Karton auf, und er begutachtete die Einzelteile des Rades. Der junge Bursche hatte Ahnung und sah auf den ersten Blick, dass es sich um ein sehr hochwertiges Fahrrad handelte. Er wusste auch, dass ich in einer ungünstigen Situation war, und bot mir deshalb nur vierhundert US-Dollar für das Bike. In jedem anderen Moment hätte ich ihn einfach nur ausgelacht, aber in diesem Moment war ich auf der Verliererstraße. Der Flug ging in fünfundzwanzig Minuten. Ich verneinte und sagte, mein Bike sei viermal so viel wert. Er lächelte verschmitzt und meinte, dass er das sehr wohl wüsste und zeigte auf seine Uhr. Ja, er hatte recht! Mein Flug ging in Kürze! Schließlich zückte er fünfhundert Dollar. Das wäre alles, was er bei sich hätte. Ich biss mir auf die Zähne, nahm das Geld und beglückwünschte ihn zynisch zu dem tollen Weihnachtsgeschenk, das er sich gerade selbst gemacht hatte. Dann reichte ich als letzter Gast mein Flugticket und den Reisepass »Miss Gleichgültigkeit« über den Abfertigungsschalter.

Im Flugzeug musste ich erst einmal meinen Frust über diesen Notverkauf verarbeiten und konnte mich nicht so recht auf Kuba freuen. Die Maschine war russischer Herkunft, spärlich ausgestattet und sehr eng bestuhlt. Klar fällt einem so etwas mehr auf, wenn man schlecht gelaunt ist. Meine Sitznachbarin und ich saßen uns sozusagen gegenseitig auf dem Schoß! Um nicht ungerecht zu werden und sie anzupöbeln, musste ich mich ablenken und an etwas Positives denken. Da mein Plan, die Insel mit dem Bike zu umrunden, nun zerschlagen worden war, nahm ich mir erst recht vor, das Tanzen zu lernen. Privatunterricht musste her. Bevor ich Kuba wieder verlassen würde, musste Salsa in Fleisch und Blut übergegangen sein, komme was wolle!

Bei meiner Ankunft auf dem Flughafen in Havanna machte ich zum ersten Mal Erfahrung mit einem kommunistisch regierten Land. Die Einreisekontrolle war sehr langwierig. Mir wurden viele Fragen gestellt, die weit über das gewöhnliche Einreiseverfahren an Flughäfen hinausging. So sollte ich auch die genaue Adresse angeben, bei der ich mich während meiner Zeit auf Kuba aufhalten würde. Das konnte ich aber nicht, denn ich hatte Carla ja noch nicht getroffen. Erst dachte ich, mit der Einreise gäbe es nun Probleme und der Verkauf des Bikes wäre für die Katz gewesen. Aber nachdem ich geduldig und höflich alle weiteren Fragen in gutem Spanisch beantwortet hatte, erhielt ich letztendlich den Einreisestempel für den geplanten Aufenthalt über zwanzig Tage. Ich wurde noch darauf hingewiesen, dass ich genügend Devisen in Form von Bargeld mitführen müsse, da ich auf Kuba nicht die Möglichkeit hatte, an einem Geldautomaten oder an einer Bank Geld von meinem Konto abzuheben.

Nach zwei Stunden konnte ich endlich die Passkontrolle verlassen und mein Gepäck in Empfang nehmen. Die Packtaschen waren natürlich geöffnet worden ... in meiner Abwesenheit. Willkür pur! Als ich dann endlich Carlas Gesicht zwischen den wartenden Menschen sah, war ich erleichtert. Sie hatte, Gott sei Dank, Wort gehalten. Da sie die Einreiseprozedur bereits kannte, hatte sie meine Ankunftszeit entsprechend später kalkuliert. Mir gefiel ihr cleveres Köpfchen. Den Taxifahrer für unsere Rückfahrt zur Unterkunft hatte sie in Havanna organisiert, damit wir nicht ein teures Flughafentaxi nehmen mussten.

Auf dem Weg zur Stadt erklärte mir der Taxifahrer einige Verhaltensregeln, damit wir keine Probleme mit den Obrigkeiten bekamen. Es gab auf Kuba zwei Klassen von Taxis – solche für Kubaner und solche, die ausschließlich für Touristen fuhren. Das Nutzen des falschen Taxis stand unter Strafe. Als Tourist sollte man sich auch nicht bei irgendwelchen Gruppen von Kubanern aufhalten – und als Gruppe galten schon Ansammlungen von drei oder mehr Personen! Nur bestimmte Kubaner hatten von der Regierung die Erlaubnis, Touristen Führungen anzubieten oder sie auf der Straße anzusprechen. Allen anderen war es theoretisch nicht erlaubt, überhaupt mit uns zu reden!

Für mich hörte sich das alles sehr unrealistisch an. Ich merkte aber schnell, dass es die traurige Wahrheit war. Als wir unser Barrio in Havanna erreichten, war es mittlerweile Abend. Mir fiel sofort auf, dass es sehr dunkel auf den Straßen war. Wir befanden uns in Havanna nuevo, dem neueren Teil von Havanna. Doch von neu oder auch besser strukturiert konnte nicht die Rede sein. Die Straßenbeleuchtung war abgeschaltet oder existierte nicht mehr. Die meisten Lampen waren mittlerweile demontiert. Auf der Straße vor unserer Unterkunft standen alte Autos und rosteten vor sich hin. In der schwülen Karibikluft lag der Geruch von fauligen Essensresten und Chlorreiniger. Der Eingang zur Wohnung unserer Gastfamilie war mit mehreren Schlössern gesichert. Die Wohnung lag im Parterre und hatte drei Schlafzimmer. Mari Luz, unsere Vermieterin, schlief selbst auf der Couch im Wohnzimmer. Sie vermietete ihr eigenes Zimmer genauso wie alle anderen Zimmer, damit es für sie und ihre beiden Söhne finanziell reichte. Der Vater der beiden Söhne war eines Tages »verschwunden«, und keiner wusste, was mit ihm geschehen war. Viele Männer verstießen irgendwann in ihrer aussichtslosen Situation gegen irgendein Gesetz der kubanischen Regierung und verschwanden dann auf Nimmerwiedersehen in einem Gefängnis, aber darüber sprach natürlich niemand offen … Generell war es schwierig für uns, detaillierte Auskünfte zur politischen oder wirtschaftlichen Situation Kubas zu bekommen. Alles wurde nur hinter vorgehaltener Hand und mit sehr viel Misstrauen geäußert. Man konnte niemandem trauen. Nachbarn oder selbst Familienmitglieder konnten Spitzel sein, aber als Deutscher verfügte ich schließlich über entsprechende Erfahrungen mit einem Überwachungsstaat …

Diktaturen funktionierten immer basierend auf der Angst des Einzelnen. Dadurch werden die Massen kontrolliert. Aber einige Leute, die wir trafen, ließen sich auch auf Kuba nicht gänzlich einschüchtern und erzählten Beispiele aus ihrem Alltag, die uns ein Bild gaben, wie man zu Fidel Castro wirklich stand. Ich hatte bis zu meinem Besuch auf Kuba immer geglaubt, Fidel Castro sei der absolute Held der kubanischen Revolution und würde bis heute gefeiert und geehrt. Doch die Zeit seit seiner Machtübernahme hatte deutlich gemacht, dass er seinem Volk kaum mehr als Versprechungen gemacht hatte. So bemühte sich Castro intensiv, der ganzen Welt zu demonstrieren, dass er seinem Land Wohlstand und soziale Gerechtigkeit gebracht hatte. Dieses Bild wurde auch in Havanna vieja, dem alten Hafenviertel Havannas, mit allen Mitteln den Touristen vorgegaukelt. Die Häuser waren bunt angestrichen und erstklassig erhalten, alte, prunkvolle Fassaden säumten die liebevoll hergerichteten Straßen. Überall gab es schöne Cafés mit Terrassen und prachtvollen Blumenbeeten, in denen sich Ausländer von Musik und Straßenkünstlern unterhalten ließen. Kubaner als zufriedene Bürger dagegen waren eigenartigerweise nur auf den Werbefotos der Urlaubsprospekte in diesen Cafés zu sehen. Kurzum: Ich brauchte nicht mal einen Tag, um mir ein Bild von dem wahren und dem falschen Kuba zu machen.

Havanna vieja war der Versuch, der Welt einen Wohlstand zu zeigen, der nicht existierte! Gerüchten nach war Fidel Castro zu jener Zeit der zehntreichste Mann der Welt, aber sein Volk lebte in großer Armut. Er hatte stets großzügig andere südamerikanische Länder unterstützt, aber auf Kosten der eigenen Bevölkerung. Kubaner mussten als Patienten in Krankenhäusern Bettwäsche und selbst die Glühbirnen mitbringen, damit sie in den Zimmern Licht hatten. Viele solcher Berichte kamen uns zu Ohren, und zwar von Menschen, die nur eines hofften: Fidel sollte endlich seine Macht verlieren. Einige sprachen so verbittert über die Enttäuschung, die ihnen die Revolution gebracht hatte, dass sie den Namen Castros nicht mehr aussprachen. Sie hatten Angst vor ihm, wie vor einem übermächtigen Geist.

Die Kubaner haben mich total fasziniert. Mich beeindruckte, mit welcher Geschicklichkeit und welchem Einfallsreichtum die Leute ihre teilweise sechzig Jahre alten Autos funktionsfähig hielten. Ohne finanzielle Mittel und Materialien bauten sie sich die Ersatzteile selbst. Die Genialität der Kubaner kann man am besten mit folgendem Sprichwort erklären: Gib einem Kubaner eine Holzschachtel und ein Stück Draht, und er baut dir ein Radio.

Wir trafen einen Mann namens Roberto, ein Freund von Mari Luz; er war Informatiker und durfte seinen Beruf nicht ausüben, da er sich einmal kritisch über Fidels Regime geäußert hatte. Nur dank der guten Beziehung seines Bruders zu einem Richter blieb Roberto der Abtransport in eines der Geheimgefängnisse erspart.

Roberto fuhr einen dieser alten amerikanischen Wagen, den er mithilfe vieler schrottwertiger Teile zu neuem Leben erweckt hatte. Unsere Gastgeberin organisierte Roberto samt seines Autos für einen Ausflug, um eine alte Schulfreundin im Landesinneren zu besuchen. Mari Luz und ihre Freundin hatten sich seit drei Jahren nicht mehr gesehen, weil das Geld für die siebzig Kilometer Autofahrt fehlte. Busse gab es für die Bevölkerung im Landesinneren nur sehr wenige. Wir, die Gäste, akzeptierten Mari Luz' Vorschlag, eine kleine Summe für die Benzinkosten zusammenzulegen, um mit Robertos Chrysler Imperial mit dem Baujahr 1949(!) einen Tagesausflug zu machen. Da Fahrten in privaten Autos für Touristen verboten waren, nahmen Mari Luz und Roberto ein großes Risiko auf sich. Carla und ich wurden mit unserem »Yankee-Aussehen« in den Fond verfrachtet und mussten jedes Mal, wenn eine Straßenkontrolle passiert wurde, hinten im Wagen abtauchen. Außer uns fuhren noch zwei weitere Touristen mit, eine Argentinierin und ein Italiener. Sie hatten genügend Latinoeinschlag, um das Ganze nach einem Familienausflug aussehen zu lassen. Erst auf der Fahrt erklärte Roberto uns, dass für das Mitnehmen von Touristen in Privatfahrzeugen eine Haftstrafe von bis zu sechs Jahren stand. Zusätzlich würde man ihm seinen Wagen wegnehmen, der dann in Staatseigentum überginge.

Was waren wir nervös, wenn wir uns einer Straßenkontrolle näherten! Hätten Mari Luz und Roberto uns vor Antritt der Fahrt die möglichen Konsequenzen erklärt, wären wir sicher nicht mitgekommen. Doch der Wunsch, die alte Freundin wiederzusehen, war es wohl Wert, dieses Risiko auf sich zu nehmen. Beim dritten Kontrollpunkt gab ein Militärpolizist das Zeichen zum Anhalten. Roberto brummte etwas in der Art: »Ich hab's doch geahnt«, und schaute besorgt zu Mari Luz hinüber. Die bat uns, auf keinen Fall ein Wort auf Englisch zu reden. Am besten still sein!

Roberto lenkte den Wagen an dem Polizisten vorbei und hielt gute fünf Meter hinter ihm. Damit der Polizist erst gar nicht bis an den Wagen herankam und hineinschauen konnte, stieg Roberto aus und ging ihm entgegen. Mari raunte uns währenddessen zu, wir sollten ganz gelassen nach vorn schauen und uns ja nicht umdrehen. Niemand von uns sprach ein Wort. Die Spannung war unerträglich. Wir versuchten, etwas von der Unterhaltung mit dem Polizisten zu verstehen, bekamen aber nur Bruchstücke mit. Nach einer Weile stieg Roberto wieder ins Auto und fuhr ohne ein weiteres Wort los. Mari Luz schaute ihn an, ließ aber erst eine Weile vergehen, bis sie Roberto fragte, wie es gelaufen war. Der meinte ganz trocken, dass auch die Miliz in diesem Land arm sei und fünf US-Dollar in der Hand des Polizisten interessanter seien als ein Kubaner mehr im Knast … Dabei grinste er in den Rückspiegel.

Auf dem Weg durch das Landesinnere sahen wir oft aufwendige Propagandaplakate, auf denen Che Guevara oder Fidel Castro als junge Revolutionäre abgebildet waren. Unten den Porträts stand immer das gleiche Motto geschrieben: »Patria o Muerte!«, was übersetzt »Vaterland oder Tod« bedeutet. Die Botschaft empfand ich als mehrdeutig. Sie konnte bedeuten: »Für unser Vaterland bis zum Tod!« Aber natürlich genauso gut: »Entweder bist du für uns oder gegen uns!«

Nur wenige Kubaner konnten sich den Luxus eines dieser alten, von den Amerikanern zurückgelassenen Autos erlauben. Die große

Mehrheit der Bevölkerung war auf öffentliche Transportmittel angewiesen. Doch davon gab es leider viel zu wenige, um die Menschen zu befördern. Entlang der Landstraße warteten viele Kubaner und versuchten ihr Glück als Anhalter. Sie wedelten mit Geldscheinen, um die wenigen Autofahrer zum Anhalten zu animieren. In Havanna sah ich dann eines dieser öffentlichen Transportungetüme, die Camello genannt wurden, also Kamel. Es handelte sich um eine alte russische Lkw-Zugmaschine, die einen geschlossenen Auflieger hinter sich her zog. Der Auflieger war mit Fenstern ausgestattet und in der Mitte so vertieft, damit man als Fahrgast besser ein- und aussteigen konnte. Durch seine Form ähnelte er einem Kamel, was ihm wohl auch den Spitznamen einbrachte. Da es nur wenige dieser Camellos gab, waren sie immer total überfüllt.

Die restliche Fahrt bis zum Dorf der Freundin von Mari Luz verlief ruhig, und wir genossen das Landesinnere von Kuba. Das Wiedersehen der beiden Freundinnen war bewegend, und wir Touristen ließen sie für ein paar Stunden allein und erkundeten das kleine Dorf. Am späten Nachmittag ging es wieder zurück, diesmal ohne Kontrollen.

DAS EINSAMSTE SILVESTER

AN SILVESTER WAREN CARLA UND ICH bereits seit dem morgendlichen Aufstehen in Partystimmung. Wir hatten Lust, in Havannas Straßen Silvester zu feiern. Natürlich malten wir uns schon eine kubanische Bar aus, in der wir zu heißen Salsa-Rhythmen tanzen wollten. Aber zuerst sollte der Abend mit einem schönen Abendessen in einem netten Restaurant beginnen. Nun, zu unserer Überraschung waren fast alle Restaurants geschlossen, nur eine kleine Pizzeria hatte geöffnet. Man brachte uns die Speisekarte, und wir wählten uns zwei Pizzen aus. Doch der Kellner verneinte bei der Wahl unserer Pizza mit der Aussage, es gäbe die entsprechenden Zutaten heute nicht. Zuerst dachte ich an einen Scherz aus »Verstehen Sie Spaß?«, aber da wir auf Kuba waren, verdrängte ich den Gedanken sofort wieder. Doch egal, welche Pizza wir auch wählten, wir erhielten jedes Mal die gleiche Antwort. Zutaten heute nicht verfügbar. Carla und ich machten beide ziemlich blöde Gesichter. Letztendlich gab es von allen auf der Karte aufgeführten Pizzen nur die Pizza mit den Zwiebeln! *Warum hatte der Kellner denn überhaupt die Karte gebracht?*, ging es mir durch den Kopf. Also dann, zweimal Zwiebelpizza bitte. Und zu trinken? Ach ja, Coca-Cola gab es ja hier auf Kuba nicht, also zwei Bier bitte!

Das Lokal blieb leer. Wir hatten keine Ahnung, dass die Kubaner an Silvester zu Hause bleiben und aus Tradition gegrilltes Spanferkel essen, für das sie nur zweimal im Jahr die Genehmigung zum Schlachten bekamen. Als wir nach unserem »Festmahl« zum Palacio de la Revolution schlenderten, waren auch dort kaum Menschen auf dem Platz zu finden. Nicht einmal ein Anzeichen von einem Feuerwerk war zu sehen. Seit Cancún hatten Carla und ich uns vorgestellt, ein besonderes Silvester mit Latino-Stimmung auf Kuba zu feiern, und nun war unsere Enttäuschung groß. Die Vorstellung, dass unsere Familien und Freunde zu Hause wie gewohnt ins neue Jahr böllern, während wir hier fast völlig allein auf dem leergefegten Platz vor dem Revolutionspalast standen, machte uns richtig traurig. Um Mitternacht brummelten wir uns nur ein schlichtes »Happy new year!« zu und umarmten uns. Ich glaube, es war mit Abstand das ruhigste Silvester, seit ich laufen konnte!

Carla jedoch wollte diesen öden Abend nicht einfach so hinnehmen und partout auf ihre Kosten kommen. Es musste doch in dieser Stadt die Möglichkeit geben zu tanzen. Also durchkreuzten wir das menschenleere Havanna auf der Suche nach einer offenen Tanzbar. Erst als wir endlich auf eine Gruppe Kubaner trafen, erfuhren wir von einer Diskothek, in der zu späterer Stunde das Nachtleben beginne. Als wir eintraten, war das Tanzlokal menschenleer, und auf der Tanzfläche tanzte nur ein einsames Pärchen. Obwohl alle Tische unbesetzt waren, wurde uns vom Kellner ein Tisch zugewiesen. *Man durfte sich also nicht einmal in der Diskothek dorthin setzen, wo es einem gefällt,* dachte ich! Der Kellner fragte permanent, ob wir Getränke nachbestellen wollten, was mich wirklich störte, da es irgendwie nach Konsumzwang aussah. Nachdem die Bar sich etwas mit Gästen gefüllt hatte, wagten Carla und ich dann einen ersten Versuch auf der Tanzfläche. Mein Tanzstil war viel zu steif, und Carla hatte arge Probleme, meinem miserablen Takt zu folgen. Nach dem zweiten Tanz gab ich auf! Ich wollte ihr nicht den Abend völlig verderben, während die wenigen anderen Paare auf der Tanzfläche nur so herumwirbelten.

Carla stach mit ihren langen, blonden Haaren deutlich aus all den dunkelhäutigen Kubanerinnen heraus. Ich bemerkte die verstohlenen Blicke der einheimischen Männer. Carla rutschte auf ihrem Stuhl unruhig hin und her und wippte mit den Beinen zum Rhythmus, doch niemand forderte sie zum Tanz auf. Obwohl sie lächelte, konnte ich hinter diesem Lächeln eine Enttäuschung sehen. Ich ahnte den Grund für das reservierte Verhalten der kubanischen Männer, und mir kam eine Idee. Als unser übereifriger Kellner zum wiederholten Mal an unseren Tisch kam, bestellte ich für Carla noch einen Drink und bezeichnete sie dabei als meine Schwester. Der Kellner zog die Augenbrauen hoch und lächelte sichtlich erfreut. Carla guckte mich fragend an, doch ich gab ihr mimisch zu verstehen, sie solle mitspielen. Denn: In Kuba gehen in der Regel nur Pärchen zu zweit aus. Wenn gute Freunde ausgingen, so waren es mindestens Gruppen von drei Personen. Also nahm wohl jeder hier in der Tanzbar an, dass wir ein Paar waren und nicht nur prima »Reisekumpels«. Eine so attraktive Frau wie Carla konnte nur verheiratet sein, jedenfalls nach Ansicht der Männer hier! Mein Blick folgte dem Kellner, der mit einem verschmitzten Lächeln in Richtung Bar verschwand.

Dezent und kaum merkbar flüsterte der Kellner anderen männlichen Gästen im Vorbeigehen seine »Sensationsmeldung« zu. Carla schaute mich währenddessen fragend an. Ihre Naivität machte die Sache für mich noch reizvoller, ich zuckte grinsend mit den Schultern. Nachdem der Kellner seine Runde absolviert hatte, konnte man regelrecht die Blicke spüren, die sich auf uns richteten. Ich lehnte mich genüsslich in dem Barsessel zurück und zählte die Minuten. Schon beim nächsten Lied stand der erste Kandidat an unserem Tisch und fragte mich, ob er meine Schwestern zum Tanzen auffordern dürfe. Ich schaute Carla an und sah, wie bei ihr der Groschen fiel. Sie nickte mir lächelnd zu. Dann gab ich dem Kubaner meine »Erlaubnis als Bruder«, mit meiner angeblichen Schwester zu tanzen. Von dem Augenblick an sah ich Carla den restlichen Abend nur noch von weitem, wie sie von einem Tänzer zum nächsten gereicht wurde …

Am folgenden Tag fragte ich unsere Gastmutter Mari Luz, wo ich Privatunterricht im Salsa bekommen konnte. Mari Luz strahlte wie ein Apfelbutz und dachte an ihre Nachbarin, eine sehr gute Tänzerin. Ironisch fragte ich zurück, wer auf Kuba nicht gut tanzen könnte? Lachend schnappte sie mich mit ihren kräftigen und viel zu kurzen Armen und wuchtete mich tanzend in ihrer Küche herum.

Noch am gleichen Abend kam Mari Luz freudig mit der Nachricht zurück, sie habe jemanden gefunden, der mir Tanzstunden geben könnte. Zwar wäre ihre Nachbarin ausgefallen, aber sie habe eine Alternative für mich gefunden. Jetzt hatte ich die Chance, mich in den verbleibenden zwölf Tagen von einem staksigen Tanzmuffel in einen passablen Salsa-Tänzer zu verwandeln. Wenn ich das hier auf Kuba nicht schaffen würde, war ich wahrscheinlich eh ein hoffnungsloser Fall. Tags drauf stand ich voll motiviert in Mari Luz' Küche und wartete auf meine Tanzlehrerin. Carla war genauso neugierig und wollte meine ersten Versuche nicht verpassen. Nach einer Weile klopfte es endlich an der Tür, doch statt der erwarteten Kubanerin trat ein junger Mann ein. Mari Luz stellte mir Alex vor. Meinen Tanzlehrer! Alex war professioneller Tänzer im kubanischen Ballett, der sich nebenbei mit privaten Tanzstunden etwas Geld dazuverdiente. Seine femininen Gebärden ließen keinen Zweifel an seiner Homosexualität zu. Carla musste kichern, und ich bekam schwitzige Hände. Ich hatte mir die gesamte Zeit ausgemalt, mit einer rassigen Kubanerin tanzen zu dürfen, und nun bekam ich einen schwulen Tanzlehrer vor die Nase gesetzt!

Alex lehrte mich Salsa von Grund auf und begann mit den Grundschritten. Dabei achtete er als Balletttänzer nicht nur auf meine Schrittfolge, sondern auch auf meine gesamte Körperhaltung. Selbst die Position des Kopfes spielte für ihn eine wichtige Rolle. Die Blickrichtung leitet eine Drehung beim Tanzen ein und kündigt der Partnerin schon vorab die zu tanzende Figur an. Details, die ein Laie wie ich nie geahnt hätte. Alex war ein toller Typ, und meine anfängliche Zurückhaltung, mit einem Mann zu tanzen, verlor sich schnell. Ich konzentrierte mich stattdessen auf seine Korrekturen. Alex nahm die Sache sehr ernst und war sehr streng. Der erste »Gringo«, dem er das Tanzen beibringen sollte, löste wohl einen besonderen Ehrgeiz bei ihm aus. Am zweiten Tag hätte Alex mir am liebsten das Kreuz gebrochen, denn ich war steif wie ein Brett. Er nannte mich einen Holzblock! Dann ordnete er Ballettübungen an, die für mich mit Salsa nichts zu tun hatten. Am dritten Tag bat er mich, die Augen zu schließen, um den Rhythmus der Musik zu hören, denn mein Timing wäre schlecht. Aber so konnte ich endlich den Takt halten und lernte zu führen. Irgendwann war ich dann sogar in der Lage, ein ganzes Lied durchzutanzen. Alex ermahnte mich nur noch selten, nicht immer auf meine Füße zu schauen. Endlich hatte ich den Rhythmus gefunden, und die Schritte kamen wie von allein. Als sich der Kurs dem Ende näherte, versprach Alex mir eine Überraschung für den letzten Tag. Er hatte eine gute Freundin im Schlepptau, mit der ich meine Feuerprobe tanzen durfte. Schelmisch meinte er, dass ich jetzt endlich in den Genuss käme, das Erlernte mit einer hübschen Frau auszuprobieren.

Mein Aufenthalt auf Kuba neigte sich dem Ende, und es war ein komisches Gefühl, Mari Luz und all die anderen verlassen zu müssen, ohne E-Mail-Adressen austauschen zu können, um in Kontakt zu bleiben. Internet war für die meisten Kubaner verboten. Auch von Carla hieß es Abschied nehmen, sie wollte noch eine weitere Woche auf Kuba bleiben. Wir versprachen, in Kontakt zu bleiben.

Zurück in Cancún nahm ich den Bus nach Playa del Carmen. Es war ungewohnt, ohne Fahrrad weiterzureisen, und eine Weile bedrückte es mich.

Playa del Carmen gilt als einer der besten Tauchspots der Welt, und ich wollte ja immer noch unbedingt einen Bullenhai sehen. Hier konnte man sie häufig an den Riffen vor der Küste antreffen, darum plante ich eine Woche Tauchurlaub ein. Schon bei meinem ersten Tauchgang hatte ich das Glück, einer riesigen Meeresschildkröte zu begegnen, die am Meeresgrund graste. Trotz Lungenatmung sind diese Tiere in der Lage, über mehrere Stunden die Luft anzuhalten, indem sie die Herzschlagfrequenz extrem absenken. Bei einigen Arten von Meeresschildkröten schlägt das Herz dabei nur alle neun Minuten einmal. Die Tiere könn bis zu 1.500 Meter tief tauchen und dabei mehr als vier Stunden unter Wasser bleiben. Irre, was die Evolution alles hervorgebracht hat!

Am dritten Tauchtag bekam ich endlich das Objekt meiner Begierde zu sehen. Der Tauchgang war schon fast zu Ende, und die Tauchgruppe tauchte wie vereinbart zur Ankerkette unseres Bootes zurück. Meine Aufgabe war es, als »Safety Diver« mit der geführten Tauchgruppe zu tauchen, um eventuelle Nachzügler einzusammeln oder unerfahrene Taucher beim Tauchgang zu unterstützen; mit diesem

29

29 Mit meiner Reisebegleitung Carla im »illegalen« kubanischen Taxi. Roberto chauffiert uns.

30 An der Hafenmole von Havanna auf Kuba.

31 Ein »Camelion« (Kamel), das öffentliche Transportmittel Havannas. Den Spitznamen trägt es wegen seiner Höcker.

30

31

32 Ein Foto mit ihr = 1 US-Dollar. Die berühmteste Oma Havannas ist mittlerweile leider verstorben.

33 Mit dem Segelboot von Belize in Richtung Honduras. Drei Tage segeln, fischen, tauchen und ankern an einsamen Inseln.

34 Ein typisches Haus dieser Region auf der Karibikinsel Caye Caulker.

35 Das »öffentliche« Transportmittel auf der Isla El Tigre (Tigerinsel) in Honduras.

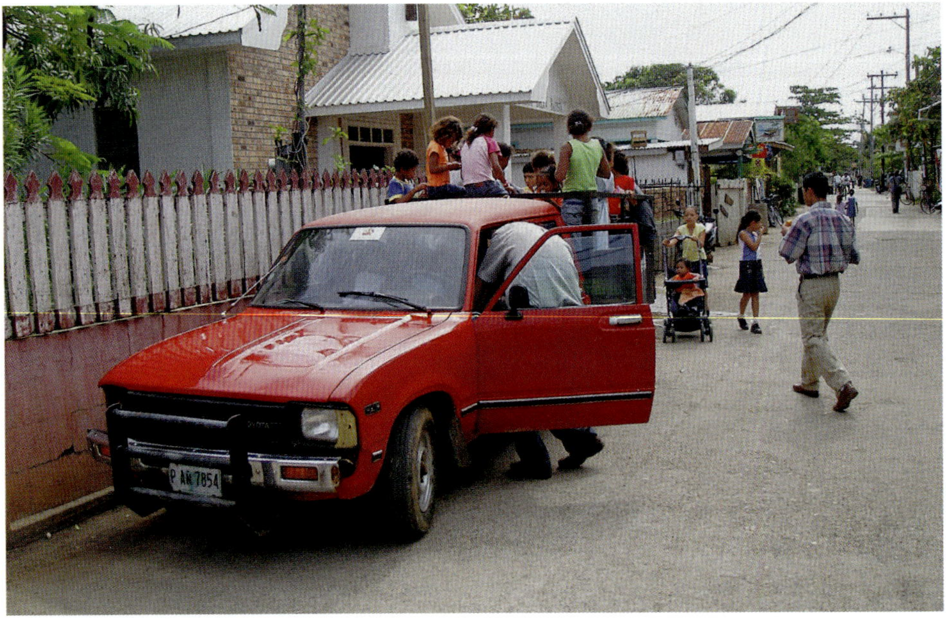

36 Ein Bild mit Symbolcharakter: In ganz Mittel- und Südamerika herrscht in weiten Teilen Armut.

37 Die Kinder sind immer an uns Touristen interessiert.

38 Die einzige Straße auf der Isla El Tigre in Honduras, ein Pick-up dient als öffentliches Transportmittel.

39 Am Aussichtspunkt des Vulkans Mombacho in Nicaragua.

40 Mit dem Quad geht es quer durch Panama, hier oberhalb der Region der Nebelwälder.

41

43

42

41 In in einer alten einmotorigen Cessna geht's in Richtung des Nationalparks Canaima in Venezuela.

42 Salto de Ángel in Venezuela: mit 1.000 Meter Fallhöhe der höchste Wasserfall der Welt.

43 Unser selbstgeangeltes Abendessen: Piranhas aus den Deltagewässern der Amazonienregion in Venezuela, die später zum Amazonas werden.

44 Nur für das Foto halten wir diese weibliche Anakonda, ein Jungtier, kurz hoch. Trotz ihrer geringen Größe (Babyalter) kann sie es schon mit zwei erwachsenen Männern aufnehmen.

45 Die Äquatoriallinie in der Nähe von Quito, der Hauptstadt von Ecuador.

44

45

46

47

48

49

46 Mein Vater macht die weiteste Reise seines Lebens und besucht mich in Ecuador.

47 In den Andenregionen Südamerikas ist die Armut sehr offensichtlich. Dieser Tankwagen zur Trinkwasserversorgung der Bevölkerung eines Bergdorfes fährt tatsächlich noch.

48 Mein erster Kontakt mit Pferden. Noch ist es nur ein Tagesausflug als Tourist, aber ich lecke Blut.

49 Neue Pläne sind geschmiedet, neue Reisefreunde sind gefunden. Wir überqueren die Grenze zu Peru zu Fuß, um dort Pferde für die Weiterreise zu kaufen.

50 Theresa in ihrer Küche in den Hochanden Perus mit ihrem Lebendvorrat an Fleisch, den Meerschweinchen.

51 Ignacio, Theresas Mann, möchte ein guter Gastgeber sein und leistet sich ausnahmsweise fünf Liter Industrieschnaps, um mit uns zu feiern.

52 Nach dem monatlichen Viehmarkt laufen wir mit unseren frisch erworbenen Pferden zurück zu Ignacios Chacra, um die Pferde zu behufen und unseren Andenritt vorzubereiten.

53 Unterwegs gehen ein paar Sachen zu Bruch, als ein Packpferd mitsamt der Ausrüstung durchgeht.

54 Auf dem Incatrail mit unseren Pferden durch die Anden Perus.

55 Nach einem langen Tagesritt schlagen wir unsere Lager auf. Wenn die Sonne untergeht, wird es beim Zelten in den Anden auch im Sommer sehr kalt.

56 In Puerto Natales in Chile sehe ich wieder Pelikane und See-löwen, wie schon in Alaska und in Kanada zu Beginn meiner Reise.

57 Mich beeindrucken die chilenischen Gauchos in ihrer farbenfrohen Kleidung auf ihren stolzen Pferden.

58 World's End – das »Ende der Welt« in Tierra del Fuego, Feuerland.

59 Patagonien: kaltes, raues Klima am südlichsten Teil des amerikanischen Kontinents.

60 Bei Sonnenschein bietet Patagonien überall Postkartenmotive.

61 Angekommen an dem Ziel, von dem ich immer geträumt habe. Der südlichste Punkt des amerikanischen Kontinents ist erreicht: die Magellanstraße.

Job hoffte ich, einen der Bullenhaie vors Tauchglas zu bekommen. Die Gruppe von Tauchern hatte sich gerade an der Ankerkette versammelt, um gemeinsam mit dem Guide aufzutauchen. Ich befand mich ein paar Meter hinter den anderen in einer Tiefe von etwa fünfzehn Metern und checkte vom Grund aus die Position unseres Tauchbootes an der Wasseroberfläche. Mit einem Mal schwebten zwei großen Schatten über mich hinweg – zwei Bullenhaie. Ihre Bewegungen waren von einer majestätischen Ruhe. Überraschenderweise war ich überhaupt nicht nervös, sondern fühlte mich recht sicher. Ich gab dem Tauchlehrer mit einem Signalgerät, kurz Klopfer genannt, ein akustisches Zeichen, damit er Blickkontakt zu mir aufnahm. Dann gab ich ihm das Zeichen für »Hai in der Nähe«, indem ich meine Hand wie eine Finne über meinen Kopf hielt. Der Tauchlehrer bestätigte und zeigte der Gruppe die beiden riesigen Fische. Dann signalisierte ich ihm, dass ich für weitere fünf Minuten allein unten bleiben würde, und er gab mir sein Okay. Da er die Gruppe nun sicher zusammenhatte, tauchte er gemeinsam mit ihr auf und gab mir die Gelegenheit, den Haien hinterherzuschwimmen. Ich stieg auf sechs Meter, um auf die Höhe der beiden Burschen zu gelangen, und powerte mich mit kräftigem Flossenschlag voran, um an sie heranzukommen. Anfangs bewegten sie sich gemächlich weiter. Doch als ich näherkam, drehte ein Hai ab und verschwand wie von Zauberhand mit einer einzigen Bewegung seiner Schwanzflosse aus meinem Sichtbereich. Der andere Hai tauchte tiefer und fing an, unter mir zu kreisen. Ich schätzte ihn auf über drei Meter. Das Gefühl war einzigartig! Ich wäre gern noch weiter mit diesem mächtigen Fisch getaucht, musste mich aber auf den Rückweg machen, um die fünf Minuten bis zum Auftauchzeitpunkt nicht zu überschreiten. Zurück im Boot fragten mich die anderen Touristen, ob es ein Gefühl von Angst auslöst, mit großen Haien zu tauchen. Ich habe eher unglaublichen Respekt empfunden.

BELIZE: KLEIN, SCHÖN UND GEFÄHRLICH

ICH NÄHERTE MICH BELIZE, ohne auch nur den Hauch einer Vorstellung von diesem kleinen Land zu haben.

Als ich ankam wunderte ich mich, dass dort – statt Spanisch – wie in den bisherigen Ländern Mittelamerikas, Englisch gesprochen wurde. Die Hauptstadt Belize-City galt als gefährlich, bewaffnete Überfälle waren an der Tagesordnung. Doch ich wusste das nicht und hatte nach einer langen Busfahrt Lust, mir die Beine zu vertreten. Deswegen verließ ich um 18 Uhr meine kleine Pension, in der ich ein kleineres Zimmer gefunden hatte, und machte mich auf, eine Runde um den Häuserblock zu laufen. Ich war schon ein paar Meter gegangen, als der Pensionsbesitzer hinter mir her gerannt kam. Völlig außer Atem bat er mich, zurück zur Pension zu kommen. Erst glaubte ich, ich hätte etwas an der Rezeption vergessen, aber der alte Mann erklärte mir, es käme gleich einer seiner Söhne mit, um mich auf meinem Spaziergang zu begleiten. Ich stand da und war wir vor den Kopf gestoßen, aber er erklärte mir, dass es nicht ratsam sei, zu dieser Stunde allein auf der Straße zu sein, da in Belize-City viele Urlauber Ziel von Überfällen wären. »Aber es ist doch erst sechs Uhr abends?«, fragte ich verblüfft. Aber eben genau zu dieser Uhrzeit beendeten die Streifenpolizisten ihren Dienst auf Belizes Straßen, und das Ambiente in der Stadt ändere sich abrupt. Also machte ich meinen Spaziergang schließlich mit einem Bodyguard, und schon eine Stunde später genossen alle Touristen der Pension sozusagen ihren freiwilligen Hausarrest. Ich nutzte den restlichen Abend, um meine E-Mails auf dem pensionseigenen Computer zu lesen. Die kleine Familienpension war wirklich bemüht, ihre Gäste zufriedenzustellen. Nur die Zimmer waren so klein, so etwas hatte ich noch nie gesehen. Man hatte mit Spanholzplatten (!) kleine Wohnnischen geschaffen, die genau die Breite eines Doppelbetts einnahmen. Also konnte man nur über das Fußende ins Bett krabbeln. Nur wenige

Zimmer hatten Fenster, in den anderen war es heiß und stickig. Der Ventilator in meiner »Suite« konnte da auch nicht viel ausrichten. So hielten sich die Gäste in dem kleinen Fernsehraum auf, in dem durch das vergitterte Fenster ein bisschen Luft herein kam. Die Tür der Pension zur Straße wurde versperrt, sodass man abends nicht mit Belize-City und dem mittelamerikanischen Flair in Berührung kam.

Auf meinem E-Mail-Konto fand ich eine Nachricht von Carla. Sie war von Kuba zurück nach Cancún gereist und wollte nun wissen, wo ich mich zurzeit aufhielte. Ich war davon ausgegangen, dass wir uns nicht so schnell wiedersehen würden, aber Carla lud mich ein, mit ihr auf Caye Caulker zu reisen, einer Koralleninsel vor Belize. Auf meine E-Mail, dass ich schon in Belize sei und hier auf sie warten würde, hatte ich ihre Antwort prompt am nächsten Morgen in meinem E-Mail-Postfach: *I am on my way to Belize-City. I'll be there at around midnight by bus from Cancún. Please pick me up at the bus station. Hugs Carla.*

Das sah Carla ähnlich! Schnell und spontan! Ich teilte dem Pensionsbesitzer mit, dass ich noch eine weitere Nacht bleiben würde und ein zusätzlicher Gast einträfe. Um 20 Uhr bestellte mir die Pension ein Taxi vor die Tür. Der Taxifahrer musste seine Taxilizenz und seinen Ausweis an der Rezeption vorlegen, außerdem wurde das Kennzeichen des Taxis notiert. Erst dann durfte der Fahrer mit mir zum Busbahnhof fahren! Ich hielt diese Maßnahmen für übertrieben, aber den Taxifahrer schien es nicht zu stören, er empfand es als Routine. Ein Taxi in Belize kostet wenig, und der Fahrer wartete mit mir die Ankunft des Busses ab.

Carla war nach der elfstündigen Busfahrt sehr müde, wollte sich aber gerade deswegen noch ein wenig die Beine vertreten. Wir machten zusammen die gleiche Runde um den Block wie ich am Tag zuvor, dieses Mal ohne Leibwächter. Aber es stimmte: Bei Einbruch der Dunkelheit sah man in Belize City nur noch zwielichtige Gestalten.

Zu zweit war es in dem »Mini-Zimmer« noch wärmer als am Abend zuvor. Ich glühte förmlich und konnte von Carla nicht so weit wegrutschen, wie ich es gern gewollt hätte. Die Wand aus Spanholz grenzte das Bett an meiner Seite ab. Nach einer durchwachsenen Nacht verließen wir völlig gerädert am nächsten Morgen die Pension und machten uns zu Fuß auf den Weg zum Hafen. Am Terminal warteten Speedboote, die die Passagiere zu den vorgelagerten Inseln beförderten. Caye Caulker war von allen Inseln vor Belizes Küste am weitesten entfernt und galt als Mekka unter Sporttauchern. Ich beneidete die Jungs auf den Speedbooten um ihre Jobs, die den ganzen Tag auf dem türkisfarbenen Wasser durch wunderschöne Karibik-Atolle cruisten. Die Boote waren mit protzigen Außenbordern ausgestattet und »flogen« nur so über das Wasser. Ein wenig »Heimweh« kam in mir auf, denn es erinnerte mich an die Zeit auf Mallorca, als ich ebenfalls auf schnellen Motorbooten das Meer unsicher gemacht hatte.

Caye Caulker hat ungefähr die Größe von sechs Fußballfeldern. Als wir uns der kleinen Insel näherten, entdeckten wir direkt am Strand buntbemalte Holzhütten auf Stelzen. Von den Hütten führten Holzstege über den Strand ins Wasser. Hier und da dümpelten Motorboote im kristallklaren Karibikwasser. Die einfachen Holzhütten und der typische karibische Baustil gefielen mir auf Anhieb. Am Anlegesteg stolperten wir gleich über eine in den Boden gefliese Inschrift: *Caye Caulker go slow!* Alle Passagiere lachten über diese Begrüßung, die Botschaft war angekommen. »Bloß keinen Stress!«, das war das oberste Gebot auf diesem kleinen Eiland. Am Ende des Steges warteten Einheimische auf uns Touristen, um uns in ihre Posadas einzuladen.

Carla und ich folgten einem jungen, schüchternen Mädchen zum Strand. Sie hatte uns angesprochen und brachte uns zur Posada ihrer Mutter. Dort standen direkt am Wasser fünf dieser Pfahlbauten. Sie waren allesamt rosa gestrichen, bestanden aus nur einem Wohnraum, einem spartanischen Bad mit kalter Dusche und einer Hochveranda. Carla und mir gefielen diese einfachen Hütten am Strand so gut, dass wir gleich eine Woche dort blieben. Im Nachhinein war die Woche auf Caye Caulker wohl die schönste und entspannteste Woche meiner gesamten Reise.

Carla und ich gingen jeden Tag gemeinsam am Strand laufen, wobei wir von einem Ende der Insel bis zum anderen und zurück rannten. Wir machten das immer barfuß. Danach sprangen wir in die Fluten, um uns in der karibischen See abzukühlen. Die Dusche in unserer Hütte haben wir in der ganzen Woche nicht einmal benutzt. Abends spazierten wir am Strand bis zum Ende der Insel, wo sich die einzige Bar befand und sich Bewohner und Touristen gleichermaßen trafen. Es gab nur diese eine Möglichkeit, sich zu vergnügen, und deshalb kam immer eine super Stimmung auf. Jeder tanzte ausgelassen zur Reggae-Musik, der Einfluss von Jamaika war deutlich spürbar.

Viel zu tun gab es auf Caye Caulker nicht. Autos oder Motorräder waren auf der Insel wegen ihrer geringen Größe überflüssig. Es gab nur eine Straße, die von einem Ende der Insel zum anderen führte, und die Bewohner nutzten, wenn überhaupt, ein Fahrrad. Niemand gab sich große Mühe, Geschäfte zu machen. Alles war sehr relaxt, sogar die Ladenbesitzer versuchten nicht, wie anderswo üblich, den Touristen irgendwelchen Ramsch aufzuschwatzen.

Carla und ich unternahmen jeden Tag etwas. So liehen wir uns ein Hochseekajak aus und paddelten bis zur unbewohnten Nachbarinsel, die vollständig mit einem Mangrovenwald bewachsen war. Wir fuhren so weit wie möglich mit unserem Boot hinein. Die Artenvielfalt der Vögel war beeindruckend. Leise und ohne ein Wort bewegten wir uns vorwärts. Wir wollten die Vögel nicht aufschrecken.

Trotz dieses ruhigen Inselparadieses packte uns nach nur einer Woche wieder das Reisefieber. Es gab die Möglichkeit, von Caye Caulker aus auf einem Segelboot anzuheuern, das nach Placencia in den Süden von Belize segelte. Der Törn dauerte drei Tage, und übernachtet wurde zweimal mit dem Zelt auf kleinen unbewohnten Inseln. *Genau das Richtige für uns!*, fanden Carla und ich.

Also warteten wir am nächsten Tag mit unseren Rucksäcken auf dem Steg vor dem Segelboot, eine alte Segeljolle aus Holz ohne Kajüte.

Der etwa zwölf Meter lange Rumpf sah sehr mitgenommen aus, aber seine Substanz war noch recht solide. Durch meinen Job auf Mallorca hatte ich viel Erfahrung mit Booten und konnte Carlas Bedenken in Bezug auf die Seetüchtigkeit ausräumrn. Unsere Crew bestand aus drei Einheimischen; zwei kamen von der Insel, der Kapitän selbst war aus Belize-City. Die drei teilten sich die Arbeiten an Bord, und wenn der Kapitän mal ein Schläfchen halten wollte, was übrigens öfter vorkam, dann steuerte einer der anderen beiden das Boot durchs Atoll. Auch ich durfte einen halben Tag lang die Ruderpinne halten, während alle anderen schlummerten. Da wir immer in Richtung Süden segelten und zu dem Zeitpunkt, als ich das Steuer übernommen hatte, der Wind von Achtern kam, musste ich nur auf Untiefen zwischen den einzelnen Inselgruppen achten. Außer den verschiedenen Früchten, die wir an Bord hatten, sorgten wir selbst für unser Abendessen. Über den gesamten Tag hingen am Heck über steuerbord und backbord zwei lange Angelschnüre mit dicken Haken und einem Blinker aus. Durch unsere Geschwindigkeit drehten und bewegten sich diese Blinker und glichen silberfarbenen Sardinen, was den Barrakuda anlockte! Fast alle halbe Stunde biss einer dieser Burschen an! Wir brauchten die Fische nur noch ins Boot zu ziehen und zu säubern; danach zerlegten wir sie fachmännisch und gaben die Filets in einen Eimer mit Seewasser. Abends segelten wir eine der vielen kleinen Inselchen auf dem Atoll an, auf denen nichts weiter als einige wenige Palmen standen. Unser Segelboot wurde mit einem Heckanker sowie einer »Kopfleine« gesichert, die wir um den Stamm einer Palme legten. Fertig war der Ankerplatz! Im Anschluss machten wir uns daran, aus den heruntergefallenen Palmenblättern ein Lagerfeuer zu entzünden. Währenddessen tauchten einige von uns zum Meeresgrund und ernteten frische Riesenmuscheln. Zusammen mit den Barrakudas grillten wir das köstliche Muschelfleisch auf dem Lagerfeuer. Tagsüber ernährten wir uns von Obst und Salat aus unserem Bordproviant.

HONDURAS ODER: DIE ARMUT WÄCHST.

ICH HÄTTE DIESEN SEGELTÖRN monatelang weitermachen können, aber nach drei Tagen erreichten wir unseren Zielhafen, die Hafenstadt Placencia im Süden von Belize. Nach dem Festmachen schmissen wir unser weniges Gepäck auf die Holzpier und halfen der Crew,
Lebensmittel für Cay Caulker an Bord zu laden, sodass die drei Männer vollbeladen mit Proviant wieder zurück in Richtung Norden
segelten.

Von Placencia aus organisierten Carla und ich die Weiterfahrt nach
Honduras. Ein Speedboot brachte uns über die große Bucht nach
Puerto Cortés. Als wir den Hafen in Honduras erreichten, kam es uns
so vor, als würden wir in ein einfaches Flussdelta einlaufen statt in
einen kommerziellen Hafen. Wohin wir auch blickten, wir sahen nur
die hier üblichen Fischerkanus, die mit einem einfachen Segel ausgestattet waren; nur wenige hatten zusätzliche Außenborder montiert.
Sie lagen unter einer alten Brücke, die über die Bucht führte. Der Zoll
war in einem schäbigen Gebäude beheimatet, und die Abfertigung
unserer Einreise dauerte Stunden. In der schwülen Hitze warteten wir
geduldig, bis sich der Grenzpolizist herabließ, einen Stempel in unsere
Pässe zu drücken. Man merkte, dass er auf einen Obolus von uns
hoffte, aber wir blieben hart und verzichteten auf Bakschisch, damit
es schneller voranging. Schließlich blieb ihm nichts anderes übrig, als
unsere Pässe abzustempeln, da sich das Büro nach und nach mit vielen Händlern füllte, die ihre Fracht abgefertigt haben wollten und ihn
bedrängten, unsere Einreise nicht weiter zu verzögern. Dann suchten
wir im Hafen nach einer Möglichkeit, irgendwie in die vierzig Kilometer entfernte, nächstgrößere Stadt San Pedro Sula zu kommen.
Busse fuhren keine, und so war unsere einzige Chance, auf der Pritsche des Pick-ups eines Fischers mitzufahren. Schließlich fanden wir
einen, der uns mitnahm; und da noch ein Platz frei war, sprachen wir

einen Backpacker an, der allein im Hafen umherlief und ebenfalls versuchte, in die Stadt zu gelangen.

Während der Fahrt in die Stadt besprachen wir unsere Weiterreise. Carla hatte den Wunsch, die vor der Küste Honduras liegende Insel Útila zu besuchen, die bekannt dafür war, weltweit die günstigsten Tauchschulen zu beherbergen. Sie wollte nun endlich ihren Tauchschein machen, damit sie auch in Zukunft die Unterwasserwelt der Karibik kennenlernen konnte. Ich war einverstanden. Útila galt zudem als ein sehr guter Tauchspot für Walhaie. Während Carla den Kurs belegte, plante ich, sie bei einigen Tauchgängen zu begleiten und so vielleicht die Chance zu bekommen, diese mächtigen Tiere in freier Natur anzutreffen.

Die Bewohner Útilas hatten sich völlig dem Tauchtourismus verschrieben. Es gab nicht eine Posada, die nicht gleichzeitig als Tauchschule fungierte. Jeden Morgen fuhren unzählige Sportboote zu den verschiedenen Tauchspots rund um die Insel und schickten große Gruppen von bis zu zwanzig Mann zugleich ins Wasser – die reinste Massenabfertigung! Als ehemaliger Tauchlehrer wusste ich, wie schwierig es war, mehr als acht Taucher im Auge zu behalten. Für mich waren die großen Gruppen hier der pure Leichtsinn! Unter Wasser spielten sich deshalb die verrücktesten Sachen ab. So trafen sich die Gruppen der verschiedenen Tauchschulen unter Wasser am gleichen Spot. Obwohl die Tauchlehrer bemüht waren, ihre Schüler zusammenzuhalten, vermischten diese sich untereinander und saßen dann entweder später in einem Boot einer anderen Tauchergruppe oder schwammen allein an der Wasseroberfläche auf der Suche nach ihrem Boot umher. Es war die reinste Geldmacherei und potenziell lebensgefährlich.

Die ersten drei Tage verbrachte Carla damit, die typischen Grundübungen zu absolvieren, und ich nutzte die Zeit, um die Insel mit einem Leihfahrrad zu erkunden. Útila war relativ groß, und einige Bewohner nutzen sogar Quads, um sich auf der Insel zu bewegen; mir gefielen diese Allradmotorräder wegen ihrer vielfältigen Einsatzmöglichkeiten, sogar am Strand gaben sie nicht klein bei.

Nachdem Carla all ihre praktischen Übungen absolviert hatte, war es für sie an der Zeit, den ersten Tauchgang im offenen Meer zu machen. Ab diesem Zeitpunkt wollte ich sie begleiten, um so auch die Chance auf die Sichtung von Walhaien zu bekommen. In der Anfängergruppe, in der sich Carla befand, war sie ohne Übertreibung die beste Schülerin. Bei einigen Teilnehmern konnte man die Unsicherheit und Nervosität auf Anhieb ausmachen, beides Attribute, die für das Tauchen völlig ungeeignet waren. Carla dagegen wirkte unter Wasser völlig cool und bewegte sich bedächtig und sicher. Ihre Atmung ging ruhig und gleichmäßig, und ihre Körperbalance und ihr Flossenschlag entsprachen dem eines erfahrenen Tauchers. Ich war stolz auf sie! Man konnte sehen, wie Carla das Tauchen genoss. Während andere in der Gruppe mit der Ausrüstung und dem Gleichgewicht zu kämpfen hatten und in Hektik verfielen, lächelte sie mir mit neugierigem Blick zu. Kaum zurück an der Oberfläche, plapperte sie wie ein Wasserfall los. Aufgeregt schilderte sie mir ihre Eindrücke, als ob ich nicht mit unter Wasser gewesen wäre. Ich hörte ihr geduldig zu und versuchte, ihre Begeisterung so gut wie möglich zu teilen. Im Stillen erinnerte ich mich an meinen eigenen ersten Tauchgang vor neunzehn Jahren. Mein erstes Mal fand in der Bucht von Neustadt in der Ostsee statt, wo es nicht so schön unter Wasser gewesen war. Damals mussten wir im Winter ins Wasser, und die Kälte habe ich immer im Gedächtnis behalten.

Carla wollte nach dem Anfängerkurs gleich den Folgekurs dranhängen, was weitere zehn Tage auf der Insel bedeutet hätten; ich hingegen wollte weiterreisen und mehr von Honduras sehen.

Also trennten wir uns ein weiteres Mal, und ich machte mich auf den Weg zurück zum Festland, denn ich wollte wieder an die Pazifikküste von Mittelamerika zurück zur Panamericana. Die Busfahrten in Honduras waren anstrengend. Staubige Straßen voller Schlaglöcher schüttelten die Insassen der alten Busse permanent durch und ließen keinen Schlaf zu. Zudem waren die Busse in einem erbärmlichen Zustand. Sicherheitsrelevante Ausrüstung war oftmals kaputt oder fehlte gänzlich, aber das schien hier niemanden zu beunruhigen, nicht einmal die Fahrer, Die hatten für alle Fälle immer mindestens fünf Kruzifixe und Marienbilder im Bus hängen, sodass mich die Gefährte eher an einen rollenden Altar als an einen Bus erinnerten. Man legte sozusagen sein Leben in Gottes Hände!

Auf meinem Weg zum Pazifik passierte ich die Hauptstadt mit dem nicht ganz einfachen Namen Tegucigalpa. Es gab leider keine Alternativroute, welche nicht über diese gefährliche Metropole führte; hier war besondere Wachsamkeit gefragt. Die Gepäckstücke waren wie immer unten im Bus verstaut. Man konnte auf Anhieb unschwer erkennen, welches Gepäck das eines Gringos war. Er hatte höchstwahrscheinlich nicht die hier üblichen Plastiktaschen aus kariertem Nylon, sondern meistens einen hochwertigen Rucksack dabei. Als mein Bus auf dem mit Menschen überfüllten Busbahnhof anhielt, dauert es ziemlich lang, bis ich aussteigen konnte. Die anderen Reisenden mussten erst einmal ihre Plastiktaschen einsammeln und sortieren. Geduldig wartete ich und schaute aus dem Bus auf die Menschentraube, die sich am Gepäckfach tummelte. Irgendwann entdeckte ich meinen Rucksack, und zwar in den Händen irgendeines Mannes, der nicht zur Buscrew gehörte! Als er sich aufmachte und abhauen wollte, war es mit meiner Geduld vorbei. Ohne Rücksicht auf die restlichen Leute im Bus drückte ich mich an allen vorbei, war mit einem Sprung in der Menschenmenge und setzte dem Dieb nach. Ohne ihn anzusprechen, packte ich ihn mit der linken Hand bei der Schulter und griff gleichzeitig mit meiner Rechten nach dem Rucksack. Verdutzt ließ er den Rucksack los und stammelte etwas von einem Taxi, zu dem er mein Gepäck habe bringen wollen. Es war seine Masche, Touristen zu beklauen, deshalb schimpfte ich mit ihm auf Spanisch. In Touristenrucksäcken konnte man immer etwas Hochwertiges finden, was sich gut in ärmlichen Ländern wie Honduras verscherbeln ließ. Er fühlte sich ertappt und machte sich eilig aus dem Staub, sein vermeintliches Taxi hatte er dabei wohl vergessen …

Von diesem Zeitpunkt an versuchte ich, bei Busfahrten so weit wie möglich vorn an der Einstiegstür zu sitzen.

186

Die Hektik in der Hauptstadt Honduras glich dem Gewusel eines riesigen Hühnerstalls. Ich schätzte, es waren auch genauso viele Hühner wie Menschen auf dem Busbahnhof, denn hier wurde sämtliches Kleinvieh in den Bussen mitgenommen. Besonders die Busse, die aus der Stadt in die entlegenen Provinzen fuhren, hatten alle erdenklichen Nutztiere an Bord.

Mein nächstes Ziel sollte die Isla del Tigre vor Honduras' Pazifikküste sein, von der mir ein tschechisches Ehepaar am Busbahnhof erzählt hatte und ebenfalls dorthin wollte. Um zur »Tigerinsel« zu gelangen, mussten wir eine achtstündige Fahrt in einem alten Schulbus auf uns nehmen, der in den USA ausrangiert worden war. Schon am Zustand des Busses konnte man die Armut der Provinz erkennen, und im Fahrzeug saßen dementsprechend auch sehr einfache, sehr arme Menschen. Die Sitze waren total zerschlissen, teilweise fehlte die Polsterung gänzlich und die Metallgestelle der Sitzbänke kamen zum Vorschein. Der Bus hatte noch die gelbe Lackierung aus den USA, nur die Aufschrift »Schoolbus« war provisorisch überpinselt worden. Wieder zählte ich die Jesus- und Marienaufkleber um den Fahrersitz. Mit den drei Kruzifixen, die am Innenspiegel hingen, waren es insgesamt acht! Also waren wir abermals bestens beschützt für unsere Fahrt, die durch halb Honduras führte.

Diesen Bustypen fehlte der Stauraum unter den Passagierreihen, also schmiss man das ganze Gepäck nach hinten auf die letzten Sitze, wo sich Taschen, Beutel und Säcke stapelten. Mich wundert noch heute, wie die Hühner in den zugebundenen Säcken diese Tortur überlebt haben! Auch sie wurden einfach nach hinten geworfen, und weiteres Gepäck landete auf ihnen. Meinen Rucksack stellte ich mir zwischen die Beine, um ihn besser im Auge behalten zu können. Dann wollte ich ein wenig schlafen. Doch eine junge Mutter mit zwei kleinen Kindern durchkreuzte meinen feinen Plan. Sie setzte sich zusammen mit ihrer kleinen Tochter und einem Säugling auf dem Arm direkt neben mich. Völlig selbstverständlich reichte sie mir ihre Tochter, als ob ich das Kind schon von Geburt an kennen würde. Die Kleine krabbelte auch gleich auf meinen Schoß. Dann beäugte sie mich mit ihren braunen Knopfaugen, lächelte mich verschmitzt an und inspizierte sogleich meinen Rucksack. Ihre kleinen Finger waren ziemlich flink beim Öffnen der Reißverschlüsse, und ich musste Acht geben, dass sie den Inhalt der Taschen nicht im Bus verteilte. Kindeserziehung wurde hier viel lockerer genommen als in Europa. In Deutschland hätte wahrscheinlich jede Mutter sofort ihr Kind zurückgenommen. Hier dagegen »teilte« man die Kinder ganz selbstverständlich, und ich wurde zwangsläufig für gute sechs Stunden zum Babysitter. Irgendwann schlief die Kleine dann auf meinem Bauch ein, und auch ich versuchte, ein wenig zu schlummern.

Nach sechs Stunden Durchgeschütteltwerden – anders kann man es nicht bezeichnen – erreichten wir endlich das Ziel. Ich erwartete ein kleines Dorf, aber der Bus hielt stattdessen am Ende einer Rampe, die ins Meer führte. Erst wendete der Fahrer den Bus umständlich, dass ich schon dachte, wir würden ins Wasser kippen, doch dann ließ er uns endlich raus. Auf der Rampe war niemand, der uns erwartete, also auch niemand, der mit dem Gepäck davonrennen konnte.

Nachdem all unsere Sachen neben dem Bus auf der Rampe lagen, fuhr der Bus zurück. Das tschechische Ehepaar und ich wussten nicht so recht, wie es jetzt weitergehen sollte. Alle anderen Passagiere verharrten gelassen an der Rampe. Also warteten wir ab … Irgendwann kam vom Meer her ein offenes Motorboot in die Bucht gefahren, das die Form eines überdimensionalen Kanus hatte und circa dreißig Personen fasste. Das Boot legte an, und die Wartenden griffen ihre Habseligkeiten, um sie einem der beiden Männer im Boot zu reichen. Danach kletterte einer nach dem anderen umständlich über die hohe Bordwand ins Boot. Wir taten es ihnen nach. Um sicher zu gehen, dass das Boot auch wirklich zur Isla del Tigre fuhr, fragten wir den Mann an der Ruderpinne. Er bejahte mit erhobenem Daumen. Der zweite Mann verteilte Schwimmwesten für alle, was mich ehrlich gesagt überraschte: Solche Sicherheitsvorkehrungen hatte ich hier nicht erwartet. Aber bei der Überfahrt wurde mir der Grund schnell klar. Die Menschen hatten Panik vor tiefem Wasser und hielten sich krampfhaft an den Bootssitzen fest – sie konnten wahrscheinlich nicht oder nur sehr schlecht schwimmen!

Die Isla del Tigre war aus einem Vulkan entstanden, dessen Kegel fast kreisrund wie ein grüner Zuckerhut in die Höhe ragte. Erst zwei Jahre zuvor war eine asphaltierte Straße rund um den Vulkan gebaut worden, die einem überdimensionierten Kreisverkehr glich. Sie bildete die einzige Verbindung zwischen den Familien, die hier verstreut um den Vulkan herum lebten. Zu beiden Seiten der Straße sah man sehr einfache Hütten auf armseligen Grundstücken. Elektrizität war erst vor fünf Jahren vom Militär auf der Insel installiert worden, aber nur wenige Hütten waren am Netz angeschlossen.

Die Insel war mit Abstand die ärmste Gegend, die ich seit Beginn meiner Reise in Alaska gesehen hatte. Selbst der kleine Kaufladen neben der Kirche hatte keinen Strom. Man nutzte Parafinlampen, die überall zwischen den dunklen Regalen standen. Auch das tschechische Ehepaar hatte sich die Insel anders vorgestellt. Wir standen zu dritt auf dem Kirchplatz vor dem Kaufladen und waren ratlos. Nirgendwo fanden wir einen Hinweis auf eine Posada. Vielleicht sah man uns ja an, wie verdattert wir waren, denn eine alte Frau – sie hatte mit uns zusammen bei der Überfahrt im Boot gesessen – lud uns in ihr Haus ein. Sie wollte von uns wissen, ob wir auf der Suche nach einer Übernachtungsmöglichkeit wären, und wir bejahten. Sie erwähnte stolz, dass ihr Zuhause offiziell eine Posada sei und sie Touristen beherbergen könne. Ihr Haus lag auf der anderen Seite der kleinen Insel, und wir mussten das einzige Transportmittel der Insel nehmen, einen alten Pick-up. Er drehte viermal täglich eine Runde um die Insel, wobei die Ladefläche immer bis zum Bersten mit Menschen vollgestopft war. Eine Gruppe von Leuten wartete schon auf dem Kirchplatz, und als der Pick-up ankam, setzte sich ein Teil auf den Rand der Ladefläche und der Rest quetschte sich stehend in die Mitte. Ich hätte nie gedacht, dass fünfzehn Menschen auf einen Pick-up passen! Der Fahrer kannte jeden mit Namen und ließ die Fahrgäste vor der entsprechenden

Hütte aussteigen, der Fahrpreis wurde bei Ankunft entrichtet. Unsere alte Dame saß vorne neben dem Fahrer und wechselte mit jedem ausgestiegenen Gast ein paar Worte. Der Mann des Touristenpärchens schoss ununterbrochen Fotos mit seiner Profikamera, ich dagegen machte heimlich Fotos. Die Leute empfanden es als unangenehm, wenn sie wie Tiere in einem Zoo abgelichtet wurden. Armut bedeutet nicht den Verlust von Scham und Stolz, und man konnte an den Blicken erkennen, dass sie sich unwohl fühlten, wenn eine Kamera auf sie gerichtet war. Eine Ausnahme bildeten die Kinder. Sie posierten gern und waren begeistert, sich anschließend auf dem Display einer Digitalkamera zu sehen.

Nach einer halben Stunde Autofahrt erreichten wir die andere Seite der Insel und die alte Dame stieg aus. Wir drei anderen sprangen von der Ladefläche und bezahlten jeder einen Dollar.

Über dem Eingang ihrer Hütte hing tatsächlich ein Schild, auf dem die amtliche Berechtigung zur Aufnahme von *Hospedes*, also Gästen, dokumentiert war. So weit, so gut! Nur: Wo waren die Zimmer der Gäste? Die Hütte hatte einen Mittelraum, der gleichzeitig als Küche und Wohnraum diente, sowie zwei weitere Räume. In einem Zimmer schlief die Wirtin, und im anderen Zimmer standen die einfachen Strohbetten ihrer drei Töchter. Doch die alte Frau war schon dabei, die Bettenverteilung zu organisieren. Das Ehepaar und ich sollten das Zimmer der Töchter beziehen, während die drei Töchter das Bett mit der Mutter teilen würden. Ich konnte mir nicht vorstellen, wie vier erwachsene Frauen in diesem schmalen Doppelbett Platz finden würden.

Ich beschloss für mich, draußen in einer der Hängematten die Nacht zu verbringen. Die Tschechen waren etwas pikiert über ihr rustikales Schlafgemach, aber es gab keine bessere Alternative. Da es noch hell war, erkundeten wir zu Fuß die Gegend. Die Küste um die Insel hatte feinen Sandstrand und das für Vulkaninseln typische schwarze Lavagestein. Es waren keine Traumstrände, da der Boden ziemlich uneben war – man konnte kaum ins Wasser, ohne sich an den spitzen Steinen im Wasser zu verletzen. Das war sicher einer der Gründe, dass die Insel bis heute nicht für den Tourismus erschlossen ist. Vielleicht gab es aber auch Gründe militärischer Art, denn die Insel liegt mit ihrer Südseite sehr nah an Nicaragua und dient Honduras als Militärstützpunkt. Wir konnten vom Strand aus die Küste des Nachbarlandes sehen. Entlang des Strands lagen viele Kanus, allesamt Einbäume, mit denen die Fischer raus aufs Meer fuhren. Der Strand war menschenleer. Die Hütten, an denen wir vorbeikamen, sahen noch armseliger aus als das einfache Haus unserer Gastgeberin, sodass selbst der Tscheche Bedenken hatte, Fotos von den Bewohnern dieser Baracken zu machen, die vor ihren zerfallenen Hütten saßen.

Nach unserer ausgedehnten Expedition kehrten wir bei anbrechender Dunkelheit zurück zur Posada, und nach einem einfachen Mahl richtete ich die Hängematte als Nachtlager her. Ich war das Schlafen in einer Hängematte nicht gewohnt und kämpfte deshalb die halbe Nacht mit einer einigermaßen bequemen Position. Die andere Hälfte der Nacht schlug ich mich mit Tausenden von Mücken herum, die mich attackierten. Noch in dieser Nacht beschloss ich, am nächsten Tag in aller Früh abzureisen, weshalb ich kurz nach fünf Uhr morgens an der asphaltierten Straße stand und auf den Pick-up wartete. Von den Tschechen hatte ich mich nicht verabschieden können. Sie schliefen noch tief und fest, aber die alte Dame versprach mir, ihnen Grüße auszurichten.

Ohne einen weiteren Aufenthalt verließ ich Honduras über die Grenze nach Nicaragua. An der Grenze musste ich in den sauren Apfel beißen und ein »Bestechungsgeld« in Form von zwei Dosen Coca-Cola zahlen. Ich war zu diesem Zeitpunkt der einzige Gringo am Grenzübergang, und der honduranische Grenzbeamte ließ mich wissen, wie kompliziert es sein könne, den Ausreisestempel zu bekommen. Außerdem hätte er bei dieser Hitze einen so großen Durst auf Coca-Cola ... Ich verstand den Wink mit dem Zaunpfahl und machte mich auf den Weg zur kleinen Bar an der Grenzstation. Coca-Cola ist in diesen Ländern ein regelrechtes Luxusgetränk, das sich die Menschen nur selten gönnen. Als ich mit den beiden Dosen zurück an den Schalter der Ausreisestelle kam, standen dort schon weitere Ausreisewillige und bildeten eine Schlange. Ich ging an allen vorbei und stellte die Dosen vor dem Grenzer, der immer noch meinen Pass hatte, auf den Tresen. Er gab sich über meine freundliche Geste völlig verwundert und tat überrascht, dass ich ihn auf eine Cola einlud, bevor er mir den Pass abstempelte.

Bis zum Grenzbaum auf nicaraguanischer Seite waren es ungefähr zwei Kilometer, die für einige Reisende bei dieser Hitze zu einem anstrengenden Fußmarsch durchs Niemandsland mutierten. Ich dachte an die alten Frauen und Männer, die an der Grenze mit ihren riesigen Plastiksäcken als Kofferersatz gestanden hatten. Einige von ihnen waren allein unterwegs, ohne die Begleitung eines Familienmitglieds. Zum Glück gab es junge Männer auf Fahrrädern, die ähnlich einer Rikscha gebaut waren. Der einzige Unterschied zu einer Rikscha bestand darin, dass man als Fahrgast vor dem Fahrer saß. Obwohl viele Reisende nach einem dieser Fahrradtaxis verlangten, waren im Moment alle »Transporteure« damit beschäftigt, sich um einen einzigen Fahrgast zu streiten … um mich. Als Gringo würden sie mindestens das Doppelte des normalen Tarifs verlangen. Die Situation ähnelte einem Hahnenkampf, bei dem sich das Federvieh gegenseitig an die Gurgel ging. Während sie an meinem Rucksack zerrten, um ihn auf ihr Rad zu laden, beobachtete ich einen jungen Kerl, der lächelnd und völlig entspannt das Geschehen verfolgte. Er saß etwas von der Meute entfernt auf seinem Rad und amüsierte sich über das Gerangel seiner Kollegen. Als er meinen Blick auffing, zuckte er nur mit den Achseln und schüttelte den Kopf, als ob er sagen wollte: »Keine Ahnung, warum die sich so aufregen.«

Mir wurde die Sache zu bunt! Den Rikscha-Fahrer, der am hartnäckigsten an meinem Rucksack riss, brüllte ich mit einem »Oie tu! Parate ya!« an, dessen Bedeutung ich wohl nicht erklären muss. Das schrie ich in einer Lautstärke, dass es für eine ganze Kompanie gereicht hätte. Der Typ ließ sogleich von meinem Rucksack ab, und auch die anderen hörten auf zu zetern. Dann fuhr ich in fließendem Spanisch fort: »Der Gringo entscheidet selbst, bei wem er mitfährt! Verstanden?« Dabei schob ich die Männer zur Seite und ging durch die Gruppe zu dem jungen Burschen, der jetzt noch mehr lachte und sich nun das Geschimpfe seiner Kollegen anhören musste. Aber er konterte schnell. »Der Gringo hat seine Wahl getroffen«, erwiderte er lachend und fuhr mit mir los. Erst unterwegs verhandelte ich mit ihm den Preis und drückte die von ihm geforderte Summe um die Hälfte. Ohne zu diskutieren ging er auf mein Angebot ein. Ich wusste, dass er jetzt immer noch mehr an mir verdiente als an einer üblichen Fahrt. Dann zeigte der junge Bursche eine Geschäftstüchtigkeit, dir mir gefiel. Er bot mir für weitere drei US-Dollar an, alle Einreiseformalitäten für mich zu erledigen. Ich überdachte kurz seinen Vorschlag und kalkulierte die Kosten, die mich als Gringo dank der korrupten Grenzbeamten erwarteten. Der Deal ging für mich okay. Er konnte sich ein wenig im Schatten des Einreisebüros ausruhen und währenddessen mehr Geld verdienen als mit einer weiteren Rikscha-Fahrt. Ich würde auf dem Fahrrad sitzen bleiben, bis er mit meinem gestempelten Pass wieder zurück war. Bezahlt wurde danach. Der Junge machte sich auf und lief flink wie ein Wiesel die Grenzstelle ab. Er machte das nicht zum ersten Mal, und bald darauf kam er mit meinem Pass zur Rikscha zurück. Ich bezahlte für seine Dienste und er verabschiedete sich höflich.

SCHÜSSE IN NICARAGUA

NACH DER GRENZE nahm ich einen Bus, der mich zum Nicaraguasee bringen sollte. Nur durch die Formalitäten an der Grenze wusste man, dass ich das Land gewechselt hatte. Für einen Fremden wirken Honduras und Nicaragua völlig gleich, denn die Menschen sind der gleichen ethnischen Abstammung. Beide Länder verfügen traurigerweise über die gleiche mangelhafte Infrastruktur, und nichts unterscheidet ein Land von dem anderen, nur die Nationalflaggen sind unterschiedlich. Wie in Honduras führte der Weg in die einzelnen Provinzen Nicaraguas sternenförmig über deren Hauptstädte. Obwohl ich an diesem Morgen sehr früh von der Isla del Tigre abgereist war und die Formalitäten an der Grenze nicht länger als eine Stunde gedauert hatten, kam ich in Managua erst in den späten Nachmittagsstunden an. Bis nach Granada, meinem eigentlichen Zielort, waren es weitere sieben Stunden Busfahrt. Deshalb blieb ich die Nacht über in Managua, ansonsten wäre ich erst um zwei Uhr morgens in Granada angekommen. In Mittelamerika nachts in einer fremden Stadt auf der Suche nach einer Unterkunft zu sein, kann sehr gefährlich werden!

Mein Bus erreichte kurz vor sechs Uhr abends die Hauptstadt Managua. Unterwegs hatte ich mir schon in einem Reiseführer eine Unterkunft ausgeguckt, die außerhalb vom Zentrum in einem etwas sichereren Viertel lag. Im Reiseführer wurde dringend von einem Hotel in der Nähe des Busbahnhofs oder der Markthalle abgeraten. Nicaraguas Hauptstadt galt, wie auch die meisten Hauptstädte Mittelamerikas, als sehr gefährlich. Als wir in die Stadt einfuhren, wusste ich warum … Die Armut in den Slums haben mich geschockt! Ich war angespannt, denn im Bus saß außer mir kein weiterer Tourist. Mit dem Rucksack fest in der Hand suchte ich nach Verlassen des Busses sofort ein Taxi. Es ist wichtig, an den Orten, an denen es Diebe gibt, zielstrebig zu handeln. Unschlüssig suchend stehenzubleiben, so wie man es in Deutschland gewohnt ist, macht es Dieben und Betrügern leicht. Am Taxi angekommen fragte ich den Fahrer, ob er das *Hotel Mar de Sol* kenne, und er bestätigte. Dann wurde der Preis ausgehandelt. Auch das sollte man vorher abklären, um am Ende der Fahrt nicht eine böse Überraschung zu erleben, denn Taxameter gibt es in der Regel nicht. Das Taxi fuhr los, und ich war froh, ohne Probleme die erste Hürde auf den Weg ins Hotel geschafft zu haben. Aber ich blieb weiterhin aufmerksam. An jeder Ampel konnte ein Überfall stattfinden. In einigen Großstädten arbeiteten Taxifahrer sogar als Komplizen von Banden, die sich auf Überfälle von Touristen spezialisiert haben. Auch hier garantierte ein Schild mit der Aufschrift »Taxi« nicht, dass das Fahrzeug auch wirklich ein Taxi war! Aber es hilft ungemein, die Landessprache zu sprechen und somit einen Eindruck vom Fahrer zu bekommen. Während der Fahrer durch die überfüllten Straßen fuhr, beobachtete ich die Gegend aus dem Fenster, um auf alles vorbereitet zu sein. Nach einiger Zeit hatte ich den Eindruck, dass wir immer im Kreis fuhren. Mein Orientierungssinn war durch die Zeit bei der Marine sehr trainiert, also sprach ich den Fahrer darauf an. Doch er versicherte mir, mich auf direktem Weg zum besagten Hotel zu fahren. Es läge schon ein bisschen weiter weg, aber in Kürze würden wir unser Ziel erreichen.

Kurze Zeit später hielt er tatsächlich vor dem *Hotel de Sol* an; leider fiel mir nicht auf, dass der Zusatz »Mar« im Namen fehlte. Ich bezahlte den Fahrer, der sofort weiterfuhr. Die Gegend um das Hotel hatte sich im Vergleich zur Gegend rund um den Busbahnhof im Zentrum meines Erachtens kaum geändert, und der Eingang des Hotels ähnelte eher einem Gefängnis als einem Hotel. Mir fiel wieder das Hotel in Belize-City ein, und es wunderte mich, dass ausgerechnet diese Absteige als Empfehlung in meinem Reiseführer aufgeführt war. Um ins Hotel zu gelangen, musste ich warten, bis der Rezeptionist die vielen Schlösser an der Haupttür aufgeschlossen hatte. Die Fenster in meinem Zimmer im zweiten Stock waren vergittert. Ohne den Rucksack auszupacken machte ich mich auf die Suche nach einem

Restaurant, denn außer ein paar Chips hatte ich noch nichts gegessen. Die Chips hatte ich auf der Busfahrt vom Fenster aus einem Bauchladenverkäufer abgekauft, und jetzt knurrte mein Magen wie verrückt. Mittlerweile war es halb sieben abends, aber noch taghell auf der Straße. Ich wollte den Abend gemütlich ausklingen lassen. Doch schöne Lokale fand ich nicht, ich fand überhaupt keine Esslokale, sondern ausschließlich Spelunken, in denen das entsprechende Publikum abhing. Als ich die nächste Straßenecke erreichte, traute ich meinen Augen nicht. Zu meiner linken Seite tat sich eine riesige Markthalle auf, und zu meiner rechten, nur einen Straßenblock weiter, erkannte ich den Busbahnhof! Der Taxifahrer hatte mich reingelegt! Er war, um den Preis zu rechtfertigen, ein paarmal ums Carré gefahren und hatte mich dann in einer Entfernung von nur fünfhundert Meter Luftlinie zum Busbahnhof abgesetzt. Jetzt stand ich kurz vor Einbruch der Dunkelheit in einem Viertel der Stadt, das laut Reiseführer als hochriskant eingestuft war! Aber nun war ich schon mal unterwegs, und das große Hungergefühl verschwand auch nicht von allein. Ich schätzte die Situation ein und vertraute meinen Fähigkeiten, mich im Zweifelsfall gut wehren zu können. Auf den Straßen um die Markthalle war es noch sehr lebhaft, und viele Frauen mit Kindern erledigten ihre Einkäufe. Ich beschloss, das erstbeste Restaurant anzusteuern, das sich mir bot, um keine Zeit zu vertrödeln. So landete ich in einem McDonald's. Obwohl ich diese Art von Essen nicht besonders mag, bestellte ich mir zügig ein Menü. Im Lokal hingen überall Fernseher, die in abgeschlossenen Metallkäfigen liefen. Die Klimaanlage war sehr kalt eingestellt, zusammen mit dem Neonlicht und den Plastikmöbeln war es hier sehr ungemütlich. Die Burger-Kette war wirklich überall gleich …

Eine halbe Stunde später war ich mit meinem Burger fertig und verließ das Lokal. Die Situation auf der Straße hatte sich in der Zwischenzeit extrem verändert! Es war, wie in Mittelamerika üblich, schnell dunkel geworden, und auf der Straße waren kaum noch Passanten anzutreffen. Doch an den verschlossenen Geschäften lehnten zu beiden Seiten der Straße zwielichtige Typen, die Crack rauchten. Ich konnte die Feuerzeuge aufflackern sehen und hörte, wie die wirren Drogenabhängigen vor sich hin brabbelten. Ich versuchte, so locker wie möglich zu bleiben und an den Männerguppen vorbeizugehen, ohne großartig Aufmerksamkeit zu erregen. Die Rufe hinter mir ignorierte ich, ohne mich umzudrehen und ohne schneller zu werden. Als ich dann mein Hotel erreichte, endlich auf meinem Zimmer war und die Tür hinter mir verschlossen hatte, löste sich ein dicker Knoten in meinem Hals.

Mitten in der Nacht wurde ich von lautem Knallen geweckt. Unten auf der Straße fielen Schüsse, und Geschrei war zu hören. Ich weiß nicht, ob sich rivalisierende Banden ein Scharmützel lieferten oder die Polizei involviert war, zog es aber vor, vom Fenster wegzubleiben. Am nächsten Morgen erkundigte ich mich beim Nachtportier nach den Gründen für den Krach in der Nacht, in der Hoffnung, eine spektakuläre Reaktion zu erhalten. Stattdessen antwortete er gelassen, dass Schüsse fast wöchentlich vorkamen und er gar nicht mehr aufstünde, um nachzuschauen. Es wäre ohnehin besser, sich in der Nacht nicht in der Nähe der Eingangstür aufzuhalten. Es reichte mir. Eine Stunde später saß ich im Bus nach Granada und hoffte auf ein ruhigeres Städtchen.

DER LAGO DE NICARAGUA

GRANADA IST EINE DER STÄDTE, die viele Touristen anzieht, und die Posadas und Cafés waren voll mit jungen Backpackern aus aller Welt. Dementsprechend hatte sich die einheimische Bevölkerung auf den Tourismus eingestellt. Waren und Speisekarten waren in US-amerikanischer Währung ausgezeichnet. Es gab Stadtrundfahrten mit Pferdekutschen und Kinder in den Cafés, die einem die Schuhe putzten und Englisch sprachen. Ich will ehrlich sein: Ich genoss ein wenig den »Luxus«, auf einer der Terrassen dieser vielen Straßencafés zu sitzen und einen leckeren Milchkaffee zu trinken. Ich genoss es immer, wenn ich unterwegs die Gelegenheit bekam, in Ruhe eine Zeitung zu lesen. Dann spazierte ich durch die Stadt und schaute mir die Kirchen mit den darin enthaltenen Marienbildern an. Am zweiten Tag buchte ich eine geführte Kajak-Tour auf dem Nicaraguasee, dem Lago de Nicaragua.

Dieser See ist wirklich riesig und erschien mir eher wie ein Meer. Der Wind kam von Seeseite und trug ziemlich hohe Wellen ans Ufer heran. Dort fand ich einen einfachen Holzstand, an dem man Kajak-touren buchen konnte. Mein Guide war ein recht alter Mann, der mich mit seinen selbstgebauten Kajaks in die Mangroven paddelte. Er hatte viel Wissen über die Pflanzen und Tiere der Region. Vögel machte er schon von weitem aus, und ich hatte oft Mühe, sie zu zu entdecken. Mir gefiel die Art seiner Führung sehr. Mit seiner den Indigenas üblichen Ruhe ließ er sich viel Zeit, mir alles ausführlich zu erklären. Auf dem Rückweg wollte er dann über die offene Seeseite zurück an den Strand paddeln. Seine Kajaks waren für ruhiges Wasser gebaut, aber ich hatte in meinem Leben als Taucher und Seefahrer genug Erfahrung gesammelt, um vorherzusehen, dass dieses Vorhaben für uns beide mit einem Kentern in den sich brechenden Wellen enden würde. Trotzdem wollte er sich den Spaß nicht nehmen lassen, es zu versuchen. Wir kamen genau bis zu dem Bereich, an der sich die Wellen in tosende weiße Schaumkronen verwandelten. Die Kajaks waren zu »buglastig« und glitten nicht auf der Welle mit. Mit dem Bug unter Wasser füllte sich schnell der gesamte Rumpf. Zwei Wellen später drehte sich mein Kajak quer zur Welle und ich kenterte durch. Das Wasser war kälter, als ich erwartet hatte. Ich hörte noch das Lachen meines Guides, als auch er kenterte. Nun galt es, sich am umgedrehten Rumpf festzuhalten und bis zum Strand zu schwimmen. Für mich ein leichtes, aber mein Guide war wohl ein besserer Kajakfahrer als Schwimmer! Im Hundestil arbeitete er sich ans Ufer vor, und für eine Weile verging ihm das Lachen, so sehr musste er nach Luft schnappen. Ich glaube, ein zweites Mal wird er bei solch einer Brandung den »Spaß« umgehen. Nach einem gemeinsamen Bier kehrte dann aber bald sein fröhliches Lachen zurück, und der Schreck war vergessen.

DAS FEUERWEHRAUTO AUS BAD NAUHEIM

In der Nähe Granadas gibt es die beiden Vulkane Mombacho und Masaya, die beide noch aktiv sind. Das Besteigen der Vulkane ist erlaubt, erfolgt aber ausdrücklich auf eigene Gefahr. Mich reizte der Anstieg, da ich noch nie einen aktiven Vulkan aus der Nähe gesehen hatte, geschweige denn hineingeschaut hatte. Die Möglichkeit, mit dem Bus bis an den oberen Ausguck zu fahren, fand ich nicht sehr reizvoll. Der Anstieg zu Fuß war da schon eher die richtige Herausforderung Die letzten Wochen, in denen ich die meiste Zeit mit Busfahrten verbracht hatte, brachten den Nachteil mit sich, dass meine durchs Fahrradfahren erarbeitete Kondition langsam wieder verlorenging. Die anderen Besucher an diesem Morgen wählten den Bus, und so stapfte ich allein den Weg zum ersten der beiden Vulkane hoch. Er führte in Serpentinen aufwärts, und schon bald änderte sich die Landschaft drastisch. Nach dem anfangs noch grünen Baumbewuchs beherrschte bald eine Art trockene, steppenartige Landschaft das Bild. Der Vulkan Masaya ist bekannt für sein wüstenartiges Erscheinungsbild. Zu beiden Seiten des Weges lag überall schwarzes, erkaltetes Lavagestein. Man konnte genau erkennen, wie sich beim letzten Ausbruch die heiße Lava als dicker Brei bis hierhin vorgearbeitet hatte. Andere Brocken musste der Vulkan wie Geschosse ausgespuckt haben, da sie ohne die verräterischen Fließspuren auskamen und vertreut umherlagen. Einige Lavabrocken hatten eine gewaltige Masse, sie erreichten einen Durchmesser von bis zu zwei Metern. Wenn der Vulkan jetzt ausbräche und diese »Geschosse« durch die Luft flögen, wäre es so nah am Vulkankegel wohl tödlich.

So in Gedanken vertieft vergaß ich völlig die Hitze und die Anstrengungen des Aufstiegs. Als ich den Kraterrand des Vulkans erreichte, konnte man von einer Plattform in den gigantischen Schlund des Vulkans schauen. Die Luft war gefüllt mit Schwefelgeruch, und Rauchwolken stiegen aus dem riesigen Krater auf. Der Vulkan glich einem schlafenden Drachen. Ich habe über eine Stunde in die tiefe Wunde der Erde geschaut, und doch konnte ich mich kaum von dem Anblick lösen.

Auf meinem Rückmarsch nahm ich mir vor, am nächsten Tag den zweiten Vulkan, den Mombacho, zu besteigen. Im Gegensatz zum Masaya war der Mombacho gänzlich bedeckt mit dichtem Pflanzenbewuchs. Sein Klima glich ab einer gewissen Höhe den Nebelwäldern in Panama, somit ähnelte sich auch die Pflanzenwelt. Die Unterschiede, die beide Vulkane in ihrer Flora und Fauna aufwiesen, waren die Winde, die vom Meer her Einfluss nahmen. Der Mombacho lag im Einzugsgebiet dieser Meereswinde, deren feuchte Luft den Wuchs an den Hängen seines fruchtbaren Vulkanbodens in einen wahren Urwald verwandelte. Der trockene Masaya war hingegen von dieser feuchten Meeresluft abgeschnitten und blieb deshalb steinig und karg wie eine Wüstenlandschaft. Mir wurde zum ersten Mal deutlich bewusst, wie sensibel selbst kleinste Veränderungen in der Natur Einfluss auf die Landschaft nehmen können. Obwohl geografisch dicht beieinander, zeichneten sich beide Vulkane durch biologisch völlig unterschiedliche Topografien aus. Und das nur durch Winde, die über das Land wehten!

Unterhalb des Vulkans lag das gleichnamige Dorf Mombacho. Die Menschen hier siedelten sich trotz der permanenten Gefahr, die ein aktiver Vulkan bedeutet, am Fuß des Berges an. Es fiel mir schwer, solch ein Verhalten zu verstehen, aber sie nutzten die fruchtbaren Hänge für den Anbau von Getreide und Obst. Bei einem Ausbruch des Vulkans würden diese Menschen alles hier verlieren, trotzdem nahmen sie das große Risiko wegen der ertragreichen Ernten in Kauf.

Als ich das Dorf durchschritt, passierte ich die örtliche Feuerwehr. Sofort fiel mir ein Fahrzeug auf, das ich seit meiner Kindheit kannte, denn mein Vater war hauptberuflicher Feuerwehrmann gewesen, und ich wuchs sozusagen mit den Fahrzeugen der Feuerwehr auf. Und nun stand ich hier in einem kleinen Dorf in Nicaragua vor einem alten deutschen Feuerwehrwagen, einem Magirus-Deutz Schlauchrüstwagen, auf dem noch das Wappen der freiwilligen Feuerwehr Bad Nauheim zu sehen war. Ich hielt Aussicht nach den hiesigen Feuerwehrmännern in der Fahrzeughalle. Stolz zeigten sie mir ihr »Hightechfahrzeug« aus *Alemania*. In Bad Nauheim war das Fahrzeug einst wegen seiner veralteten Technik ausrangiert worden und dann – wahrscheinlich dank einer internationalen Hilfsaktion – nach Nicaragua verschifft worden.

Die kleine Gruppe Feuerwehrmänner öffnete alle Türen sowie Stauklappen an dem Schlauchrüstwagen, und mir fiel auf, dass alles unbenutzt war. Aus Gründen der Verschiffung waren viele Ausrüstungsteile demontiert worden und lagen lose im Fahrzeuginneren herum. Ich fragte, ob die Männer das Fahrzeug erst vor kurzem erhalten hatten, doch die Männer verneinten. Der Wagen stand schon seit über einem Jahr in der Halle! Er wurde bei einem Einsatz nicht benutzt, weil keiner der Feuerwehrleute wusste, wie das Fahrzeug zu bedienen war! Ich konnte es nicht glauben: Hatte denn daran nie jemand gedacht, dass alle Bedienungshebel und Schalter im und am Fahrzeug auf Deutsch beschriftet waren? Es hatte nach Aussage der Männer auch keine Fahrzeugeinweisung stattgefunden! Der Feuerwehrwagen wurde damals in einer großen Feierlichkeit offiziell übergeben, aber danach war niemand mehr gekommen, um sich der Sache anzunehmen. Also stand das Feuerwehrauto seit nun mehr als einem Jahr völlig nutzlos herum, obwohl es in dieser Zeit gute Dienste hätte leisten können! Wenn es nicht so ein ernstes Thema gewesen wäre, hätte ich schreien können vor Lachen. Die Männer zuckten immer wieder mit den Achseln, wenn ich ihnen zu einzelnen Hebeln Fragen stellte. Sie konnten den Wagen starten und ihn aus der Halle fahren – das war alles! Also bestand mein restlicher Nachmittag darin, »Entwicklungshilfe« in kleiner Form bei der Einweisung auf einem deutschen Schlauchrüst- und Pumpenwagen zu leisten. Der Chef der kleinen Truppe von Feuerwehrmännern holte eigens Zettel und Stift aus seiner kleinen Schreibstube und notierte sich die Übersetzungen und Erklärungen zu sämtlichen Schaltern und Bedienungshebeln. Ich musste mich dabei an die Erklärungen meines Vaters erinnern, der mich als Kind häufig durch die Fahrzeughalle der Feuerwehr geführt und mir dabei jedes Fahrzeug bis ins Detail erklärt hatte. Als wir beim Blaulicht und dem Signalhorn ankamen und beides aktivierten, um die Funktionsfähigkeit zu prüfen, war es, als ob Nicaragua die Fußballweltmeisterschaft gewonnen hätte. Der Jubel der Feuerwehrmänner schallte laut aus der Halle, und ich dachte für einen Moment, sie würden mich gleich auf ihren Schultern durchs Dorf tragen! Ich brauchte mehrere Stunden, um alles zu erklären. Besonders schwer taten sich die Männer mit der Hebelstellung der Saugpumpe am Fahrzeug. Es war für sie neu, dass dieses Fahrzeug mit laufendem Motor eine Saugpumpe betreiben konnte und als Löschfahrzeug Wasserdruck in den Schläuchen erzeugen konnte. Nur langsam verstanden sie den Einsatzbereich des Löschwagens, und ich war von falschen Voraussetzungen ausgegangen, wusste ich doch, welchen Zweck der Wagen hatte. Am späten Nachmittag ließ ich eine total motivierte Feuerwehrtruppe zurück und nahm den Bus zurück nach Granada, ohne etwas anderes als eine kleine Feuerwehrhalle des Dorfes gesehen zu haben. Aber die Begeisterung der Männer war der beste Lohn des Tages.

Als ich zurück ins Hostel kam, entdeckte ich ein Plakat, dass für eine abendliche Tanzveranstaltung warb. Ein Restaurant am Marktplatz bot Livemusik mit einer örtlichen Band, und ich nahm mir vor, rechtzeitig zum Abendessen im Lokal zu sein, um einen Tisch zu bekommen.

Als ich dort so saß, füllte sich das Restaurant nach und nach mit weiteren Gästen. Es war Jung und Alt vertreten. An den Nebentisch setzten sich drei junge, einheimische Mädchen, die mich bald in ein Gespräch verwickelten und mich an ihren Tisch einluden. Ihr Alter schätzte ich auf nicht mehr als siebzehn Jahre. Sie waren sehr höflich und auf meine Einladung hin entschieden sich die drei zu einer Portion Chicken Wings. Zurückhalten pickten sie in den kleinen Portionen herum. Dann erklärten sie mir, es wäre für eine der drei Mädchen – der schüchternsten – heute das erste Mal, eine Tanzveranstaltung zu besuchen. Nur in Begleitung ihrer Cousine und deren Freundin hatte sie den Mut aufgebracht, überhaupt auszugehen. Sie kam aus einem kleinen Dorf im Inland und kannte sich in der Stadt kaum aus. Jedes Mal, wenn ich sie etwas fragte, wurde sie sehr verlegen, und oft antwortete ihre viel keckere Cousine. So erfuhr ich, dass die Eltern des Mädchens sehr streng waren in der Erziehung ihrer Kinder und es viel Überredungskunst gekostet hatte, sie zum Tanzen mitnehmen zu dürfen. Bei den nervösen Blicken, mit denen sich das junge Ding ständig im Restaurant umherschaute, vermutete ich aber eher, dass weder die Eltern noch sonst wer aus ihrer Familie etwas von diesem Ausflug wussten. Doch sowohl die kecke Cousine als auch die gemeinsame Freundin taten sehr abgebrüht, sodass ich es sehr amüsant fand, wie sie aus ihrem großen »Erfahrungsschatz« plauderten.

Die Freundin hatte es meiner Ansicht nach faustdick hinter den Ohren, denn sie tischte mir die Geschichte eines älteren Liebhabers aus den USA auf, mit dem sie seit Jahren zusammen sei. Ich wusste, in welche Richtung die Sache gehen sollte, und war gewarnt durch Kommentare anderer Reisender in Nicaragua. Prompt forderte sie mich auf, mit ihr zu tanzen. Auf der Tanzfläche begann das junge Mädchen dann, sehr direkt und unverblümt alle weiblichen Register zu ziehen. Sie stellte ihre Attraktivität heraus, sodass sie die Blicke der anderen Gäste, besonders der anwesenden Männer auf sich zog. Trotz ihres jungen Alters zeigte sie sehr viel Selbstsicherheit, oder gab sie täuschend echt vor. Wäre sie zehn Jahre älter gewesen, hätte ich sicherlich ihren Flirt akzeptiert. Aber ihr junges Alter schreckte mich ab, und ich wollte nicht in Schwierigkeiten geraten. Missbrauch von Minderjährigen war – Gott sei Dank! – mittlerweile auch in Mittel- und Südamerika strafbar. Leider gibt es trotz aller angedrohter Strafen immer noch eine hohe Dunkelziffer an Fällen von sexuellem Missbrauch und Ausbeutung Minderjähriger in lateinamerikanischen Ländern.

Als wir zurück an den Tisch gingen, zeigte sie sich eingeschnappt über meine Zurückhaltung und redete von dem Augenblick an kein weiteres Wort mehr mit mir. Ich sah über ihr kindisches Verhalten hinweg und unterhielt mich weiterhin mit den beiden anderen Mädchen, die sich köstlich über ihre Freundin amüsierten. Die ältere der beiden Cousinen flüsterte mir zu, dass die Freundin auf der Suche nach einem Gringo sei, der sie aus Nicaragua mitnehmen sollte. Es war der typische Traum eines jungen Mädchens, ihren Gringo-Prinzen auf dem weißen Pferd zu finden, nur das der Grund wohl weniger gegenseitige Anziehung oder Liebe war, sondern schlicht die wirtschaftliche Not. Ich lud die drei Mädchen auf ein weiteres Getränk ein, bezahlte die Rechnung und verabschiedete mich. Der Gedanke an die Ausweglosigkeit vieler Menschen in diesem Land hatte mir die Stimmung für einen Tanzabend verhagelt.

DIE »REICHE KÜSTE«: COSTA RICA

AM NÄCHSTEN TAG fuhr ich mit dem Bus weiter bis zur Grenze nach Costa Rica. Ich war an dem Punkt meiner Reise angekommen, an dem die Natur dem entsprach, was ich für mich als Paradies bezeichnen würde. Ich kannte Costa Rica bereits, denn ich hatte es vier Jahre zuvor bereist. Seitdem hatten mich Land und Leute in ihren Bann gezogen. Die Artenvielfalt der Tiere und Pflanzen war so groß, dass ich bei den Wanderungen durch die Nationalparks wirklich Mühe hatte, alles aufzunehmen, was sich in den Bäumen oder auf dem Boden zeigte. Siebzig Prozent der gesamten Fläche Costa Ricas besteht aus Nationalparks. Kein anderes Land weist vergleichbare Zahlen auf. Unter den »Ticos«, wie sich die Costa-Ricaner selbst nennen, findet man auf der Pazifikseite des Landes mehr Menschen indigener Abstammung, während die Atlantikküste stark vom afroamerikanischen Einfluss geprägt ist. Parallel zu den beiden Küsten zieht sich von Norden nach Süden ein zentrales Vulkangebirge. Heute noch sind die meisten Vulkane Mittelamerikas aktiv, und kleinere Erdbeben, hervorgerufen durch die Verschiebung der Kontinentalplatten, sind fast wöchentlich zu spüren.

Mein erstes Erdbeben ereignete sich mitten in der Nacht und riss mich aus dem Schlaf. Es ist ein eigenartiges Gefühl, wenn für ein paar Sekunden der Boden zittert und die Möbel im Zimmer umherrutschen. Die Erde hatte mich förmlich wachgerüttelt. Völlig verschlafen begriff ich erst nicht, was um mich herum geschah, ich suchte nach der Person im Zimmer, die mich geweckt hatte. Erst als ein paar Momente später ein zweites Beben folgte, wurde mir die Situation bewusst. Für Hochhäuser in San José, der Hauptstadt Costa Ricas, gilt die Auflage, ab einer gewissen Anzahl an Stockwerken erdbebensicher gebaut zu sein. Die Sockel dieser Gebäude sind schwingungs- und stoßdämpfend konstruiert, um Erschütterungen von Erdbeben abzufangen und ein Einstürzen der Häuser zu verhindern. Im restlichen Land findet man überwiegend ein- oder zweistöckige Häuser, oftmals aus Holz. Holz ist als Baustoff flexibler als Beton, und Häuser aus Holz fangen Erdstöße besser ab als die aus Stein errichteten Häuser.

Die klimatischen Veränderungen unseres Planeten lassen sich überall auf der Welt spüren. Besonders spürbar ist dies jedoch in Mittel- und Südamerika. Mit dem Wetterphänomen El Niño hatten sich die Menschen seit vielen Generationen arrangiert. Doch das »Christkind«, wie der Sturm in der Zeit um Weihnachten von Mexiko bis Brasilien genannt wird, verstärkt sich zunehmend und zieht immer verheerender übers Land. Wegen der sowieso schon fragilen Infrastruktur können Länder in Mittel- und Südamerika die Folgeschäden weder finanziell noch logistisch wieder beheben. So auch Costa Rica. Auf meiner Fahrt in den Süden fuhr unser Bus mitten durch einen Fluss, weil die entsprechende Brücke durch starke Regenfälle im Winter zuvor völlig zerstört wurde. Seitdem musste der Bus in einer halsbrecherischen Aktion das Flussbett durchqueren und riskierte dabei das Leben der Passagiere. An diesem Tag war der Wasserstand des Flusses niedrig, und wir kamen relativ einfach auf die andere Seite des Flusses, aber in der Regenzeit war es diesem Reisebus nicht möglich, die Stelle zu passieren. Dann musste das Militär mit Booten einspringen und die Menschen von einem Flussufer zum anderen verschiffen. Die finanziellen Mittel für den Neubau der Brücke fehlten, und so wusste niemand, wie lange dieser Zustand weiterhin anhalten würde.

Eines meiner Ziele in Costa Rica war der Nationalpark Manuel Antonio, der an der Pazifikküste ungefähr auf mittlerer Höhe des Landes lag. Ich hatte diesen Park schon vor Jahren bei meinem ersten Reise besucht, und damals war ich begeistert zurückgekommen. Nun wollte ich erneut einen Ausflug in die geschützten Wälder der Brüllaffen machen. Schon bei meiner Ankunft bemerkte ich, dass es mittlerweile viel mehr Geschäfte und Bars im Ort gab, besonders Restaurants. Mir missfiel gleich der (wie überall in Costa Rica) starke US-amerikanische Einfluss. Von allen Seiten wurde man auf Englisch angesprochen, und viele US-Amerikaner hatten sich hier niedergelassen und sich ein Gewerbe aufgebaut. Sie verhielten sich so, als ob sie mehr Erfahrung mit der Region hätten als die Einheimischen selbst. Es ist mir ein Gräuel, dass viele US-Amerikaner dieses Verhalten an den Tag legen, egal wohin man schaut. Sie kaufen sich ein Stück Land, irgendwo in einem fremden Land, und sind sofort die vermeintlichen Insider oder Macher vor Ort.

Nachdem ich mich an den nordamerikanischen »Touristenfängern« vor jedem Restaurant vorbeigekämpft hatte, folgte ich dem Weg, den ich vor vier Jahren zu meiner damaligen Posada gegangen war. Die Posada lag weit weg von der mittlerweile in nordamerikanischer Hand befindlichen Strandpromenade. Sie wird von einheimischen Ticos geführt und grenzt direkt an den Naturschutzpark. Der Besitzer und seine Familie sind *Nativos*, was sich am besten mit »hier Geborene« übersetzen lässt. Ihre Vorfahren lebten schon immer hier in diesen Wäldern, lange bevor alles zum Naturschutzgebiet erklärt wurde. Früher ernährten sie sich vom Fischfang und verkauften ihre Fische in der nahegelegenen Stadt Ques. Als dann aus der Bucht und den umliegenden Wäldern ein Nationalpark wurde, baute der Großvater die ersten einfachen Cabañas, also Hütten, um die spärlich eintrudelnden Touristen zu beherbergen. Mittlerweile waren aus den einfachen Strohhütten ohne Strom und fließend Wasser kleine, aus Stein gemauerte Apartments geworden, die mit allen Annehmlichkeiten des 21. Jahrhunderts ausgestattet waren. Die Gäste waren überwiegend Costa-Ricaner aus der Hauptstadt San José, die ihren jährlichen Urlaub hier machten. Die meisten waren mittlerweile Stammgäste, die die gute traditionelle Küche der Posada schätzten, und nur wenige ausländische Touristen fanden den Weg hierher. Mir gefiel es hier besonders in den Abendstunden, denn dann gaben die Brüllaffen aus dem nahegelegenen Wald ihre imponierenden Laute von sich. Doch im Gegensatz zu meinem letzten Aufenthalt hatte ich den Eindruck, dass die Rufe aus dem Wald weniger geworden waren.

Am nächsten Morgen machte ich mich ganz früh auf, den Nationalpark zu durchwandern. Ich wollte die kühlen Morgenstunden nutzen und möglichst allein durch die Wälder streifen. Die Familie meiner Posada hatte mir dazu geraten, denn ab Mittag würde es sehr voll im Park werden. Dann kämen Busse mit organisierten Gruppen aus der Stadt, die den Park durchpflügten.

Also stand ich bereits gut eine halbe Stunde vor der Öffnung des Parks am Eingang. Es hatten sich bis dahin schon eine beachtliche Zahl Wartender angesammelt, aber unmittelbar vor Öffnung des Parks rollte einer dieser doppelstöckigen Busse aus der Stadt vor. Ein US-amerikanischer Reiseveranstalter karrte US-Touristen heran, hauptsächlich im Rentenalter, und fing an, der riesigen Gruppe mit einem Megafon Anweisungen zu geben. Durch das Geschnatter der Besucher und dem lauten Gedröhne aus dem Megafon kam ich mir vor wie auf einer Pferderennbahn. Alle anderen Besucher, die mit mir zusammen auf das Öffnen des Parks gewartet hatten, verdrehten die Augen. Mit der Ruhe war es vorbei! Es hatte sich wirklich viel verändert in der kurzen Zeit von nur vier Jahren.

Mir liefen nicht mehr, wie beim ersten Mal, Echsen über den Weg, und es war schwierig, die Vögel in den Bäumen auszumachen. Von den großen gelben Pythons, die damals so zahlreich in den Bäumen zusammengerollt zu finden waren, sah ich diesmal nur eine einzige, genauso wie ein Faultier, das an einem Stamm hing. Die scheuen Brüllaffen bekam ich nur von weitem zu Gesicht, dafür waren aber überall die kleineren Makaken zu sehen, die den Touristen das Essen klauten und dabei ihre natürliche Scheu völlig verloren hatten. Sie hüpften auf den Schultern der Menschen herum und bewegten sich zwischen den Besuchern, als ob sie dazu gehörten. Jedes Mal, wenn sich ein Tier des Parks zeigte, quietschte irgendeine alte amerikanische Lady erfreut auf, und die ganze Gruppe schoss in einem riesen Geschnatter ein Foto nach dem anderen. Selbst das Faultier hatte schnell genug und suchte das Weite. Die Leute verstanden einfach nicht, dass sie leise sein musste, damit die Vögel nicht davonflogen und andere Tiere nicht ihr Heil in der Flucht suchten. Es war wie ein Besuch in Disneyland. Irgendjemand musste immer hysterisch schreien oder einen blöden Witz vor der restlichen Gruppe machen, anstatt die Tiere still zu beobachten.

Ich brach meinen Ausflug durch den Park ab, da ich keine Chance sah, auch nur zehn Minuten auf einem Trail im Wald allein zu verbringen. Der Nationalpark Manuel Antonio hatte sich in einen Freiluftzirkus verwandelt, mit dem so richtig Geld gescheffelt werden sollte, am besten bei den Ausländern! Die einheimischen Guides waren dem Ansturm der Besucher nicht gewachsen und bekamen die Gruppen kaum unter Kontrolle. Sie waren in der Zwickmühle zwischen dem Naturschutz und dem Druck der Tourismusindustrie. Ich zog es vor, an den Strand zu gehen; dort musste es ja schließlich wie ausgestorben sein, alle Touristen waren ja scheinbar im Park! Aber es liegt mir überhaupt nicht, mich im Sand auf die faule Haut zu legen, also mietete ich mir ein Kajak am Strand, um eine vor Manuel Antonio liegende Insel anzusteuern.

Auf dem Weg dahin sah ich eine große Meeresschildkröte, die gemächlich an der Wasseroberfläche schwamm. Sie blieb eine ganze Weile neben meinem Kajak und tauchte erst ab, als ich mir ihr zu sehr näherte. Die Insel, die ich anvisiert hatte, war weiter weg, als es vom Festland den Anschein gehabt hatte. Aber da ich nun schon einmal unterwegs war, wollte ich auch wissen, was mich dort erwartete. Fast eine Stunde später erreichte ich endlich den absolut menschenleeren weißen Strand. Die Insel gehörte zum Naturschutzgebiet, und es waren Schilder aufgestellt, wie man sich in Bezug auf die Erhaltung der hier lebenden Arten verhalten sollte. Meine Arme waren vom kräftigen Paddeln schwer geworden, und obwohl mir nur eine weitere Stunde bis zur Rückgabe des gemieteten Kajaks blieb, legte ich mich in den feinen Sand und genoss die Ruhe. Es war traumhaft schön. *Genau wie in der Bounty-Werbung,* dachte ich. Plötzlich raschelte hinter mir unter den Palmen etwas. Ein großer Leguan kam an den Strand, blieb direkt neben mir im Sand sitzen und tankte sich in der Sonne auf. Der Bursche hier hatte kein Problem mit meiner Anwesenheit. Gern wäre ich noch länger bei ihm sitzen geblieben, aber die Mietzeit für das Kajak war fast abgelaufen, und ich hatte noch einen ordentlichen Rückweg zu paddeln.

Bei meiner Ankunft fand ich den Verleiher der Kajaks ziemlich aufgelöst vor. Er hatte sich weniger um sein Kajak Sorgen gemacht, sondern mehr um mich. Erst verstand ich seine Besorgnis nicht, aber er wusste, wie weit es bis zur Insel war. Touristen hatten in der Vergangenheit oftmals die Distanz unterschätzt und Probleme bekommen, weil sie irgendwann zu erschöpft waren. Meine einstündige Verspätung ließ ihn Schlimmes befürchten. Ich entschuldigte mich bei ihm über meine Verantwortungslosigkeit, er hatte vollkommen recht. Ich hätte in der ausgemachten Zeit zurück sein sollen.

Von Manuel Antonio aus wollte ich ein wenig ins Landesinnere reisen. Abseits der Küste wartete das Hochland Costa Ricas, wo riesige Kaffeeplantagen zu finden sind. Ich war mittlerweile des Busfahrens überdrüssig geworden. Nie bot sich die Möglichkeit anzuhalten, wenn es auf der Strecke einmal schön erschien. An einem tollen Aussichtspunkt auf einem Hochplateau sah ich aus dem Busfenster einen einzelnen Motorradfahrer stehen, der angehalten hatte und an dieser Stelle die Aussicht genoss. Unser Bus fuhr natürlich weiter, weil scheinbar niemand außer mir Interesse für die Umgebung zeigte. Die meisten Ticos zogen sogar die Gardinen der Busfenster zu, um sich vor der Sonne zu schützen.

Ich nahm mir vor, im nächsten Ort nach einem Motorrad Ausschau zu halten, das zum Verkauf stand. Das Bergdorf, in das der Bus fuhr, hatte zwar einen Motorradhändler, aber keine Motorräder im Angebot. Er riet mir sogar, lieber ein Motorrad im Nachbarland Panama zu kaufen, da Fahrzeuge dort viel billiger waren, weil keine Luxussteuern darauf erhoben wurden wie in Costa Rica. Also verließ ich seinen Laden und dachte über seinen Tipp nach. Ich setzte mich an einen Fluss und beschloss, mit dem Kauf des Motorrads bis zu meiner Ankunft in Panama zu warten.

Völlig in Gedanken versunken erschreckte mich eine ruckartige Bewegung am Ufer des Flusses. Ich hatte den großen Kaiman, der am

Ufer in der Sonne gelegen hatte, überhaupt nicht bemerkt. Jetzt schoss er ins Wasser und schwamm mit ein paar kräftigen Schwanzbewegungen ans gegenüberliegende Ufer. Ich hatte das große Tier weder gesehen noch damit gerechnet, hier auf Krokodile zu treffen. Erst jetzt fielen mir die vielen Tierschädel und Knochen am Ufer und im Flussbettschlamm auf. Wahrscheinlich wimmelte es in diesem Fluss von Alligatoren. Jedenfalls gut, dass das Raubtier es vorgezogen hatte, die Flucht zu ergreifen, denn auf einen Angriff wäre ich nicht vorbereitet gewesen. Ich schwor mir, wieder mit offeneren Augen durchs Leben zu laufen und Überlegungen bezüglich meiner Weiterreise auf die Nacht zu verschieben.

Abends studierte ich die Landkarte, um zu wissen, an welchem Fluss ich die Alligatoren angetroffen hatte. Es war der Río (Grande de) Térraba, der mitten durch zwei Ureinwohnerreservate führte. Meine nächste Station sollte Golfito an der Küste vom Golfo Dulce sein. Auf Mallorca hatte ich als Einsatzleiter einer Tauchtruppe für eine holländische Firma gearbeitet, die internationale Schiffstransporte tätigte. Die Boote wurden im Huckepack- oder im Känguru-Verfahren transportiert, und die Luxusjachten und Segelschiffe wurden in den riesigen Schiffskörper eines dieser »Dockschiffe« gefahren. So »schwammen« die zu transportierenden Boote zunächst in den Bauch des Frachtschiffes, das als eine Art schwimmendes Dock diente; einmal darin verzurrt, wurde das Wasser aus dem Überseefrachter herausgepumpt und alle Schiffe standen wie in einem Trockendock auf Stützen, fertig für die Überfahrt über den Atlantik. Eben jene Firma plante, in Golfito einen Beladestützpunkt für Mittelamerika zu errichten. Die Bosse wussten, dass ich auf meinem Weg entlang der Panamericana Golfito passieren würde und boten mir einen Job an diesem Stützpunkt an. Ich wollte darüber nachdenken, denn die Firma arbeitete sehr professionell, und die Vorstellung, womöglich nach Beendigung meiner Reise den Job hier in Costa Rica anzunehmen, reizte mich.

Bei meiner Entscheidung sollte eine wichtige Rolle spielen, dass mir Land und Leute zusagten. Auf der Karte sah Golfito vielversprechend aus. Es gab Symbole für ein Hotel, eine Tankstelle, eine Kirche und so weiter, also war eine gewisse Infrastruktur gegeben. Die Gegend um Golfito war relativ unberührt, und ein Nationalpark war ebenfalls in unmittelbarer Umgebung angeführt.

Doch bei meiner Ankunft entpuppte sich der Ort als heruntergekommener Umschlaghafen für zollfreie Haushaltsgeräte. Die Atmosphäre war ein einziges hektisches Treiben. Viel Durchgangsverkehr, viele Menschen, die Küchengeräte billig kaufen wollten. Zu viele! Zusätzlich vermittelten leerstehende Fabrikgebäude den Eindruck, hier sei alles im Zerfall begriffen. Der Ort gefiel mir so gar nicht, sodass ich die Idee, hier eventuell eine Zukunft aufzubauen, verwarf. Für mich war es wichtig, neben einer erfüllenden Arbeit auch einen Ort zu finden, an dem man sich wohlfühlt. Nur so kann man produktiv sein. Und da ich nun schon einmal frei wie ein Vogel war, wollte ich mir bei der Wahl meines zukünftigen Wohnortes wirklich sicher sein.

Noch am gleichen Tag nahm ich den Bus weiter nach Ciudad Neily, von wo aus ich den botanischen Garten in San Vito besuchte. Dort konnte man alle vorhandenen Pflanzen Mittelamerikas studieren. Es waren kaum Besucher zugegen, also hatte ich den Garten fast für mich allein und genoss die Exkursion in vollen Zügen.

KREUZ UND QUER DURCH PANAMA

MEIN ERSTES ZIEL IN PANAMA war der 3.475 Meter hohe Vulkan Baru im Talamanca-Gebirge im Norden Panamas. Die Busfahrt führte mich durch sensationelle Wald- und Berglandschaften. Wieder bedauerte ich, nicht anhalten zu können. In Boquete hielt ich es dann nicht mehr aus, stieg aus dem Bus und wählte eine der vielen Posadas am Ort.

Boquete war ein Touristenort und Ausgangspunkt für Wanderungen in die Bergregion im Norden Panamas. Beim Spaziergang durch den Ort entdeckte ich ein Angebot für ATV-Touren. ATV stand für »All Terrain Vehicle«, also geländegängige Vierradmotoräder. Ich kannte diese praktischen Fahrzeuge aus Kanada, wo sie vielseitig eingesetzt wurden. Mich reizte ein Trip mit solch einem Ding, und ich buchte für den nächsten Tag eine Tour. Mein Guide demonstrierte mir ausgiebig, wie offroadtauglich diese Dinger sein können. Ich war begeistert!

Meine Entscheidung war gefallen: Anstatt ein Motorrad zu kaufen, um vom Reisen mit dem Bus loszukommen, gefiel mir diese Allradvariante besser. Noch am selben Nachmittag checkte ich im Internetcafé den Stand auf meinem Reisekonto. Bei Beginn der Reise hatte ich Dinge verkauft, für die ich keine Verwendung mehr gesehen hatte. Die Zahlungen sollten nach und nach eingehen. Da ich von Anfang an geplant hatte, low-budget zu reisen (nicht aus Geiz, sondern aus der Überzeugung heraus, dadurch den wirklichen Gegebenheiten ein Stück näher zu kommen), gab es auch keine Eile für mich, den Verkaufspreis sofort zu kassieren. Doch so ein ATV bot mir tolle Möglichkeiten, in abgelegene Regionen des Landes zu kommen. Und so war ich froh, nun endlich auf das Geld vom Verkauf meines kleinen Sportbootes auf Mallorca zugreifen zu können. Am nächsten Tag leistete ich mir also so ein Quad. Es war das einzige neue Teil, was der Händler im Laden hatte. Dank Kreditkarte ging der reine Kaufvorgang schnell über die Bühne, dafür war die Anmeldung kompliziert und zog sich

213

eine ganze Woche hin. Ich nutzte diese Zeit, um mit meinem Neu-erwerb die Gegend zu erkunden. Dazu reichte der Kaufvertrag und ein handgeschriebener Zettel des Händlers als Fahrzeugdokument aus. Die zweite »Probefahrt« wollte ich zum nahegelegenen Vulkan machen. Anfangs verlief die Auffahrt reibungslos. Trotz Geröll auf dem Weg kam ich sehr gut voran. Die wenigen Geländewagen, die sich hier hinauf trauten, ließ ich spielend zurück. Ich war so in Fahrt, dass ich die Verbotsschilder zur Weiterfahrt für Autos nicht beachtete. Je höher ich fuhr, umso enger und steiler wurde der Pfad. Irgendwann hörte er einfach auf, und ich steckte fest! Mitten auf dem Trail ragte ein hoher Felsvorsprung aus dem Boden, den ich nicht einmal mit dem ATV meistern konnte. Beim Versuch darüber hinwegzukommen, hätte ich mich beinahe rückwärts überschlagen. Nun hatte ich ein Problem! Der Pfad war zu schmal, um das Quad zu drehen, und andauernde Regenfälle hatten den Pfad tief ausgewaschen. Die letzte, etwas brei-tere Stelle, lag kilometerweit zurück.

Jetzt verstand ich den Sinn der Verbotsschilder. Das ATV war zwar nicht so schwer wie ein Auto, aber immer noch viel zu schwer, als dass ich es allein auf der Stelle hätte drehen können. Außerdem war das Gefälle an dieser Stelle zu stark. Ich versuchte den Rückwärtsgang, aber das ging nur wenige Meter gut. Also setzte ich mich erst einmal an den Rand des Trails und überlegte, wie ich nun aus dieser miss-lichen Situation herauskäme.

Es war ziemlich aussichtslos. Allein das Quad zu befreien, schien unmöglich. Vielleicht war es besser das Gefährt hier zu lassen und zu Fuß den Weg zurück zu nehmen, um Hilfe beim Händler im Ort zu suchen. Aber das Quad war nigelnagelneu und noch nicht gegen Diebstahl versichert. Ein Neufahrzeug im Wert von zehntausend US-Dollar mitten in einem Wald in Panama stehen zu lassen, erschien mir keine gute Idee.

Die Lösung nahte mit drei Wanderern, die vom Vulkan abstiegen und am Vortag den Aufstieg zur Spitze des Vulkans gemacht hatten. Die Nacht hatten sie in der Kälte im Freien verbracht, und nun waren sie seit den frühen Morgenstunden auf dem Abstieg. Die Gruppe bestand nur aus Männern, aber was sie so besonders machte, war etwas anderes: Sie liefen barfuß. Es musste ein schmerzhafter Weg gewesen sein, denn einer der Männer blutete unter den Fußsohlen und hinkte hinterher. Außer Wasserflaschen trugen sie nichts weiter bei sich.

Der Älteste der Dreiergruppe fragte freundlich, ob es mir gut ginge, und bot mir seinen Lederbeutel mit Wasser an. Ich nahm einen Schluck und erklärte, dass ich mit meinem Gefährt festsaß. Er meinte, weiter hoch käme man nur zu Fuß oder mit einem Maultier.

Der Mann erklärte, dass sie drei Mönche seien, die auf einer Pilgerreise waren. Seine beiden jungen Begleiter waren in der Anwärterschaft. Ich fragte den Mönch, ob sie mir helfen würden, das Quad zu drehen. Obwohl der junge Mönch erschöpft schien, machten wir uns gemeinsam sofort daran, jeder an einer Ecke, das Vierradmotorrad anzuheben. Nach fünf Minuten hatten wir es gemeinsam geschafft. Ich bedankte mich bei den Mönchen und fragte, ob ich mich in irgendeiner Weise erkenntlich zeigen könne. Der alte Mönch erklärte, dass das gute Gespräch mit mir Gegenleistung genug war und meinte, er könne nun einen Gringo als seinen Freund nennen! Ich war sehr angetan von so viel Selbstlosigkeit.

MIT DEM QUAD
AUF ZU NEUEN HORIZONTEN

NACH EINER WOCHE war das Quad endlich zugelassen, und ich konnte meine Tour entlang der Panamericana fortsetzen. Was für ein Vorteil, wieder unabhängig von einem Bus zu sein! Ich konnte meinen eigenen Weg und eventuelle Abstecher zu interessanten Orten selbst bestimmen. Wenn irgendwo ein reizvoller Fleck oder Waldweg auftauchte, hielt ich halt kurz an. Ich durchquerte Flüsse und Waldgebiete, sodass sich die Reise – Gott sei Dank! – wieder nach meinem Geschmack entwickelte und eine ordentliche Portion Abenteuer enthielt. Jetzt brauchte ich oft mein GPS, denn abseits der asphaltierten Landstraße konnte man leicht die Orientierung verlieren. In einem Dorf musste ich mir eine große Machete kaufen, da ich mich zuvor im Dickicht eines Waldes festgefahren hatte und nur äußerst mühevoll und dank meines Taschenmessers wieder freigekommen war.

Das Quad war das ideale Reisegefährt für diese Unternehmung. Ich saß an der frischen Luft wie bei einem Motorrad und konnte zusätzlich viel Gepäck laden. Ab sofort hatte ich kein Verpflegungsproblem mehr. Wo ich mich auch befand, ich konnte in meinem Zelt übernachten und am folgenden Tag in die Zivilisation zurückkehren. Die Reichweite des Fahrzeugs war mehr als ausreichend. Seine guten Offroad-Eigenschaften zeigte das Quad besonders im Sand, und so fuhr ich oft den ganzen Tag lang auf menschenleeren Stränden an der Küste entlang.

Meinen Geburtstag verbrachte ich an einem einsamen Strand. Ich hatte nicht einmal Befürchtungen wegen Überfällen in der Nacht, da meine Lagerplätze wirklich so weit von der Zivilisation entfernt waren, dass es schon mit dem Teufel hätte zugehen müssen, hier ausgerechnet auf Räuber zu treffen.

Irgendwann erreichte ich einen Strand, an dem einige Hütten standen. Dort lernte ich Matt kennen, einen jungen Amerikaner, der für sich und seine Frau ein Grundstück kaufen wollte. Er sprach kein Wort Spanisch und bot mir an, in seiner angemieteten Cabaña zu übernachten. Den nächsten Tag begleitete er mich mit seinem gemieteten Jeep entlang der Küste gen Süden. Unser Ziel war das hundertfünfzig Kilometer entfernte Santa Catalina. Matt wollte sich mit Maklern vor Ort treffen. Die Straße dahin war eine einzige Schotterpiste mit tiefen Schlaglöchern, und wieder bot das Quad einen enormen Vorteil gegenüber dem Jeep. *Mit dem ATV werde ich Südamerika schon meistern,* freute ich mich. Matt musste sehr viel langsamer fahren, um nicht seinen Rücken und den Wagen zu ruinieren. Ich fuhr vorweg und gab die Richtung mit den vermeintlich harmlosesten Schlaglöchern vor.

Als wir in Santa Catalina ankamen, wunderte ich mich über die relativ gute Infrastruktur des derart abgelegenen Ortes, und Matt klärte mich auf. Mick Jagger von den *Rolling Stones* hatte hier investiert und besaß das halbe Tal. Matt gefiel es sehr gut an diesem Ort, und er wollte schauen, ob er ein nettes Grundstück kaufen konnte, so verabschiedeten wir uns am nächsten Tag.

In Venao lernte ich an einem Surferstrand ein Schweizer Pärchen kennen, die mit einem Jeep von den USA aus in Richtung Bolivien unterwegs waren. Mit ihnen besprach ich die Möglichkeiten, mein Quad von Panama-City nach Kolumbien oder Ecuador zu verschiffen. Sich mit anderen Reisenden auszutauschen und an deren Erfahrungen teilzuhaben, ist wie ein Nachrichtenkanal. Man erfährt aus erster Hand, welche Länder aktuell unsicher sind, wo es Überfälle oder Entführungen gab und wo die Reise am sichersten war. Die Grenze von Panama nach Kolumbien war ein kritischer Punkt auf jeder Panamerikareise. Das Grenzgebiet war zwar rein theoretisch auf dem Landweg zu passieren, doch konnte niemand so genau sagen, wo die Route langführte. Die Gegend war Schmugglergebiet der kolumbianischen Drogenmafia, und nur wenige Touristen oder Abenteurer hatten es bisher gewagt, durch diese Region nach Kolumbien einzureisen. Einige waren beim Versuch verschollen, und die Außenministerien der europäischen Staaten rieten in höchstem Maße davon ab, diese Landroute zu wählen. Vielmehr wurde der Seeweg von Panama-Stadt nach Cartagena in Kolumbien oder Guayaquil in Ecuador empfohlen.

Panama-City war die schmutzigste Stadt, die ich bis dahin gesehen hatte! Aus den öffentlichen Bussen qualmte der Ruß als schwarze Flocken aus den Auspuffrohren, und es lag ein blauer Dunst in der Luft, der von den Abgasen stammte. Ich wollte so schnell wie möglich eine Fahrzeuginspektion beim hiesigen Händler an meinem Quad machen lassen und es dann mit einem Container nach Kolumbien verschiffen; vielleicht konnte mir auch bei den Frachtpapieren helfen.

Doch er äußerte sofort Zweifel an dem Vorhaben, mit dem Quad nach Südamerika einzureisen. Erst einmal müsse das Fahrzeug noch verkehrssicher gemacht werden. »Wieso verkehrssicher?«, fragte ich. Ich war jetzt vier Wochen lang kreuz und quer durchs Land gefahren und sogar in eine Polizeikontrolle gekommen, die ohne Probleme verlaufen war. Der Händler in Boquete hatte mir das Fahrzeug doch als verkehrssicher verkauft? Aber er überredete mich trotzdem, zusätzlich noch Blinker anbauen zu lassen. Also gut, einverstanden! Mit Inspektion und Blinker-Montage stand mein Quad nun schon für drei Tage in der Werkstatt, und ich war gezwungen, meinen Aufenthalt in Panama-Stadt um die entsprechende Zeit zu verlängern. An jedem dieser Tag vertröstete mich der Händler vor Ort, die Transportpapiere für die Verschiffung nach Kolumbien oder Ecuador fertig zu haben, während nicht einmal die Arbeiten am Quad erledigt waren. Am dritten Tag hatte ich die Nase voll und machte mich selbst daran, die Blinker mit geliehenem Werkzeug zu montieren, doch nun hieß es mit einem Male, es gäbe in einigen Ländern Südamerikas Schwierigkeiten; so akzeptierten beispielsweise Ecuador und Chile das Quad nicht als verkehrstüchtiges Gefährt. In tagelangen Telefongesprächen versuchte ich, die Botschaften der Länder von meinem Vorhaben zu überzeugen und eine Sondergenehmigung für das ATV zu bekommen, doch irgendwann schmiss ich das Handtuch und änderte meinen Plan.

Ich bot dem Händler an, mein Quad zu kaufen; oder er sollte wenigstens einen Käufer für das gute Stück finden. Bis dahin wollte ich es noch weiter nutzen und einen Ausflug in die Nebelwälder machen. Am gleichen Tag, an dem ich mich für den Verkauf entschieden hatte, erhielt ich eine E-Mail von Carla aus Honduras. Sie wollte wissen, wo ich mich so herumtreiben würde, und meine Antwort aus Panama kam ihr recht. Diesmal nahm sie einen Bus, der sie in einem Rutsch bis nach Panama-City brachte. Die restlichen mittelamerikanischen Länder wollte sie überspringen, da sie mit ihrem Zeitplan für das Treffen mit ihrer Mutter in Brasilien in Verzug geraten war. Also nutzten Carla und ich gemeinsam mein Quad und verbrachten eine Woche damit, die Nebelwaldregion im Hochland Panamas zu durchqueren.

Von den Bergen Panamas bis an die Küste bewegten wir uns hauptsächlich auf entlegenen Trails. Als wir aus der Einsamkeit der Nebelwälder endlich zurück an den Strand kehrten, erwartete uns ein wahres Spektakel. Es war entweder ein großes Event oder eine Megaparty im Gange, genau konnten wir das nicht einschätzen, aber auf jeden Fall sah man auf einer Distanz von gut zwei Kilometern überall Lagerfeuer, Zelte und – zu meiner Verwunderung – unzählige Quads! Hunderte von diesen Offroad-Fahrzeugen standen überall herum. Es war sozusagen ein nationales ATV-Treffen. Entsprechend groß war auch der Jubel, als Carla und ich vor diesem Pulk vorfuhren.

Mit meinem großen Quad, das als neuestes Flaggschiff auf dem Markt galt, waren wir sofort der Mittelpunkt des Treffens und hatten einige Mühe, die von allen Seiten gleichzeitig auf uns einprasselnden Fragen der ATV-Fan-Gemeinschaft zu beantworten. Irgendwann ließ man uns wenigstens unser Zelt aufbauen, um dann von einem Lagerfeuer zum nächsten geführt und vorgestellt zu werden. Carla stand natürlich wegen ihrem Charme und ihrem attraktiven Aussehen bei den Männern hoch im Kurs. Sie genoss es sichtlich, bei dieser riesen Strandparty zugegen zu sein. Die ganze Nacht hindurch wurde um die Lagerfeuer getanzt und abenteuerliche Anekdoten erzählt. Bei Morgengrauen zogen die meisten Leute ab und fuhren nach Hause. Carla und ich blieben noch einen weiteren Tag und eine weitere Nacht, um die Stille des nun menschenleeren Strandes zu genießen.

VENEZUELA, KOLUMBIEN & ECUADOR

ISLA MARGARITA UND SALTO ÁNGEL

Das Quad blieb in Panama zurück, und mit einer Fähre ging es rüber nach Venezuela. Meine Erwartungen an den südamerikanischen Kontinent steigerten sich ins Unermessliche. Wäre ich die Panamericana in entgegengesetzter Richtung von Süden nach Norden gefahren, ich glaube, ich hätte es nicht mit der gleichen Motivation gemacht. Für mich war die treibende Kraft immer der Wunsch gewesen, Südamerika kennenzulernen. In diesem Teil der Welt erwartete ich mehr Abenteuer als in den USA oder in Kanada, obwohl ich Kanada nach wie vor zu den Top 5 meiner Lieblingsländer zähle.

In den letzten paar Monaten hatte ich mich entwickelt. Ich war immer mehr bereit, mich auf Abenteuer einzulassen, zugleich schwanden die Art von Sorgen, die ein Europäer normalerweise mit sich herumschleppt, wenn er Südamerika bereist. Stattdessen wuchs mein Interesse für außergewöhnliche Touren in Regionen, in denen die Natur in ihrer Ursprünglichkeit weitestgehend erhalten war.

Und so kam es, dass ich mich für die Isla Margarita überhaupt nicht mehr begeistern konnte. Durch ihren traumhaft klingenden Namen und ihre geografische Lage in südlichen Karibikgewässern hatte ich mir eine verträumt romantische Insel mit freundlichen Bewohnern vorgestellt. Stattdessen erwartete mich eine mit Touristen überfüllte Insel, auf der die negativen Begleiterscheinungen wie Prostitution, Betrug und Raubüberfälle allgegenwärtig waren. Nach nur zwei Tagen Aufenthalt buchte ich eine der heruntergekommenen Fähren, die mich zurück zum Festland Venezuelas bringen sollte. Ich hatte von einem Naturwunder in Venezuelas Amazonien gehört, das eher meinem Geschmack entsprach. Der Salto Ángel (oder auch die Angel Falls) gilt als der höchste Wasserfall der Welt. Aus 1.000 Metern Höhe rauscht dort das Wasser in die Tiefe wie aus einem überdimensionalen Wasserhahn.

Der Weg zu diesem Naturspektakel ist aufwendig und für sich schon ein Abenteuer. Zuerst musste ich per Bus von der Küste ins Inland nach Ciudad Bolivar fahren, dem Mekka für die Touristen und die Heimat der Tour-Anbieter zu dem Wasserfall. Die Stadt war sozusagen die letzte Hochburg der Zivilisation, bevor es von dort in den venezolanischen Urwald ging – und zwar per Flugzeug! Ciudad Bolivar hatte seine Blütezeit im letzten Jahrhundert gehabt, als die Gewinnung von Kautschuk als Rohstoff für Gummireifen ein Hauptwirtschaftszweig für Südamerika bildete. Kautschuk wurde von den Gummibäumen gewonnen, an denen man die Rinde anritzte, sodass die Bäume das weiße Baumharz absonderten. Mit dem wachsenden Bedarf der Autoindustrie im 20. Jahrhundert wuchs auch der Bedarf an Gummi für Autoreifen und Dichtungen jeglicher Art. Auch als elastischer Dämm- und Isolierstoff gewann Kautschuk in Industrie- und Baugewerbe immer mehr an Bedeutung. Es waren goldene Zeiten für die Gummibarone, hauptsächlich Engländer und Franzosen, die im europäischen Stil eine prunkvolle Stadt mitten in den Urwald bauten. Nachdem die künstliche Gummiherstellung günstiger als die natürliche wurde, begann der Zerfall der Stadt. Ciudad Bolivar rettete sich lediglich durch den wachsenden Tourismus in das 21. Jahrhundert. Von hier aus flogen alte, einmotorige Propellermaschinen vom Typ Cessna zu den Basiscamps der Indigenas im Nationalpark Canaima. Ein Weg über Land zu diesem Dorf galt als fast unmöglich. Aus der Luft bekam man einen Überblick über die immens großen Flächen von nahezu undurchdringlichem Urwald, der von einem riesigen Labyrinth aus Flüssen und Deltagebieten durchzogen war.

Unser Pilot war ein kleiner, verschwitzter Mann Ende vierzig. Mit seiner Glatze, der kaputten Sonnenbrille und der verwaschenen und etwas verschlissenen Pilotenuniform sah er eher aus wie der Page eines einfachen Hotels. Dass er verschwitzt war, wunderte mich nicht, nachdem ich die unzähligen Kartons an Getränken und Proviant hinten im kleinen Flugzeug sah, das er bei der schwülen Hitze allein beladen hatte. Zwei der insgesamt vier Sitze waren bis unters Dach vollgepackt, und der Fußraum war ausgefüllt mit Reis, Mehl sowie Konservendosen. Den zwei jungen österreichischen Mädchen, die mit mir zusammen den Flug gebucht hatten, wies der Pilot die beiden schmalen Sitze im Heck der alten Cessna zu. Eingezwängt hinter der Wand aus Proviantkisten und den großen Rucksäcken konnte ich die beiden Mädchen ausmachen, die ziemlich verunsichert dreinschauten. Für mich hatte der Pilot den Sitz neben sich im Cockpit eingeplant. Dort hatte ich zwar etwas mehr Platz für meine Beine, aber in der kleinen Maschine genoss ich dennoch Hautkontakt zum Piloten. Wer schon mal in einem alten Citroën 2 CV gesessen hat, besser bekannt als »Ente«, kennt das Gefühl. Die Cessna kam so einer Ente gleich, nur das sie vorn einen Propeller hatte. Ich kalkulierte kurz das Gewicht unserer Ladung und bezweifelte, dass wir überhaupt abheben würden! Und falls doch, so sagte ich mir, hätten wir bei einem Absturz auf jeden Fall für gut einen Monat lang Verpflegung – sofern wir überlebten. Dann widmete ich mich dem allgemeinen technischen Zustand des Flugzeugs. Jeder, der schon einmal geflogen ist, egal in welcher Art und Größe von Flugzeug, hat sich sicher wohl auch schon mal dabei ertappt, vor dem Boarding auf Tragflächen, Turbinen oder Sonstiges geachtet zu haben …

Hier in der Cessna fiel mir im Cockpit zuerst auf, dass die Windschutzscheibe nicht mehr mit der originalen Dichtmasse eingelassen sondern an vielen Stellen mit Stanniolpapier von Kaugummis geflickt war! Aus dem Klappfenster an meiner Seite konnte ich die Tragfläche betrachten, und wie bei einer Materialprüfung scannte ich das Metall mit meinen Augen. Bei der Querstrebe, der vom Flügel zum Rumpf der Cessna führte, entdeckte ich einen Riss, über den man stümperhaft ein dünnes Blech mit Popnieten gestanzt hatte.

Ich wollte aussteigen und es auch den Mädels raten, die von alledem nichts sahen. Aber in dem Moment startete der Pilot den Motor, und der Propeller kam unter unrunden Motorengeräuschen auf Drehzahl. Schweiß trat mir auf die Stirn, meine Hände waren klitschnass, und mein T-Shirt pappte unter den Armen. Die Maschine rollte der Startbahn entgegen, und der Pilot forderte mit einem gelassenen »Also wir sind dann soweit« vom Tower die Starterlaubnis an. Die Antwort kam ebenso lax zurück: »Que se divierten!«. Viel Vergnügen …

Ich konzentrierte mich von jetzt an auf alles, was vor mir ablief, sozusagen ein »Crashkurs« für Piloten. Zuerst die Armaturen. Die Hälfte der Anzeigen schienen nicht zu funktionieren! Gebannt verfolgte ich alle Handbewegungen des Piloten. Einfache mechanische Hebel waren zwischen uns angebracht; wenn er an einem größeren Hebel zog, erhöhte der Motor die Drehzahl. Er lief jetzt rund. Dann ein zweiter Hebel für das Höhenruder … Ich konnte Bowdenzüge wie bei einem Fahrrad erkennen. Die Maschine hoppelte die kurze Startbahn entlang, und nach erstaunlich kurzer Beschleunigung waren wir in der Luft. Jede Windböe versetzte dem kleinen Flugzeug einen Stoß nach rechts oder links, aber trotz alledem wurde ich schnell ruhiger. Was hatte ich auch für eine Alternative? Wir waren in der Luft. Unter uns erstreckte sich der venezolanische Urwald mit seinem Labyrinth aus Flüssen und Sumpfgebieten. Hier wäre eine Notlandung gänzlich unmöglich. Irgendwann rastete der Pilot Höhenruder und Steuerknüppel ein und lehnte sich mit dem Kopf auf seine verschränkten Arme. Ich war mir nicht sicher, ob er ein Schläfchen machen wollte oder sich schlecht fühlte. Jedenfalls bildete ich mir ein, die Cessna auch allein fliegen zu können. Drehzahl, Höhenruder, Seitenruder … Es konnte ja nicht schwerer sein als Autofahren, und ich wusste ja, welcher Hebel für was stand!

Irgendwann landete der Pilot die Cessna sicher auf einer Sandpiste. Statt eines gemauerten Flughafengebäudes stand lediglich eine Lehmhütte neben der Landebahn. Von dort kam ein einheimischer Guide auf uns zu und half dem Piloten beim Asuladen unserer Rucksäcke. Er lächelte und gab uns ein Zeichen, ihm zu folgen. Nach einem knappen Kilometer erreichten wir das Dorf Canaima, in dem mehrere Lehmhütten standen, die der am Airport ähnelten. Hier sollten wir schlafen.

Nach einer Begrüßung und einem Mittagessen in der größten der Lehmhütten warteten wir den Rest des Tages auf weitere Expeditionsteilnehmer, die aus anderen Teilen des Landes eingeflogen wurden. Am nächsten Morgen brachen wir dann sehr früh auf. In einem circa zehn Meter langen Einbaum fand alles und fanden alle Platz – die sieben Touristen, die beiden Guides und die gesamte Verpflegung sowie Ausrüstung für drei Tage im Dschungel. Das Kanu besaß einen kleinen Außenbordmotor, und einer der Guides fuhr es geschickt über die Stromschnellen flussaufwärts. In nur drei Stunden sollten wir unser Basiscamp unterhalb des Wasserfalls erreicht haben, doch der Fluss hatte seine Tücken. Ausbleibende Regenfälle in den letzten Monaten hatten den Wasserstand gefährlich gesenkt, sodass unser Einbaum mehrmals hart auf den terrassenartigen Steinkanten im Flussbett aufsetzte. Das Boot drohte sich auf den Steinen zu drehen und in der starken Strömung zu kentern. An einer ruhigeren Stelle mussten wir aussteigen und in einem mühseligen Marsch einige kritische Stromschnellen umgehen, während die Guides weiterfuhren.

Trotz des nun leichteren Kanus hatten sie immer noch große Schwierigkeiten, weiter flussaufwärts zu kommen. Nach etwa vier Stunden lagen die Untiefen im Fluss endlich hinter uns, und wir konnten unsere Fahrt fortsetzen. Kurz vor Einbruch der Dunkelheit erreichten wir schließlich das Camp. Es blieb nur noch eine halbe Stunde Zeit, den beeindruckenden Wasserfall zu sehen, der unter tosendem Lärm aus 1.000 Meter Höhe im freien Fall vor uns in ein Naturbecken klatschte. Die Wolke aus Gischt, die uns komplett umhüllte, war wie der Sprühnebel in einer Autowaschstraße. Im Nu waren wir alle pitschnass.

Die Geschichte, die dem Wasserfall den Beinamen Angel Falls eingebracht hat, imponierte mir besonders. Ein amerikanischer Pilot namens Robert Angel war mit seiner Familie 1950 über die venezolanischen Wälder geflogen, als sein kleines Flugzeug technische Probleme bekam. Der dichtbewachsene Dschungel bot ihm keine Möglichkeit irgendwo notzulanden, doch in dieser aussichtslosen Lage fand Angel ein Hochplateau, das weniger Baumbestand aufwies, dafür aber jede Menge Wasserbassins. Wie durch ein Wunder gelang es ihm, das Flugzeug auf diesem Plateau zu landen, ohne dass seine Frau und seine zwei Töchter Schaden nahmen. Als sie aus dem Flugzeug stießen, stellten sie fest, dass sie sich oberhalb eines hohen Wasserfalls befanden. Es war eine fast aussichtslose Situation, in der sich der Pilot mit seiner Frau und seinen beiden kleinen Töchtern befand. Doch Robert Angel gab nicht auf! Nur mit einem Kompass bestückt kostete es ihn sechs lange Wochen, seine Familie aus dem Urwald heraus zurück in die Zivilisation zu führen. Sie überlebten die Tortur, weil sie sich über diesen langen Zeitraum von Pflanzen, Früchten und kleinen Tieren aus dem Urwald ernährten. Als sie endlich das Dorf Canaima erreichten, erregten die vier Weißen, die aus dem Urwald kamen, bei den Indigenas viel Aufsehen. Niemand konnte so recht glauben, was geschehen war. Erst als man das Flugzeug fand, wurde klar, welchen Überlebenswillen die Familie gehabt hatte. Das Flugzeug wurde in einer aufwendigen Aktion geborgen und dient nun als Exponat in einem Museum. Der Wasserfall bekam den Familiennamen des Piloten, und Robert Angels Asche wurde nach seinem Tod auf seinen Wunsch hin von dem Wasserfall hinabgestreut. Er wollte dort »fallen«, wo seine Familie damals so Schicksalhaftes erlebt hatte.

DIE BERGE VON MERIDA

ZURÜCK VOM SALTO ÁNGEL nahm ich den Bus, um eine andere Seite Venezuelas kennenzulernen. Außer den langen paradiesischen Stränden und den Amazonaswäldern gibt es in der Gegend um Merida ein Hochgebirge, das zu toughen Wanderungen einlädt. Der Teleférico von Merida ist mit 4.765 Metern über dem Meeresspiegel und über zwölf Kilometern Länge die größte Gondelbahn der Welt. Die Fahrt hinauf zum Gipfel dauert fast vierzig Minuten und bietet dem Besucher eine wahrhaft atemberaubende Aussicht auf die Bergwelt Venezuelas. Atemberaubend auch deshalb, weil die meisten Insassen in den Gondeln beim Überschreiten der Baumgrenze Atemprobleme bekommen.

Einmal oben angekommen ist man irritiert, dass es in einem Land wie Venezuela so kalt sein kann! Ich schloss mich einer Gruppe von jungen Engländern an, und zusammen kraxelten wir auf Eselpfaden, die an traumhaften Bergseen entlangführten, zu einem Bergdorf. Unterwegs machten wir immer wieder Pausen, um wegen der dünnen Luft genügend Sauerstoff aufnehmen zu können.

Im Dorf bot sich die absolute Idylle. Esel grasten freilaufend zwischen den Berghütten, und man hatte das Gefühl, hier sei noch nicht einmal die Uhrzeit eingeführt worden. In der einzigen Posada mit dem passenden Namen Bela Vista – schöne Aussicht – übernachteten wir, müde von der Kletterei an diesem Tag. Am nächsten Morgen erkundeten wir das Dorf, was allerdings in zehn Minuten erledigt war, bevor es mit Jeeps im Konvoi zurück ins Tal nach Merida ging.

Wer die Fahrt mit der Gondel zum Gipfel bis dahin als aufregend empfunden hatte, für den war die Rückfahrt mit den Jeeps ins Tal der reinste Adrenalinthriller. Auf den engen Sitzbänken im Heck saßen insgesamt acht Touristen wie die Hühner auf der Stange. Der kurvenreiche Bergpfad war teilweise durch Erdrutsche nur noch so breit wie die Spurbreite des Jeeps. Das wäre ja an sich kein Problem, wenn da nicht schmale Grate passiert werden mussten, von denen es einhundert bis zweihundert Meter tief in den Abgrund ging. Einige Touristen hielten sich fast während der gesamten Fahrt die Augen zu und krallten sich verkrampft an der Sitzbank fest. Wenn wir hier abstürzten, würde von uns und unserem Jeep nicht viel übrigbleiben. Zu allem Überfluss erwähnte unser Fahrer an einer markanten Stelle, an der ein Teil des Berghangs abgegangen war, völlig ungestüm, das zwei Monate zuvor sein Cousin und vier Insassen aus dem Dorf genau an dieser Stelle mit dem Jeep in den Tod gestürzt waren. Von da an sprach in den verbleibenden eineinhalb Stunden Fahrt bis ins Tal niemand mehr, und im Wagen ähnelten die angespannten Gesichter denen von japanischen Soldaten vor einem Kamikaze-Einsatz. Erst mit Erreichen asphaltierter Straßen in Merida wurde wieder über die »traumhaft schöne Bergwelt« geschwatzt.

DIE SERENGETI SÜDAMERIKAS

EIGENTLICH WAR ICH DER MEINUNG, dass ich innerhalb eines Landes alles an extremen geografischen Veränderungen bereits gesehen hatte, aber Venezuela hatte noch mehr zu bieten als karibische Strände, Urwälder und hochalpine Landschaften. Von der Posada in Merida aus wurden Safari-Touren in die Pantanal-Region Llanos angeboten. Die fünf Teilnehmer, die notwendig waren, um als Gruppe diese Tour starten zu können, waren in der mit Backpackern überfüllten Posada schnell gefunden: ein spanisches und englisches Pärchen sowie ich. Unser Guide Juan, ein Exilspanier, der zehn Jahre zuvor als Urlauber in Venezuela hängen geblieben war, holte uns mit einem großen Ford-Van ab. In Venezuela sind große amerikanische Autos mit hubraumlastigen, spritschluckenden Achtzylinder-Motoren eher die Regel denn die Ausnahme. Kraftstoff ist wohl mit eines der billigsten Güter in diesem Land, da die venezolanischen Ölreserven zu den größten weltweit gehören – die Wirtschaftskrise schien noch weit weg.

Juan nahm seinen Job als Guide und Touristenunterhalter sehr ernst und plauderte in einer Tour über sein Leben, seine Eltern in Spanien, seine Frau und Kinder hier in Venezuela, seinen Van der Marke Ford, auf den er stolzer zu sein schien als auf Frau und Kinder, über die Politik von Präsident Hugo Chávez, die Korruption, die Schwierigkeiten als Ausländer in diesem Land ... Kurzum: Juan war wie eine Hörspiel-CD im Endlosmodus. Er stellte Fragen, die er im gleichen Atemzug selbst beantwortete. Er machte Witze, über die keiner lachen konnte außer er selbst. Aber das Schlimmste der sechsstündigen Fahrt war, dass der gesamte Redeschwall dummerweise einem Beifahrer galt, nämlich mir. Die anderen vier Touristen hatten sich auf die hinteren Sitzbänke verkrümelt, sodass mir als fünftes Rad *im* Wagen nur der Beifahrersitz blieb. Nur zu selten schaute Juan in den Rückspiegel, um die restlichen Insassen des Vans in seinen beharrlichen Monolog einzubeziehen. Und als ich nach mehr als einer Stunde lächelndem, verständnisvollem Nicken den Versuch startete, genau wie die anderen Insassen ein Nickerchen vorzutäuschen, um dem Redefluss Juans ein Ende zu setzen, stupste er mich gleich mehrfach an meine linke Schulter, damit ich ja nicht einschlief. Nach drei Stunden permanenter Berieselung von schlechten Witzen und allem möglichen Palaver, welches ich irgendwann nur noch mit einem gleichgültigem »Aha!« beantwortete, schweiften meine Gedanken zu der Frage, ob Juan wirklich als Tourist in Venezuela hängengeblieben, oder ihm vielleicht von der spanischen Regierung seine Staatsbürgerschaft aberkannt und er des Landes verwiesen worden war.

Nach vier Stunden Fahrt rumpelte es unter dem Van, und Juan unterbrach zum ersten Mal seinen Redeschwall. Der Ford machte eine schlingernde Bewegung, und die gerade erst eingetretene angenehme Stille im Fahrzeug wurde durch heftige Flüche und Lenkbewegungen Juans sofort wieder unterbrochen. Meine vier schlafenden »Schauspieler« auf den hinteren Plätzen rissen sogleich die Augen auf. Hellwach krallten sie sich an den Kopfstützen der Vordersitze fest. Juan, der in der allerbesten spanischen Manier lauthals über Gott und die Welt und im Besonderen über seinen kaputten Reifen fluchte, brachte den schlingernden Wagen zum Stehen. Wer jemals einen Spanier hat fluchen hören, wird mir recht geben, dass die Wortfülle der spanischen Sprache dank der vielfältigen Flüche Weltrekordniveau hat und kaum an Anschaulichkeit zu überbieten ist.

Der linke Hinterreifen des Vans hatte sich verabschiedet, und nur mit Mühe hatte Juan das lange Schlachtschiff beim Abbremsen unter Kontrolle bekommen. Wer nun meint, das nach so einer brenzligen Situation der Adrenalinspiegel Juans gesunken und er vielleicht erleichtert über den guten Ausgang der Schleuderfahrt war, der verkennt den wahren Charakter eines Rasse-Spaniers. Wie ein aufgebrachter Yorkshire-Terrier trat Juan gegen den zerstörten Hinterreifen, als ob die Fußtritte den Reifen wieder hätten aufpumpen können; doch der Zustand des Reifens war so desolat, dass man ihn nicht einmal mehr als Anlegepuffer für Schiffe in einem Hafen hätte verwenden können.

Die Profiltiefe war gleich null! Ich warf einen Blick auf die anderen drei Reifen des Vans und war froh, dass wir schon am Straßenrand standen …

Juan zerrte, immer noch schimpfend wie ein Rohrspatz, den Reservereifen vom Dach und machte sich daran, das Rad zu wechseln. Der Zustand des Reserverads war noch beunruhigender als der des kaputten Reifens, aber das war kaum verwunderlich, sonst hätte Juan ihn ja bereits montiert gehabt. Nach dem Reifenwechsel wurden auch meine bis dahin so gleichgültigen Mitreisenden gesprächig. Zu fünft machten wir uns daran, Juan zu überreden, an der nächsten Tankstelle vier neue Reifen zu kaufen. Er dagegen haderte verdrossen damit, den Verdienst dieser Tour in den Kauf von Reifen zu investieren. Alle im Van, außer Juan natürlich, waren sich bewusst, dass die neuen Reifen unsere Überlebenschancen erheblich erhöhen konnten. Irgendwann lenkte Juan dann doch endlich ein, nachdem wir ihn glücklicherweise mit der günstigeren Option von generalüberholten Reifen überzeugen konnten. Keiner von uns war über die Unterbrechung von weiteren zwei Stunden wirklich sauer.

Nach diesem Zwischenfall begann der Wettlauf gegen die Uhr. Juan gab Vollgas, um die verlorene Zeit wieder einzuholen, aber zwei Stunden lassen sich auch bei der größten Raserei unter besten Bedingungen nicht aufholen. Und die Bedingungen waren gar nicht gut. Je näher wir zu unserem Camp in der Pantanal-Region kamen, umso schlammiger wurden die Straßen. Letztlich erreichten wir unser Camp dann erst spät in der Nacht, und unsere einheimischen Gastgeber hatten sich schon Sorgen gemacht. Es gab kein Telefon, und somit blieb ihnen nichts anderes übrig, als zu warten. Nach einem hastigen Abendessen krabbelten alle Teilnehmer todmüde in die Hängematten, die unter Moskitonetzen aufgehängt waren. Hier in den Llanos sind Stechmücken so häufig, dass man eigentlich ein Netz vor den Mund spannen müsste.

Die beiden lokalen Guides zeigten uns an den folgenden drei Tagen die gesamte Tierwelt der Serengeti Venezuelas. Zuerst ging es per Pferd zu einem Ausritt über das eigene Territorium, anschließend mit Juans Van zu weiter gelegenen Flüssen und Steppen. Junior und Richard, die beiden Guides, saßen dabei immer oben auf dem Dach des Vans, um einen besseren Ausblick zu haben und Tiere schneller erkennen zu können.

An den Ufern von Flüssen, kleinen Seen oder Wasserlöchern lagen unzählige Krokodile mit aufgeklapptem Maul, scheinbar leblos und starr. Kaum aber bewegte sich etwas, spurteten sie blitzschnell ins Wasser und schwammen mit kräftigen Schwanzschlägen in Richtung der vermeintlichen Beute. Junior warf einen vertrockneten Ast ins Wasser, und wir konnten die blitzartige Reaktion des Räubers mit eigenen Augen bestaunen. An anderer Stelle sahen wir Wasserbüffel, die ich in so großen Herden nur aus dem Fernsehen kannte. Sie suhlten sich in den verschlammten Wasserlöchern, um sich mit einer Schlammschicht vor Sonne und Ungeziefer zu schützen. Angeblich bleiben Wasserbüffel dadurch von Zecken verschont, was bei Rindern nur durch chemische Behandlungen in Form von Besprühen oder Bädern erreicht wird. Die großen Tiere brauchen in so hoher Zahl im Wasser keine Krokodile fürchten.

Auf der Rückfahrt zum Camp sprangen Junior und Richard plötzlich fast zeitgleich vom Dach des Vans und riefen uns zu, ihnen zum Wasser zu folgen. Es war eine flache, mit vielen Flüssen und Bächen durchzogenen Ebene. Das Wasser spritzte nur so unter ihren Schritten. Mit einem beherzten Sprung war Richard bis zur Hüfte im Wasser und hielt mit festem Griff irgendetwas fest, und Junior tat es ihm gleich. Als wir hinzueilten, rief Richard, dass er eine junge Anakonda gefunden hätte. Wir konnten sie immer noch nicht sehen, obwohl wir unmittelbar davorstanden, so gut war die große Schlange in ihrem natürlichen Lebensraum getarnt. Erst als Richard und Junior mit vereinten Kräften die über zwei Meter lange Würgeschlange aus dem Wasser hoben, konnten wir das braungrüne Reptil bewundern. Richard erklärte uns, sie wäre noch sehr jung und deshalb noch so klein, aber für mich war sie jetzt schon riesig! Juan übernahm den Kopf und forderte mich, auf, den Schwanz zu halten. Die Schlange besaßt enorme Kräfte, und es benötigte zwei Männer, um sie gerade zu ziehen und ihre Länge abzumessen. Anakondas erwürgen ihre Beute, indem sie sich immer enger um das Opfer schlingen. Dabei kann die Schlange auch ihren eigenen Körper verwinden. Richard zeigte mir, was ich tun musste, damit die Schlange mich nicht in den Würgegriff bekam – was für eine Erfahrung! Auch wenn Würgeschlagen keine Giftzähne haben, können sie trotzdem zubeißen, was durch die vielen Bakterien im Maul der Schlange zu bösen Infektionen bis hin zur Blutvergiftung führen kann. Deshalb durfte ich auch nicht den Kopf der Schlange übernehmen, obwohl ich es gern getan hätte ...

Allein wegen diesem Erlebnis hatte sich der viertägige Ausflug gelohnt; da war ein bierdurstiger Ameisenbär, der abends im Camp auftauchte, nur noch füllendes Beiwerk im Vergleich zum restlichen Tag. Der Ameisenbär war mittlerweile durch seine häufigen Besuche im Camp zahm geworden und hatte Gefallen am Alkohol gefunden. Wahrscheinlich war er mittlerweile alkoholkrank, denn er war besonders verrückt auf Flaschenbier. Sseine dünne, klebrige Zunge – eigentlich zum Auflecken von Ameisen gedacht –, benutzte er, um aus dem Flaschenhals Bier zu nuckeln.

KOLUMBIEN, DIE FARC UND DAS MILITÄR

DIE WEITERREISE ZURÜCK ZUR PAZIFIKKÜSTE von Venezuela über Kolumbien nach Ecuador gestaltete sich wieder sehr kompliziert. Die kolumbianische Untergrundmiliz FARC war mindestens in den Köpfen sehr präsent, ständig hörte man als Reisender von angeblichen Entführungen und vermissten Touristen, die den Norden Südamerikas bereist hatten. Es gab immer nur Gerüchte, die sich in Hostels und anderen Orten – vor allem unter Backpackern – verbreiteten. Das Auswärtige Amt warnte seit 2002 ausdrücklich davor, Kolumbien zu bereisen.

Das kolumbianische Militär regelte die Durchreise von ausländischen Touristen auf dem Landweg wie folgt: Ausländische Fahrzeuge durften in Konvois zwischen 8 und 16 Uhr nur in Begleitung von leicht gepanzerten Fahrzeugen passieren. Man hatte zudem als Ausländer auf der Durchreise die Möglichkeit, in Militärbasen der Kolumbianer zu übernachten, wenn man nicht rechtzeitig geeignete Hotels gefunden hatte. Nachts zu reisen war zur eigenen Sicherheit verboten. Das Land war für mich gefühlt im Kriegszustand, und im Grunde war es das auch. Die FARC finanzierte mit Entführungen Waffen und Munition, um ihren Krieg weiterführen zu können. Es grassierten Geschichten von verschollenen Touristen, die unwissentlich beim Erkunden des Inlands in Kokainplantagen gestolpert waren, womit ihr Schicksal besiegelt war.

Ich beschloss, von Bogotá aus einen Flug nach Quito zu nehmen, um damit der ständigen Militärpräsenz zu entgehen und meine Reise wieder in ruhigere Bahnen zu bringen.

ECUADOR
UND DIE »VERPATZTE ZUKUNFT«

AUF MALLORCA HATTE ICH bis zu meiner Reise in einer festen Beziehung mit meiner ecuadorianischen Freundin Santa gelebt. Von ihr hatte ich viel über ihr Heimatland und die liebenswürdige Art der Ecuadorianer erfahren. Sie kam aus sehr ärmlichen Verhältnissen und wurde im Alter von siebzehn Jahren von einem spanischen Ärzteehepaar nach Spanien »eingeladen«, wo sie dann leider illegal als Haus- und Kindermädchen arbeiten musste; die versprochene Einbürgerung hielt man ihr vor. Nach zwei Jahren dieses modernen Sklavendaseins, in denen sie nur in Begleitung ihrer »Chefin« aus dem Haus durfte, schaffte sie es dann eines Tages, sich mit der Fähre nach Mallorca abzusetzen, wo sie Zuflucht bei Bekannten aus ihrem Heimatdorf fand.

Als wir uns kennenlernten, kehrte wieder etwas Ruhe in ihr sehr aufgewühltes Leben ein. Leider nur für zweieinhalb Jahre, denn Anfang 2005 entschied die spanische Ausländerbehörde, dass alle in Spanien illegal lebenden Menschen bei freiwilliger Selbstanzeige straffrei ausgingen, aber in ihre Heimatländer zurückgeschickt würden. Nach einem Ultimatum sollte danach in großangelegten Razzien nach illegalen Ausländern gesucht werden, auf die hohe Strafen warteten.

Santa entschied sich daher für die Selbstanzeige, und ich unterstützte sie dabei. Wir wollten lieber unsere Zukunft in Südamerika verbringen, als in Europa wie Halbkriminelle behandelt zu werden. Aus diesem Grunde hatten wir vorab über Monate immer wieder Geld nach Ecuador gesendet, mit dem Mitglieder ihrer Familie ein kleines Haus für uns bauen sollten.

Nun landete ich in Quito und wurde schon sehnsüchtig von ihr erwartet. Seit unserer Trennung knapp ein Jahr zuvor hatte es nur wenig Möglichkeiten gegeben, Kontakt zu halten. Nur ab und zu konnten wir per E-Mail kommunizieren. Sie hatte es trotzdem mit dem Bus von dem an der Küste gelegenen Heimatdorf bis nach Quito geschafft, um mich am Flughafen abzuholen.

Die Wiedersehensfreude war riesig, und wir erkundeten zuerst einmal Quito, eine sehr interessante Stadt mit viel Kultur und traditionell gekleideten Menschen. Auf den Märkten waren viele Frauen in ihren bunten Gewändern und den für Inka-Nachfahren typischen Männerhüten zu sehen. Alte Kolonialgebäude zierten mit prunkvollen Fassaden die Innenstadt. Der Regierungspalast mit der zeremoniellen Wachablösung der Leibgarde war ein sehenswertes Schauspiel, das viele Schaulustige auf den Platz vor dem Palast rief.

So vergingen zwei Tage, dann hatte sich mein Vater angekündigt, der mir vor einem Jahr bei meinem Abschied in Deutschland versprochen hatte, mich in Ecuador zu besuchen. Es war für ihn seine weiteste Reise in seinem Leben und entsprechend aufgeregt war er. Gemeinsam mit Santa wollten wir mit einem Leihwagen Ecuador erkunden. Ich mietete einen Jeep, der für europäische Verhältnisse eher als Schrottkarre durchgegangen wäre, aber hier als absolut fahrtüchtig galt. So kam es dann auch, dass wir in den Hochanden einen Reifenplatzer hatten. Im Kofferraum suchte ich nach dem Bordwerkzeug und einem Wagenheber für das Reserverad, doch Fehlanzeige! Erst Stunden später passierte uns ein Bus, der uns Hilfe und Werkzeug anbot.

Die Reise entwickelte sich für meinen Vater zum reinsten Abenteuer, während es für Santa ihr ganz normales Leben darstellte und für mich schon ein Stück weit Routine war; es ging durch Bäche und Flüsse, über wackelige Hängebrücken und hoch über tiefe Schluchten entlang der schmalen und unbefestigten Pfade der Anden. Mehr als einmal zog er es vor, vor dem Überfahren einer desolaten Holzbrücke auszusteigen und zu Fuß vorwegzugehen. Santa genoss die Reise durch ihr eigenes Land; sie kannte bis dahin nur wenige Teile der Küstenregion Ecuadors. Die wirtschaftlichen Verhältnisse ließen für die meisten Menschen Mittel- und Südamerikas den Luxus von Reisen gar nicht zu. Sie hatte zuvor nur einmal die Hauptstadt Quito besucht, als das spanische Ärzteehepaar sie mit nach Europa nahm.

Nach drei Wochen hatten wir unseren Rundtrip beendet und dabei die Anden sowie tropische Regenwälder und die Pazifikküste von Süden nach Norden zurück nach Quito bereist. Wir hatten am Äquator mit einem Bein auf der nördlichen und mit dem anderen Bein auf der südlichen Halbkugel gestanden.

Mein Vater flog nach Mallorca zurück, wo er seit meinem Reisebeginn lebte und sich um meine Finca kümmerte. Santa und ich machten uns per Bus auf zurück in ihr Heimatdorf Guyaquil. Ich war sehr gespannt darauf, nun das künftige Heim zu sehen, in dem wir zusammenleben wollten, wenn ich meine Reise in Feuerland beendet hatte. Bei der Ankunft in dem Viertel, in dem unser Haus stehen sollte, sah ich wieder diese extreme Armut, die ich zuvor schon viele Male in den Armenvierteln Mittel- und Südamerikas gesehen hatte. Rechts und links säumten sich einfache Blechhütten, verbeult und teilweise mit Planen an den Dächern notdürftig geflickt.

Als wir am frühen Abend dann die letzten Kilometer zu Fuß nach »Hause« liefen, wurde es schon dunkel, denn am Äquator geht die Sonne zwischen 17 und 18 Uhr unter. Doch das Haus konnte ich noch gut erkennen: Es befand sich im Rohbau. Ich war sprachlos. Es gab keine Fenster und auch keine Haustür. Im Inneren erwartete mich einfacher Waschbeton, der den Fußboden darstellte. Die Wände waren weder innen noch außen verputzt, und die Mauern hatten gerade einmal zehn Zentimeter Wandstärke. In die grauen Blöcke hätte man mit einem Finger ein Loch hineindrücken können, so schlecht war die Qualität. Zwischen den einzelnen Zimmern hingen Tücher vor den Durchgängen, und als ich das Badezimmer hinten im Garten betrat, traute ich meinen Augen nicht: Die Toilettenschüssel stand lose über dem Abwasserrohr und war nicht einmal verschraubt. Es gab in der Dusche keinen Wasserhahn, geschweige denn einen Duschschlauch oder Ähnliches. Stattdessen stand auf dem ungefliesten Boden ein einfacher Eimer, der mit Wasser gefüllt war und mittlerweile Schimmel angesetzt hatte. Ein Waschbecken gab es nicht! Als ich zurück in den Wohnraum kam, hatte die Stimmung meiner Freundin und ihrer Mutter, die ich erst fünf Minuten zuvor kennengelernt hatte, umgeschlagen. Unter Tränen verschwand Santa hinter einem der Abtrennvorhänge. Ihre Mutter warf sich mir an den Hals und klagte, wie schwer sie es doch hätte. Sie bräuchte unbedingt eine dieser neumodischen Waschmaschinen. Nachdem ich mich von ihr lösen konnte und meiner Freundin ins Zimmer gefolgt war, kam die gesamte Wahrheit ans Licht. Santa erklärte mir schluchzend, dass das Geld, das ich damals für den Bau eines Hauses an ihre Brüder überwiesen hatte, nur zu einem Bruchteil in den Bau dieser Baracke geflossen war. Aber die Brüder – es waren drei – hatten mittlerweile einen Fernseher und eine Hi-Fi-Anlage in ihren Hütten stehen. Selbst der jüngste Bruder, der noch bei Mutter und Schwester und somit jetzt auch bei mir wohnte, hatte von dem Baugeld einen Ghettoblaster und ein Fahrrad bekommen. Die beiden älteren Brüder hatten auf großem Fuß gelebt, abends in der Dorfbar mit vielen Freunden gefeiert und sich äußerst spendabel gezeigt.

An diesem Abend war es zu spät für drastische Maßnahmen, und ich legte mich auf das Bettgestell mit der alten Matratze, die schon lange hätte entsorgt werden müssen. An Schlaf war nicht zu denken. Ich hätte mir vor Wut in den Hintern beißen können. Über Jahre habe ich über Touristen geschmunzelt, die sich – wo auch immer – an der Nase herumführen ließen und dabei viel Geld verloren hatten. Nun war es mir selbst widerfahren. Durch die rosarote Brille der Romantik geblendet, war ich zu einem Sparschweinchen geworden, das man geschlachtet hatte.

Am nächsten Morgen traf ich einen Entschluss. Ich fuhr in die nächstgrößere Stadt, kaufte eine Matratze, eine Haustür und ein Waschbecken sowie ein paar Kartons Fliesen; dazu Zement, Kunststoffrohre, Wasserhähne, ein blaues Wasserfass mit zweihundert Litern Fassungsvermögen, bezahlte einen Transporteur und fuhr mit ihm und all den Materialien plus ein paar Werkzeugen zurück in die Armensiedlung. Ohne groß auf das fortwährende Gejammer der Mutter zu hören, machte ich mich daran, erst die Haustür einzubauen, dann Waschbecken und Toilettenschüssel an Wand und Boden fest zu verschrauben. Danach verlegte ich, so gut es ging, die Fliesen an den Wänden und am Boden im Badezimmer. Zum Schluss montierte ich die große blaue Kunststofftonne auf dem einfachen Wellblechdach und installierte einen Gartenschlauch zum Befüllen des Fasses; dazu einen weiteren mit Ausgang zum Duschkopf im Duschbereich des Bades. Es war Kaltwasser, was sich aber bei permanenten Temperaturen um die 35 °C eher angenehm anfühlte.

Santa sprach in den drei Tagen, die diese Arbeiten in Anspruch nahmen, sehr viel über schlechtes Gewissen und Vertrauen, über Liebe und Zukunft. Ich dagegen sprach kaum. Nachts schlief ich neben ihr auf der neuen Matratze, aber wir berührten uns nicht. In mir war etwas kaputtgegangen. Am vierten Morgen nahm ich meinen gepackten Rucksack, verließ das Haus und das Dorf und nahm den erstbesten Bus in Richtung Süden. Ich habe nie wieder Kontakt zu meiner damaligen Liebe aufgenommen.

EINE NEUE ART ZU REISEN

MEINE LETZTE STATION IN ECUADOR war ein kleines Dorf, das viele Reisende anlockte: Vilcabamba ist ein Ort, der angeblich die im Durchschnitt ältesten Bewohner der Welt beherbergte. Grund dafür soll das dortige Quellwasser aus den Bergen sein, das von den Menschen dort als heilendes Wasser getrunken wird. Viele Kranke reisen dorthin, um darin zu baden und Linderung ihrer Leiden zu erlangen. Vilcabamba ist sozusagen der Jungbrunnen Ecuadors. Natürlich wird dieses Dorf auch in einschlägigen Reiseführern als »magischer Ort« angeführt. Es kommen daher viele Backpacker aus aller Welt, und vor Ort gibt es ein Hostel, dass ebenfalls als heißer Tipp von besagten Reiseführern angeführt wird. Zu meiner Überraschung wurde es von zwei deutschen Brüdern geleitet, die es vor vielen Jahren selbst als Rucksacktouristen hierhin verschlagen hatte, bevor sie sich in einheimische Frauen verguckten und geblieben sind. Das Hostel war Anlaufpunkt vieler Nationalitäten und die Stimmung fantastisch! Freundschaften wurden schnell geschlossen, da man sich auch die Zimmer mit anderen Reisenden teilte. Das Angebot an Ausflügen war groß, und Bewohner boten sich als Guides zu Wanderungen und Pferdetrails an.

Zusammen mit zehn weiteren Gästen buchte ich einen dreistündigen Ausritt zu Pferd durch die umliegende Andenregion ... und war begeistert von der Art, wie man hoch zu Ross die Natur erleben konnte, noch intensiver als auf dem Fahrrad. Ich hatte zuvor in meinem Leben zweimal auf dem Rücken eines Pferdes gesessen, und zwar als Kind auf einem Pony, das mein Großvater damals an einem Strick geführt hatte. Jetzt so ein großes Tier selbst zu »lenken«, und das noch auf schmalsten Andenpfaden, war für mich Abenteuer pur! Deshalb buchte ich gleich am nächsten Tag einen weiteren Ausritt, diesmal aber einen ganztägigen von über sechs Stunden. Mit von der Partie waren drei weitere Touristen, denen der vorangegangene Ausritt genauso gut gefallen hatte wie mir. Zu unserer aller Verwunderung hatte niemand von uns am Ende des zweiten Tages Probleme mit dem Allerwertesten, obwohl uns Gringos das vorausgesagt wurde.

Brian und Maggie kamen aus England und Jack aus Holland. Brian war Barkeeper in der Londoner Nachtclubszene und hatte seine gute Freundin Maggie spontan auf die Südamerikareise begleitet. Er war zuvor nie aus London herausgekommen und war von der Natur überwältigt, die ihn hier umgab. Maggie brachte ein wenig Erfahrung mit Pferden mit, da sie als junges Mädchen bei einer Freundin mit in einen Reitstall durfte. Jack war freischaffender Fotograf und spezialisiert auf Vogelmotive, die er meist an die Zeitschrift *National Geographic* verkaufte oder im Internet anbot. Er war hier, um eine spezielle Kolibriart mit einem langen, zweiteiligen Schwanz, an dessen Ende zwei paddelartige Federn hingen, zu fotografieren. Sie leben nur in den Hochanden Ecuadors sowie Perus und nennen sich Flaggensylphe. Jack besaß von uns die meiste Erfahrung mit Pferden, da er als junger Mann sogar Reitunterricht bekommen hatte.

Nun saßen wir nach unserem zweiten Ausritt zusammen im Garten des Hostels und schmiedeten wilde Pläne für unsere Weiterreise; wir machten uns quasi gegenseitig »heiß«. Bei Bier und Wein wurden die Entscheidungen immer kühner, und so endete unser abendliches Gelage mit der Abmachung, gemeinsam die Anden gen Süden auf dem Pferderücken zu bewältigen. Dafür brauchten wir natürlich erst einmal diese Tiere, mit denen wir unsere Weiterreise angehen wollten, also beschlossen wir, für jeden von uns zwei Pferde zu kaufen.

Am nächsten Morgen fragten wir unseren einheimischen Pferdeguide, ob es die Möglichkeit gebe, acht Pferde zu kaufen. Für uns Laien war es wie der Kauf von Fahrrädern oder Mopeds. Der Guide riet uns, zuerst die Grenze zu Peru zu überqueren, um dort die Tiere zu kaufen; so könnten wir eventuelle Probleme an der Grenze umgehen. Auch seien Pferde in Peru günstiger als in Ecuador. Er könne keines seiner Pferde verkaufen, da er sonst keine Einnahmequelle mehr hätte. Also machten wir uns am folgenden Tag auf, um mit einem der klapprigen Andenbusse zur nächstgelegenen Grenze zu Peru zu gelangen.

PERU, CHILE & ARGENTINIEN
PERU UND DER INKATRAIL

An dem kleinen einsamen Grenzübergang, der nur aus einem Schlagbaum bestand, provozierte unser Erscheinen große Geschäftstüchtigkeit bei den beiden peruanischen Grenzposten. Nachdem alle Einheimischen, seien es Ecuadorianer oder Peruaner – man konnte weder anhand der Bekleidung noch an der Sprache einen ethnischen Unterschied feststellen – passiert hatten, ohne irgendwelche Dokumente vorzeigen zu müssen, wurde es dann langwierig und kompliziert.

Zuerst einmal mussten wir uns nach Verlassen des Busses ganz hinten anstellen. Dann, nachdem alle anderen Passanten unbürokratisch einfach in einen neuen Bus auf peruanischer Seite eingestiegen waren, inspizierten die Zöllner sorgfältig unsere Dokumente. Keiner von ihnen konnte Englisch, und deshalb verstand auch keiner von ihnen etwas von dem, was in unseren Reisepässen stand. Aber dafür musterten sie sehr kritisch die Passfotos und verglichen sie mit unseren Gesichtern. Ich machte mir ernsthafte Sorgen, denn auf der Reise war mir ein langer Bart gewachsen. Immer wieder drehte der eine der beiden Beamten die Pässe in der Hand, während der andere nun anfing, unsere Rucksäcke zu durchstöbern. Der Busfahrer auf peruanischer Seite wurde langsam ungeduldig, und ich versuchte, den Grenzbeamten unsere Reiseabsichten zu erklären … Ich stieß trotz perfektem Spanisch auf (scheinbares) Unverständnis. Schließlich startete der Bus den Motor und fuhr los!

Dann fielen mir wieder die Grenzübergänge in Honduras ein: Es ging um *coima*, um *propina* und um *ayudita*, also Schmiergeld, Trinkgeld oder eine kleine »Hilfe«. Jack war der Erste, der sein Portemonnaie zückte, und Brian tat es ihm nur Sekunden später gleich. Mich wurmte die Situation, aber hier waren nun nur noch wir vier Gringos und die beiden Grenzbeamten am Grenzübergang. Keine wartenden Menschen, kein Schlangestehen mehr. Mir war auch nicht klar, wie wir von hier nun ohne Bus weiterkämen. Also bezahlten wir unseren Obolus im Wert von umgerechnet fünf US-Dollar und machten die beiden Zöllner um ein oder zwei Tagesgehälter reicher. Nach dieser Transaktion wurde der Inhalt unserer Rucksäcke plötzlich völlig uninteressant, und unsere Pässe erhielten die Einreisestempel, ohne Datum!

Es dauerte noch weitere sechs Stunden, bis der nächste Kleinbus auf peruanischer Seite den Grenzübergang anfuhr. Er brachte uns in die nächste Stadt, wo wir uns völlig geschafft in ein Hotel einquartierten. Während der Zeit des Wartens plauderten die beiden Zöllner nun völlig unbefangen über alles Mögliche mit uns, und eigenartigerweise verstanden sie auch mein Spanisch ohne die geringsten Probleme.

Am nächsten Morgen zog es uns recht früh aus den Betten, denn wir hatten von einem Bergdorf weiter südlich in den Anden gehört, in dem einmal im Monat ein großer Viehmarkt für die gesamte Region veranstaltet wird. Die Information hatten wir vom Hotelportier, dessen Cousin außerhalb des Dorfes lebte. Also ging es wieder rein in einen dieser Kleinbusse, die mit Fahrgästen und Gepäck völlig überladen waren. Natürlich passten unsere Rucksäcke nur noch zu den Hühnern aufs Dach.

Nach zwei Stunden und mit einem Durchschnittstempo von zwanzig Stundenkilometern erreichten wir Ignacio und Theresa auf ihrer kleinen »Chacra«, also ihrem kleinen Bauernhof. Ein Raum zum Wohnen und Schlafen, eine Küche mit offenem Feuer und ein Paar Meerschweinchen unter der gemauerten Waschstelle sowie ein Plumpsklo ein paar Meter vom Haus entfernt – all das bildete das Heim der jungen Familie mit ihrer kleinen Tochter.

Ignacio war Ingenieur beim Nestlé-Konzern! Ich hätte mir nie vorstellen können, dass eine solche Firma ausgerechnet in Peru, in den

Hochanden, weitab von allem, eine Pasteurisierungsanlage baut und den Bauern die bescheidene Milchproduktion abkauft und weiterverarbeitet. Jedenfalls zahlten sie allem Anschein nach den einheimischen Ingenieuren nicht gerade ein befriedigendes Gehalt, denn das Zuhause unserer Gastgeber ließ viele Wünsche offen. Bis zum Viehmarkt dauerte es noch zehn Tage, die wir dazu nutzten, uns nützlich zu machen. Zusammen mit Ignacio nahmen wir einige Veränderungen in Bezug auf fließendes Wasser vor, das wir in die Toilette und den Waschraum verlegten. Das Wasser kam direkt aus dem Berg, da das Grundstück am Hang lag. Es war kalt, aber sehr klar und rein. Unsere Zelte standen um ein Lagerfeuer herum, und die Stimmung war für uns und auch für unsere Gastgeber sehr erfrischend. Theresa bekochte uns mit den in dieser Region typischen Nahrungsmitteln, ihre kleine Tochter trug sie dabei immer mit einem Tuch auf ihren Rücken gewickelt. So ernährten wir uns jeden Tag von Mais, und zwar in Formen, von denen ich nie gedacht hätte, dass man Mais so zubereiten kann: gekocht, geröstet, als Brei oder Püree, als Keks, als Fladen und sogar als Saft! Dazu gab es Fleisch, allerdings von den Meerschweinchen. Es war sehr fettig, mit viel zu vielen kleinen Knochen, und es kostete mich Überwindung, diese Tiere zu essen, ich wollte unsere Gastgeber jedoch nicht vor den Kopf stoßen. In Peru gilt Meerschweinchen als Delikatesse, die nur zu besonderen Anlässen verzehrt wird.

Ingnacios und Theresas Hütte war klein, aber ihre Gastfreundschaft umso größer. Vier Tage vor dem Viehmarkt machten wir einen Ausflug nach Kuelap, der erst vor einigen Jahrzehnten ausgegrabenen Stadt des Volkes der Chachapoyas. Nachweislich ist ihre Kultur älter als die des Inkavolkes, aber die Inka haben in der Folge das Volk der Chachapoyas unterworfen und versklavt.

Endlich kam der Tag des Viehmarkts. Wir brachen schon sehr früh morgens zu Fuß auf, um die acht Kilometer bis zum Dorfplatz zurückzulegen. Alle von uns waren gespannt auf die Tiere, die dort angeboten wurden. Es hatte sich in der Region herumgesprochen, dass bei Ignacio und Theresa einige Gringos seien, die Reittiere kaufen wollten. Dementsprechend tummelten sich viele Einheimische an diesem Tag auf dem Dorfplatz, um die einmalige Gelegenheit für einen Handel mit den »kauffreudigen Gringos« nicht zu versäumen. Ignacio wurde dabei wie ein Bürgermeister behandelt. Jeder wollte ihn begrüßen, damit er uns wiederum vorstellen konnte. Es herrschte hektisches Treiben, und Ochsen, Esel, Schafe, Pferde sowie alle Arten von Geflügel wechselten nach eifrigem Feilschen die Besitzer. Irgendwie hatte ich den Eindruck, dass sich dieses geschäftige Treiben immer nur in unserer Nähe abspielte. So gab es bei jedem Pferd, für das wir uns interessierten, schnell ein oder zwei Mitbietende, die zur Stelle waren. Es war leicht zu durchschauen: Sie wollten den Kaufpreis der Tiere in die Höhe treiben. Dennoch empfand ich den Preis von hundertfünfzig bis zweihundert US-Dollar pro Pferd als akzeptabel, und so zogen wir am Ende des Tages mit acht Pferden zurück zu Ignacios und Theresas Hütte. Schon auf dem Heimweg stellte sich heraus, dass wir bei der Wahl unserer Pferde eher auf das Aussehen geachtet hatten, statt unseren Verstand einzusetzen. Wir waren absolute Greenhorns, und niemand hatte uns darauf hingewiesen, dass unter den gekauften Pferden neben den sechs Wallachen auch eine Stute und ein Hengst waren. Also mussten wir die Stute ganz vorn in unserer Karawane laufen lassen, dazwischen kamen die Wallache und den Schluss bildete der Hengst, damit dieser nicht wild nach den anderen Pferden biss oder austrat.

Diese Formation behielten wir dann auch über die gesamte Strecke durch die Anden bei, wobei der Hengst nachts von den anderen Tieren getrennt werden musste. Ein mühsames Unterfangen, beruhend auf Unerfahrenheit, oder besser gesagt auf Dummheit.

Der nächste Tag begann mit kraftraubender Arbeit. Naldo, ein Onkel Ignacios, war sehr früh auf seinem Pferd zu uns geritten und hatte wie geplant Hufeisen und Hufnägel für unsere Pferde mitgebracht. Keines der Tiere war bis dahin beschlagen worden, dementsprechend unwillig ließen sie diese Arbeit über sich ergehen. Normalerweise gehört es zu einer guten Ausbildung dazu, Pferde an das Beschlagen zu gewöhnen, aber hier schien keiner der Bergbauern jemals in Hufeisen investiert zu haben. Es war ein wahrer Kampf. Wir mussten die Pferde auf dem Boden liegend festhalten, damit Naldo die Hufeisen annageln konnte.

Unsere Sattel hatten wir schon eine Woche zuvor bei einem Sattler gekauft, und nun wurden die Tiere das erste Mal Probe geritten. Jeder von uns hatte sich »sein« Wunschpferd ausgesucht. Es begann damit, dass Jack als erfahrenster Reiter der Gruppe mitsamt seinem Pferd auf der Motorhaube eines vorbeifahrenden Autos landete. Der Gaul hatte wohl noch nie ein fahrendes Auto gesehen, doch statt davor zu flüchten, setzte er sich kurzerhand darauf. Gut, dachte ich, dann wird die Reise eben um den Preis einer neuen Motorhaube teurer. Naldo kam nach dieser Demonstration unserer reiterischen Fähigkeiten ein wenig ins Grübeln und bot sich spontan an, uns einige Tage zu begleiten, um uns in alles Mögliche rund um den Umgang mit Pferden einzuweisen …

Zwei Tage später war es dann so weit, die Truppe von fünf Reitern und neun Pferden sollten gesattelt und bepackt werden. Aber wie das genau gehen sollte, darüber hatte sich bis dahin niemand von uns Gedanken gemacht. Auch hier war Naldo der Einzige, der das nötige Wissen mitbrachte. Ein Motorrad oder ein Fahrrad hatte ich schon viele Male bepackt, aber einem lebenden Tier eine Ladung auf den Rücken zu binden, das war etwas anderes. Man musste das Gewicht genau austarieren. Es dauerte viele Stunden, um die vier Packpferde erstmalig zu beladen. Einige der Tiere hatten noch nie oder erst wenige Male etwas geschleppt, und jedes Klappern eines Blechtopfs unserer Ausrüstung oder jedes Rascheln der großen Plastikbeutel, die wir zum Verstauen unseres Gepäcks nutzten, ließ die Pferde aufschrecken. So dauerte es auch keinen halben Tag, als zwei Packpferde auf den schmalen Andenwegen mit der ausladenden Ausrüstung auf dem Rücken aneinandergerieten und die Packtaschen des einen Pferdes unter dessen Bauch rutschten. Das Tier erschrak so sehr, dass es wild bockend an uns allen vorbeischoss und durchging. Bis dahin hatten wir alle Packpferde in der Mitte zwischen uns laufen lassen, wobei drei Reiter vorneweg marschierten und zwei hinten folgten, um die Tiere immer unter Kontrolle zu haben. Doch nun war das Chaos perfekt. Von der Panik angesteckt, rannten auch die Reitpferde los. Fluchttiere in Angst und unerfahrene Reiter auf deren Rücken sind keine gute Konstellation! Jeder von uns hatte Mühe, nicht vom Pferd zu fallen, und keiner von uns konnte die davonlaufenden Packpferde aufhalten. Sie preschten in vollem Galopp an uns vorbei und waren auf und davon! Unsere Kochausrüstung, unsere Zelte, die Verpflegung für Wochen ... alles weg. Wir fanden später auf unserem Weg immer wieder vereinzelte Gegenstände: verbeulte Blechtöpfe, aufgeplatzte Nudel- und Reisbeutel, zerbrochene Zeltstangen ... und irgendwann sogar unsere Packpferde, die eng beieinander standen und grasten. Wir schafften es irgendwie, sie einzufangen, und nahmen wieder unsere alte Formation ein.

Im weiteren Verlauf bekamen wir eine gewisse Routine. Wir lernten schnell den Charakter jedes einzelnen unserer Tiere kennen. Mit langen Seilen wurden sie nachts voneinander getrennt festgepflockt, bekamen Wasser und Futter, das wir abendlich für jedes Tier mit Macheten schnitten und sammelten. Jack dokumentierte viele unserer alltäglichen Tätigkeiten mit seiner Kamera. Drei Wochen waren mittlerweile vergangen. Inzwischen begleitete uns ein Einheimischer, Nixon, der die Hochanden, seine ursprüngliche Heimat, gut kannte. Sein Pferd machte einen armseligen Eindruck, doch die ruhige Art des Wallachs machte unsere Pferde ruhiger, zum Beispiel, wenn einer der seltenen Busse klappernd und ratternd unsere Karawane passierte.

Harte Ritte über Hochpässe von fünf Stunden und mehr machten uns sehr zu schaffen. Dabei erreichten die Temperaturen in der prallen Sonne über 30 °C, während sie in der Nacht auf unter 0 °C abfielen. Das Wasser für die Pferde gefror in den Eimern! An einem sonnigen Tag passierten wir ein kleines Bergdorf mit drei Hütten und einer Cantina, eine Art Gasthof, aber es war nicht im Geringsten mit einem Gasthof, so wie man ihn in Europa kennt, zu vergleichen. Trotzdem beschlossen wir zu rasten, um etwas zu essen und zu trinken.

Das Absitzen und Festbinden der Pferde war mittlerweile Alltag geworden, und ausgerechnet Jack, nach Nixon der erfahrenste Reiter, passierte dabei ein Missgeschick. Mit einem Fuß blieb Jack im Steigbügel hängen und fiel wie in Zeitlupe langsam von seinem Pferd herunter, wobei er ausgerechnet auf seiner großen Profikamera landete. Wir schafften es gerade noch rechtzeitig, sein Pferd am Zügel festzuhalten. Jack jedoch krümmte sich vor Schmerzen und schnappte hörbar nach Luft. Dann wurde er kreideweiß, er hatte einen Schock. Sofort erinnerte ich mich an erlernte Erste-Hilfe-Maßnahmen und brachte seine Füße über Kopfhöhe. Der Puls war flach, und Jack reagierte nicht auf unsere Fragen. Doch nach einer Weile kam er wieder ein wenig zu sich, und wir gaben ihm Wasser zu trinken. Dann wollten wir ihn in die stabile Seitenlage bringen, aber Jack stöhnte bei der geringsten Bewegung erneut auf. Der Fall schien an sich gar nicht so hart gewesen zu sein, aber Weiterreiten kam für Jack im Moment wohl nicht infrage. Er konnte nicht einmal auf den eigenen Füßen stehen. Das nächste Hospital war schätzungsweise fünf Tagesritte entfernt. Was tun? Noch völlig ratlos über unsere missliche Lage hörten wir Motorengeräusch und sahen einen großen Geländewagen auf der Passstraße herankommen. Es war an diesem Tag das erste Fahrzeug überhaupt. Der Land Rover hielt direkt neben uns, als die beiden Insassen Jack auf dem Boden liegen sahen. Der Beifahrer stieg aus und stellte sich uns als englischer Arzt vor, der ein freiwilliges Dienstjahr in den abgelegenen Bergdörfern der peruanischen Anden machte. Für mich war er der Engel Gabriel!

Ohne langes Zögern entschied der Arzt, Jack vorsichtig auf die lange Pritsche des Landrovers zu legen und unverzüglich die sechsstündige Fahrt ins nächstgelegene Hospital anzutreten. Dort wollte er Jack weiter untersuchen und gegebenenfalls behandeln. Er gab uns die Adresse des Krankenhauses in Celendín, und schon fuhren die beiden mit Jack davon. Alles ging so schnell, dass wir noch mit offenen Mündern dastanden, als der Geländewagen schon außer Sicht war. Was sollten wir nun mit Jacks Ausrüstung, seinem Gepäck und seinem

Pferd machen? Und überhaupt, wie sollte es weitergehen? Um uns zu beraten, kehrten wir erst einmal in der Cantina ein.

Zunächst verteilten wir unser Gepäck neu und bezogen das freigewordene Pferd ein, sodass alle Tiere weniger Gewicht tragen mussten. Wir hatten Jack bei seiner Abfahrt versprochen, ihn in der nächsten Woche am Krankenhaus abzuholen, und machten uns auf den Weg. Die Weiterreise ging erstaunlich gut voran, selbst der Hengst wurde ruhiger. Vielleicht waren sie aber auch nur müde von den täglichen Strapazen. Wir beschlossen ab und an, einen Tag zu rasten und den Pferden und uns eine Pause zu gönnen. Auch das Material und die Ausrüstung mussten gepflegt und gewartet werden.

Dieses Mal grasten die Tiere zufrieden auf einer Weide nahe des Dorfs Balsas. Während alle in der Gruppe sich um die Pferde kümmerten, machte sich Maggie zu Fuß auf ins Dorf. Sie kam erst spät in der Nacht wieder und hatte ordentlich einen sitzen. Noch in Partylaune machte sie sich dann an Nixon heran und lud ihn in ihr Zelt ein, was damit endete, dass von nun an Brian, ihr Kumpel, bei mir mit im Zelt schlafen musste. Wie sollte das enden, wenn Jack wieder bei uns wäre? Seit Beginn des Trails hatte er mit mir das Zelt geteilt. Drei Männer in einem Zelt war arg eng, zu eng!

Am Tag darauf brachen wir schon um fünf Uhr morgens auf, denn unser Tagesziel Limon lag auf 2.500 Metern Höhe, und wir wollten es an diesem Tag erreichen. Von unserer jetzigen Höhe auf gut achthundert Höhenmetern stand uns also ein harter Anstieg bei hohen Temperaturen bevor. Die Stimmung in der Gruppe war angespannt. Maggie hatte vom Alkohol am Abend zuvor einen bösen Kater, und Brian war sauer, dass er ausquartiert worden war. Nixon fühlte sich wegen der Nacht mit Maggie in seiner Rolle nicht sehr wohl. Auch ich war sauer auf Maggie. Nur um auf ihre Kosten zu kommen, setzte sie unsere Reise und vor allem die Freundschaft zu Brian aufs Spiel. Sie ritt den ganzen Tag weit voraus und kümmerte sich weder um die Packpferde noch um den Rest der Gruppe. Nixon blieb als letzter Reiter weit hinten zurück. Und so trieben Brian und ich die Pferde an und hielten sie auf dem Pfad, wenn sie zum Grasen den Trail verlassen wollten. In Limon angekommen durften wir auf dem Gelände der örtlichen Schule unser Lager aufschlagen. Gegen geringe Bezahlung bekamen unsere Pferde frischgeschnittenes Grün gebracht, weil Weidegras in diesen Höhenlagen kaum noch vorhanden war. Man konnte es den Tieren ansehen. Sie sahen dünner und ausgemergelter als zu Beginn der Reise aus, und ich fing an mir Sorgen zu machen. Die extremen Temperaturunterschiede von über 30 °C zwischen Tag und Nacht setzten sowohl den Tieren als auch uns zu.

Auch in dieser Nacht schlief Nixon wieder in Maggies Zelt, und tags darauf merkte man ihm seine Müdigkeit an. Er schlief beim Reiten auf seinem Pferd ein. Brian äußerte seinen Unmut immer häufiger, und ich versuchte, ihn mit dem bevorstehenden Wiedersehen von Jack in wenigen Tagen bei Laune zu halten.

Die nächsten beiden Tage bis zum Erreichen Celendíns änderte sich nicht viel an der schlechten Stimmung. Die Formation beim Reiten und die Zeltaufteilung in der Nacht blieb gleich. In Celendín wurde bei unserer Ankunft gerade ein Stadtfest mit viel kulturellem Tanz gefeiert. Deshalb zogen wir es vor, am Stadtrand eine Weide für die Pferde zu suchen. Auf diesen Festen wird meist sehr viel Alkohol getrunken, es kommt oft zu Streitigkeiten. Die Menschen aus den Anden sind überwiegend sehr arm, deshalb können sie sich auch keine hochwertigen alkoholischen Getränke leisten. So hatte uns Ignacio, der Ingenieur, einen gepanschten »Alcohol de Quemar« angeboten, also Brennalkohol aus einer Plastikgalone. Es war der einzige bezahlbare hochprozentige Alkohol weit und breit. Mich hatte es gewundert, dass auf früheren Stadtfesten oder Märkten viele der Nachfahren des Inkavolkes selbst nach geringem Alkoholkonsum volltrunken auf dem Boden lagen und schliefen. Der englische Arzt, der Jack behandelte, erklärte mir später den Grund: Zu wenige oder gleich ganz fehlende Enzyme, die beim Abbau von Alkohol halfen, waren für dieses Phänomen verantwortlich. Auch hier in Celendín sahen wir wieder Männer und Frauen herumtorkeln.

Der Besuch bei Jack war eine Ernüchterung. Er hatte sich bei seinem Sturz vom Pferd eine schwere Rippenprellung zugezogen. Weiterreiten kam für ihn in den nächsten Monaten nicht infrage … Die Gruppe war bestürzt. Jack hatte durch seine ruhige und freundliche Art immer einen Ruhepol in unserer Truppe gebildet. Wir vereinbarten mit Jack, sein Pferd und seine Ausrüstung unterwegs zu verkaufen und ihm das Geld später weiter südlich in Peru zu übergeben. Er wollte so lange in diesem Land bleiben und, wenn möglich, aus dem Kleinbus Fotos von den traumhaften Anden schießen. Nach dem Besuch bei Jack ging es auf das Stadtfest. Brian, der in den letzten Tagen Frust geschoben hatte, ließ sich bis Oberkante-Unterlippe volllaufen. Und auch Maggie nahm den Anlass wahr und gönnte sich ein ordentliches Besäufnis. Nixon und ich hielten uns zurück, auch wegen unserer Pferde außerhalb der Stadt. Es kam, wie es kommen musste: Maggie und Brian gerieten in einen Streit miteinander. Zum ersten Mal sah ich den sonst sehr höflichen und zurückhaltenden Brian in seiner Rolle als Barkeeper aus London. Ich wusste gar nicht, dass es so viele englische Schimpfwörter gab, obwohl ich erst vor kurzem durch Alaska, Kanada und die USA gereist war. Brian ließ alles raus. Nixon und ich mischten uns nicht ein. Der schmächtige Engländer wurde zu einem Bären! Auch die Einheimischen auf dem Fest nahmen Abstand von ihm! Maggie zeigte ihren wahren Charakter. Ihr war der Pferdetrail in der Gruppe im Grunde egal gewesen. Für sie hatte der Wunsch, ein Pferd zu reiten, im Vordergrund gestanden, nur deshalb hatte sie sich uns angeschlossen. Über die Strapazen und Verantwortung hatte sie sich keine Gedanken gemacht. Tags darauf kam es zum Eklat: Maggie packte ihren Rucksack und stellte sich kurzerhand an den Straßenrand, um auf einen der Kleinbusse zu warten. Zuvor hatte sie Nixon ihr Pferd geschenkt. Für ihn war das ein wie fünf Richtige im Lotto, denn der Besitz eines Reitpferds kam für einen einfachen Mann aus den Anden einem neuen Auto für einen Europäer gleich. Brian hatte starke Kopfschmerzen und plötzlich ein riesiges Problem. Zu Beginn der gemeinsamen Reise mit Maggie hatte er sein gesamtes

Urlaubsgeld auf ihr Konto überwiesen, da er selbst keine Kreditkarte besaß. Wenn er nun hierblieb, hatte er in Kürze kein Geld mehr zur Verfügung. Er musste einlenken, obwohl es ihm gewaltig gegen den Strich ging, und Maggie samt Rucksack und Zelt folgen. So kam es, dass innerhalb von weniger als vierundzwanzig Stunden eine Traumreise im Chaos endete.

Nixon und ich konnten so nicht weiter. Zu zweit mit neun Pferden weiterzuziehen, mitsamt der gesamten Ausrüstung und den Sätteln, das war nicht zu bewältigen. Wir beschlossen daher, einen weiteren Tag zu bleiben und die überschüssige Ausrüstung und Pferde zu versteigern; die vier kräftigsten wollten wir behalten. Jacks Pferd zählte nicht, da er es selbst bezahlt hatte; und Nixon betrachtete Maggies Pferd sowie ihren Sattel als sein Eigentum. Die restlichen Tiere hatte ich gekauft, und somit rechnete ich mir für deren Verkauf das Geld aus, mit dem ich Nixon als Guide bezahlen konnte.

Aber der Verkauf der Tiere lief schleppend. Am Abend zuvor hatten viele Menschen auf dem Fest den Streit zwischen Maggie und Brian mitbekommen und wussten um unsere missliche Situation. Niemand war bereit, einen reellen Preis für die Pferde zu bezahlen; zudem hatten die Tiere durch den anstrengenden Trail abgenommen. Am Ende ergab der Erlös von fünf Pferden und zwei Sätteln plus Zubehör gerade Mal den Preis, den ich ein paar Wochen zuvor für zwei Pferde bezahlt hatte. Doch dieser Tag hatte mich etwas gelehrt: Bei Extremreisen ist es besser, sich nur auf sich selbst zu verlassen.

Nixon und ich ließen Celendín hinter uns, und von nun an gingen die täglichen Distanzen leichter von der Hand. Die vier Pferde waren schnell bepackt und gesattelt. Wir überschritten Hochpässe der Anden, die 3.000 Höhenmeter und mehr überstiegen. Minustemperaturen unter null Grad in den Nächten zwangen uns, den Pferden Decken und Plastikbeutel als Schutz vor Wind und Kälte umzubinden. Unsere Zeltwände waren morgens gefroren. Tagsüber passierten wir ausgetrocknete Flussbetten und steile Abgründe. Wir ritten teilweise über drei Stunden permanent bergauf, wobei die Tiere jede Gelegenheit nutzten, um aus Bergquellen Wasser zu saufen. Auch wir kamen körperlich an unsere Grenze. Nach einer Übernachtung in dem Dorf Cajabamba in einer Forstschule, in der uns eine sehr freundliche alte Frau auf die Anbaufelder gelassen hatte, ging es unseren Pferden wieder etwas besser. Sie hatten sich mit dem Gras zwischen den Bäumen die Bäuche vollgeschlagen und waren wieder bei Kräften.

Jeden Tag unserer Reise bewunderte ich mehr und mehr die Widerstandskraft unserer Tiere. Ich stellte mir vor, wie Eroberer Südamerikas unter schwierigsten Bedingungen mit Pferden diesen Kontinent durchquert hatten. Oft spürte ich das Misstrauen, mit dem uns die Bevölkerung beim Durchreiten ihrer abgelegenen Dörfer begegnete. Auch aufrichtige Freundlichkeit fanden wir zur Genüge, wenn die Menschen erst einmal Vertrauen in uns gefasst hatten. Vertrauen und Misstrauen lagen sehr eng beieinander, und für Nixon und mich war es wie der Tanz auf einem Hochseil. Jedes Wort, jedes Kopfnicken zum Gruß konnte ausschlaggebend sein, um für uns und unsere Tiere Unterkunft, Wasser und Futter zu bekommen – oder auch nicht.

Das zeigte sich besonders, als wir durch ein kleines Bergdorf ritten ohne anzuhalten. Es war noch früh am Tag, und wir wollten keine Zeit verlieren. Wir planten einen langen Ritt über sieben Stunden, um über die Hochebenen hinwegzukommen und wieder mehr Futter in tieferen Lagen für die Pferde zu finden. Kaum eine halbe Stunde nachdem wir das Dorf durchquert hatten, holte uns ein alter Militärjeep ein. Die Polizisten stoppten uns und forderten uns auf, unsere gesamte Ausrüstung abzuladen und zu öffnen. Sie verteilten unser gesamtes Equipment auf dem Boden. Dabei gaben sie uns auf unsere Fragen nach dem Grund der Kontrolle keine Antworten. Sie gaben sich wortkarg und hatten demonstrativ ihre Revolvertaschen geöffnet. Ich gab Nixon zu verstehen, nicht weiter nachzuhaken und lieber kooperativ auf alle Forderungen einzugehen. Nachdem sie all meine Kleidungsstücke durchstöbert hatten, zogen sie eine Goretex-Jacke und ein Paar Handschuhe heraus, die ich noch von Kanada im Gepäck hatte. Ich begriff sofort. Höflich bot ich die beiden Kleidungsstücke dem

ranghöchsten der drei Polizisten an. Er bedankte sich und »beschlag-
nahmte« dann nur noch einen alten Sattel, den Nixon bei Beginn des
Trails verwendet hatte. Er begründete seine Maßnahme als »Schutz«
vor weiteren Kontrollen, da drei Sättel bei nur zwei Reitern verdächtig
seien ...

Nachdem wir diesen »Wegezoll« entrichtet hatten, ließen sie uns
ziehen. Wir beluden hastig die Pferde, um noch Strecke zu machen.
Erst spät in der Nacht erreichten wir im Dunkeln die erste Hütte seit
dem Dorf am Vormittag. Trotz der späten Stunde saß der Besitzer
vor seiner Hütte und rauchte Paja, einen frisch geernteter Tabak, der
in trockene Maisblätter gewickelt einen Zigarettenersatz darstellte.
Juan, so sein Name, rief uns zu sich und wollte wissen, warum wir
noch so spät unterwegs waren. Ich ließ Nixon den Vortritt. Mittlerweile wusste ich, wann es besser war, dass Einheimische untereinander
verhandeln.

Nixon hatte seine eigene trockene Art, in knappen Worten unser
Vorhaben zu erklären. Er schien Eindruck zu machen. Sofort bot Juan
uns an, auf seinem Acker hinter dem Haus unser Lager aufschlagen
zu dürfen. Dankend nahmen wir an. Sogar beim Abladen der Packpferde half er uns, und seine Frau Paquita wies er an, heißes Wasser
für Tee und gerösteten Mais zu bringen. Als ich meinem Pferd den
Sattel abnahm, merkte ich, wie das Tier empfindlich reagierte. Trotz
der Dunkelheit erkannte ich eine offene Wunde am Widerrist. Normalerweise legen sich Pferde nach einem langen Ritt auf den Boden und
rollen sich über den Rücken, um sich zu massieren und sich sozusagen
einzurenken. Diesmal machte mein Pferd nichts dergleichen und blieb
nur grasend stehen. Paquita kam mit Tee und Mais an unser Lager.
Wir bedankten uns, schlugen müde unser Zelt auf und zogen uns zum
Schlafen zurück.

Am nächsten Morgen raschelte um sechs Uhr an unserem Zelt.
Dort stand ein Junge mit einer Blechkanne heißem Tee und zwei Schäl-
chen gekochtem Mais sowie einem Stück Fladenbrot. Paco war der
elfjährige Sohn von Juan und Paquita. Es war Sonntagmorgen, doch

der Junge stand putzmunter vor unserem Zelt und wartete neugierig darauf, uns kennenzulernen. Nixon und ich waren immer noch völlig übermüdet von dem gestrigen Tag und der langen Nacht, zeigten uns aber dennoch froh über heißen Tee und Mais.

Juan wollte die Pferde sehen, er begeisterte sich für die Tiere. Sein Vater besaß zwei Ochsen für die Bearbeitung der kleinen, steilen Ackerflächen und einen Esel, den die Familie auf den zweistündigen Fußmärschen bis ins Dorf zum Transport der Einkäufe nutzte. Ein Pferd war purer Luxus. Wir gingen mit Paco zu den Pferden, und zu unserer Bestürzung sahen wir nun in aller Deutlichkeit, was ich in der Nacht zuvor geahnt hatte. Drei von vier Pferden wiesen offene Wunden an ihrem Rücken auf. Nach der gestrigen Polizeiaktion waren Nixon und ich zu nachlässig beim Wiederbeladen gewesen und hatten die verschwitzten Pferde zu hastig und wohl auch unsachgemäß gesattelt. Ein Weiterreiten hätte die Pferde zu Krüppeln gemacht und war somit unvertretbar. Die Wunden würden Wochen brauchen, um richtig zu verheilen, und jedes Aufsatteln würde den Zustand der Pferderücken noch verschlimmern. Meine Entscheidung stand fest. Sie bedeutete den Abbruch des Trails. Zusammen mit Juan behandelten wir die leicht entzündeten Wunden der Tiere mit selbstgemachtem Balsam aus Paquitas Kräuterküche. Sie sollten die Fliegen abhalten und Wundstarrkrampf verhindern. Paco, der Sohn, half uns mit großer Vorsicht dabei. Man konnte ihm die Faszination für die Tiere deutlich anmerken. Dann lud uns Juan in seine Hütte zu einem weiteren Frühstück mit Maisfladen und Tee ein. Die steinerne Hütte bestand aus einem runden Raum, die Wände waren mit Lehm, Erde und Stroh verputzt. In der Mitte gab es eine Feuerstelle, und daneben lagen Decken und Wollponchos auf dem kargen, aber gefegten Lehmboden. Die Wände waren zum größten Teil mit Ponchos und anderen Kleidungsstücken behangen. Alte Wellbleche bildeten das Dach. Möbel gab es bis auf kleine niedrige Stühle keine. Es dauerte eine Weile bis ich begriff, dass es *keinen* weiteren Schlafraum gab. Hier spielte sich das gesamte Familienleben ab. Kochen, essen und schlafen, alles um die Feuerstelle in der Mitte der Hütte. Mit so viel Armut war ich noch nie zuvor konfrontiert worden, trotzdem schienen Mutter, Vater und der Junge glücklich, denn Paquita und Juan lachten permanent und bewirteten uns ständig mit Tee und Maiskeksen. Juan zeigte uns seine sehr steilen Ackerflächen, auf denen in unregelmäßigen Abständen Maispflanzen zu erkennen waren. Besonders stolz war er auf seinen selbstgebauten Pflug, der aus einer gebrochenen Blattfeder eines Lkw und einem mühevoll geschnitzten Ast aus Hartholz bestand. Juan hatte das kaputte Teil aus gehärtetem Stahl eines Tages auf der Straße vor seinem Haus gefunden, das alte Flacheisen per Hand an Steinen geschärft und mit Draht an dem Holz befestigt. Er demonstrierte uns, wie er damit die steinigen Äcker bearbeitete. Seine Ochsen zogen den Pflug, Paquita zog die Ochsen, und Juan drückte mit all seiner Kraft diesen einen Eisendorn in den harten Boden. Es war mir unbegreiflich, wie die drei dauerhaft diese harte Arbeit bewältigen konnten, nur um genug zu essen zu haben. Paco musste in der Woche um fünf Uhr morgens den zweistündigen Fußmarsch zur Schule des Dorfes machen, und nachmittags musste er den gleichen Weg zurück. Er kam meistens erst um 19 Uhr nach Hause, und das jeden Tag! Ich war sprachlos.

Den restlichen Sonntag hing ich vielen Gedanken nach. Paco verbrachte seinen gesamten freien Tag bei den Pferden, versorgte sie mit Wasser und rieb sie mit Paja ein. Ich beobachtete ihn dabei, wie er vorsichtig Balsam auf die Wunden auftrug. Als Paco abends eingeschlafen war, bat ich Juan, Paquita und Nixon vor die Hütte. Mir schwebte ein Vorschlag im Kopf herum, und den wollte ich mit Pacos Eltern besprechen. Nixon wusste schon Bescheid. Die Leistung, täglich vier Stunden hin und zurück ins Dorf zu gehen, um am Schulunterricht teilnehmen zu können, war für mich kaum zu begreifen. Deshalb wollte ich ihm das gesunde Packpferd schenken, einen alten Wallach. Er war ruhig und zahm, hatte nie Anzeichen von Stress gezeigt und war deshalb auch noch wohlgenährter als die anderen Pferde. Wahrscheinlich hatte der Wallach sich deswegen auch nicht den Rücken aufgescheuert, als wir die Pferde zu hastig gesattelt hatten.

Mit ihm als Reitpferd würde Paco seinen Schulweg mindestens in der Hälfte der Zeit schaffen. Natürlich bekäme er das Reitzeug und Sattel dazu. Juan sagte nichts, aber sein Blick drückte ehrliche Freude aus, während Paquita weinte und mich in den Arm nahm. Wir beschlossen, Paco am nächsten Tag mit dem Geschenk zu überraschen; zuvor musste aber noch eine Schenkungsurkunde ausgefüllt werden, was allerdings nur im Büro des Dorfpolizisten möglich war. Also begleiteten wir Paco zur Schule und gaben vor, etwas einkaufen zu müssen. Der Dorfpolizist nahm unser Anliegen sehr wichtig, eine Schenkungsurkunde mit offiziellem Polizeistempel galt für ihn als höchstamtlicher Akt. Ich musste schriftlich erklären, dass ich eines meiner Pferde an Juans elfjährigen Sohn verschenken wollte; und da wir schon einmal dabei waren, versicherte ich zudem, meine anderen beiden Pferde samt Ausrüstung Nixon als Bezahlung für seine Dienste als Guide zu überlassen. Jeder sollte für seine Tiere Besitzurkunden erhalten.

Der Polizist runzelte die Stirn. Völlig unverhohlen stellte er mir die Frage, warum ich nicht ihm ein Pferd schenken würde statt einem elfjährigen Rotzlöffel. Diesmal hatte ich genug von diesen Korruptionsversuchen und spielte auf Risiko. Mit ernster Miene bat ich den Polizisten, ob ich mit seinem Diensttelefon einen Freund im Polizeipräsidium in Lima anrufen könne und nannte ihm einen erfundenen Namen. Natürlich kannte ich niemanden dort, aber der Schwindel zog. Mit hochgezogenen Augenbrauen machte sich der Polizist hastig daran, meine handgeschriebene Schenkungsurkunde zu beglaubigen und drei offizielle Besitzpapiere für die Pferde auszufüllen. Ich muss meine Rolle glaubwürdig gespielt haben, da Nixon mich später, außerhalb des Gebäudes, fragte, wieso ich meinen Freund aus Lima nicht schon bei der Straßenkontrolle erwähnt hätte …

Als Paco am Abend von der Schule nach Hause kam, riefen seine Eltern ihn zu uns heran. Ich holte die Besitzurkunde für sein Pferd heraus und bat, sie laut vorzulesen. Er tat es. Keine Regung. Ich bat ihn noch einmal zu lesen. Stille. Paco schaute seine Eltern an, er zweifelte wohl und glaube, einen Fehler beim Lesen gemacht zu haben. Doch beide Eltern konnten nicht lesen. Ich fragte ihn, ob er den Inhalt auf dem Blatt verstand. Schweigen. Nochmaliges leises Lesen. Er begriff seinen Namen im Text, soviel verstand ich auch; dann schaute er wieder seine Mutter an. Paquita weinte wieder. Sein Vater brachte das Pferd und erklärte Paco, dass er nun der Besitzer dieses Pferdes sei. Nicht Beseitzer eines Esels, sondern eines Pferds! Paco ließ uns alle wortlos stehen, ging zu seinem Pferd und schlang die Arme um den Wallach. Es war wie im Film. Den ganzen restlichen Abend wurde der Wallach gestriegelt, gefüttert und umhergeführt. Dann half ihm sein Vater mit dem Sattel, und der Junge ritt den genügsamen Wallach erstmals auf dem Weg vor dem Haus auf und ab. In dieser Nacht hätte Paco wohl lieber draußen bei den Pferden geschlafen als am warmen Feuer in der Hütte.

Zwei Tage später verließen Nixon und ich Juan, Paquita und Paco. Juan begleitete uns wieder ins Dorf. Sein Esel war diesmal voll beladen mit unserer restlichen Ausrüstung, Nixons Pferde liefen ohne Gepäck, um die Rücken zu schonen. Ich wusste zu diesem Zeitpunkt noch nicht, dass ein Esel doppelt so viel Gewicht tragen kann als ein viel größeres Pferd.

Im Dorf besorgten wir für Nixon und die Pferde einen Transport zurück nach Hierbabuena. Von dort wollte er zu Fuß in sein Heimatdorf laufen. Nach der Heilung der Pferde hatte er den Plan, sich als Touristenführer für Reitwanderungen in den Anden selbstständig zu machen. Ausrüstung hatte er ja nun genug. Ich hoffe, er hat seinen Weg machen können.

Am Bus Richtung Cajabamba und Trujillo verabschiedete ich mich von Juan. Wir wussten beide, dass sich unsere Wege nie wieder kreuzen würden, und obwohl wir uns erst seit ein paar Tagen kannten, war es ein Abschied wie von einem alten Freund. Dieser einfache Andenbauer und seine kleine Familie hatten mir mehr über Lebensfreude und Glück beigebracht als alle Lebenserfahrungen zuvor. Als ich im Bus Richtung peruanische Küste saß, fiel mir auf, dass Juan der einzige Bauer auf unserer Reise war, der für unseren Aufenthalt und das Futter der Tiere niemals Geld verlangt hatte.

In Arequipa traf ich Jack, den Niederländer, und konnte ihm zumindest einen kleinen Teil des Geldes für sein Pferd und seine Ausrüstung zurückgeben. Es war zwar nur ein Viertel dessen, was er ursprünglich bezahlt hatte, aber Jack brachte die Sache auf den Punkt: Reisen auf eigene Faust mit Abenteuer inklusive sind viel wertvoller als jede Pauschalreise, und selbst die sei teuer. Nach einer dreitägigen Kletterexkursion durch das Colca-Tal, in dem ich zum ersten Mal in meinem Leben einem Kondor mit drei Metern Flügelspannweite in Freiheit begegnet bin, setzte ich mich in einen Überlandbus, der mich zur chilenischen Grenze bringen sollte.

CHILE: SANTIAGO DE CHILE, PUERTO MONT UND PUERTO NATALES

DIE BUSFAHRTEN MIT VERSCHIEDENEN BUSSEN, diversen Pannen und Verspätungen führten dazu, dass aus einer eigentlich achtstündigen Reise letztlich vierzehn Stunden wurden, bis ich Iquique in Chile erreichte. Ich blieb eine Nacht dort, wollte aber gleich am nächsten Tag weiter in die Hauptstadt Santiago.

Über Chile erfuhr ich in Santiago viele Dinge, die ich nicht für möglich gehalten hatte. So hatten viele Nazis nach dem verlorenen Zweiten Weltkrieg Südamerika und insbesondere Chile als Exil gewählt, um sich den Sanktionen durch die Alliierten für ihre Gräueltaten und Verbrechen an der Menschheit zu entziehen – das ist allgemeinhin bekannt. Doch das Schlimme für mir war, dass im Jahr 2006 immer noch einige von ihnen ungestraft dort lebten und bis dato keine Einsicht gezeigt hatten. Ich hatte zweimal auf meiner Durchreise durch Chile zufälligen Kontakt mit alten Nazis. Keiner der beiden bereute seine Taten. Sie waren nach wie vor davon überzeugt, dass es Unter- und Übermenschen gab. Dabei hatten sie sich sechzig Jahre feige zwischen Menschen versteckt, die sie früher in ihrem Regime als Nicht-Arier umgebracht hätten. Ich musste mich beide Male schnell von ihnen abwenden und das Weite suchen, um meine Wut unter Kontrolle zu bekommen.

Santiago de Chile fiel mir vor allem in einem Punkt auf, der die Stadt von anderen Hauptstädten Mittel- und Südamerikas unterschied: Überall war es außerordentlich sauber. Die Chilenen pflegten ihre Traditionen. Viele Menschen trugen traditionelle Kleidung, an vielen Orten der Stadt sah man die chilenische Flagge gehisst. Auf den Plätzen wurden Folkloretänze von Jung und Alt dargeboten. Auch schien das Volk sehr diszipliniert: Schüler hatte Uniformen an, das Militär war häufig präsent. Völlig im Kontrast dazu stand Santiagos

Straßenverkehr. Ich schätze mich als einen guten und sicheren Autofahrer ein, der ausreichend Überblick besitzt, aber dort wollte ich kein Auto fahren. Wo eine Straße vier Spuren je Richtung aufwies, fuhren mindestens sechs Fahrzeuge nebeneinander. Buntbemalte Busse sahen aus wie Kunstwerke, wiesen aber sicherheitsrelevante Mängel und Schäden auf. Nach drei Tagen war mein Bedarf an Großstadt gedeckt. Im Freihafen hatte ich versucht mir ein Auto zu kaufen, aber ähnlich wie in Ecuador war es für mich als Tourist nicht möglich, ein einheimisches Auto zu versichern. Also steckte ich mir neue Ziele: Ich suchte mir auf meinem Weg gen Süden nur ein paar schöne Orte aus, die mit dem Bus zu erreichen waren. In der Region um Lagos bewunderte ich die vielen Seen. In Pucón, am Fuße des Vulkans Villarica, brach ich zusammen mit einem Brasilianer und einem einheimischen Guide zur Schneegrenze des Vulkans auf. Wir bestaunten Wasserfälle und reißende Flüsse, doch letztlich wurde mir das Reisen von Ort zu Ort per Bus zu langweilig. Es fehlte mir irgendwie »der eigene Weg«.

Also entschied ich mich, die Fähre von Puerto Mont nach Puerto Natales zu nehmen. Diese viertägige Tour mit der Fähre führt gen Süden entgegengesetzt zu der Route, die auch schon der portugiesische Eroberer Magellan bei seiner Umsegelung von Tierra del Fuego am Ende der Welt gemacht hatte.

Die Landschaft bei der Durchfahrt der Magellan-Passage war von der Fähre aus atemberaubend schön. Statt einer Kabine hatte ich, wie damals in Alaska, eine *Butaca*, also einen Sitzplatz gebucht. Es war die günstigste Variante an Bord. Dann, einmal auf See, begab ich mich wieder direkt an Oberdeck und suchte mir eine der Liegen unter einem Dach. Auch hier gab es Heizstrahler, und wenn es richtig kalt wurde, durfte man sogar dem Kapitän auf der Brücke einen Besuch abstatten. Es war an einigen Stellen der Magellan-Passage sehr interessant zu beobachten, wie eng und schwierig die Durchfahrt für das große Fährschiff war. Dazu kam die Gefahr durch treibendes Packeis. Kurz: Alles an der Tour war äußerst beeindruckend. Nach gut 28.000 Kilometern fand ich eine Landschaft vor wie zu Beginn meiner Reise. Patagonien ähnelt Alaska sehr, es herrschen gleiche klimatische Bedingungen. Auf der Fähre lernte ich Denis kennen, einen Australier. Er hatte sich in der zweiten Nacht auch auf das obere Freideck begeben, um die eindrucksvollen Gletscher zu bewundern. Denis hatte sich drei Monate von seinem Job freigeschaufelt, um Südamerika zu durchreisen. Nun war er auf dem Weg zum chilenischen Nationalpark Torres del Paine, dessen Gletschern so eng beieinander stehen, dass sie von weitem wie die Zacken eines Kamms aussehen. Diese Ansicht hat dem Park seinen Namen gegeben. Denis wollte in diesem Park fünf Tage wandern und zelten. Mir gefiel die Idee, und ich fragte ihn, ob ich ihn begleiten dürfe. »Sounds great! No problem!« Denis wollte mir den gleichen Vorschlag machen.

In der Touristeninformation erkundigten wir uns nach den verschiedenen Wanderrouten und fragten nach Wanderkarten, doch der Guide im Büro killte unsere Euphorie. Aufgrund der kalten Wetterbedingungen war der Park für Wanderer geschlossen. Die Refugios, also Notunterkünfte im Park, waren nicht zugänglich und nicht besetzt. Der Guide schlug uns als Alternative den Geländewagen vor, doch ein Mietwagen hätte unser eingeplantes Budget gesprngt. Ernüchterung machte sich breit.

Also suchten wir uns erst einmal ein Hostel in der Stadt. Dort trafen wir einige Leute wieder, die zuvor mit uns auf der Fähre gewesen waren, die allesamt Exkursionen in den Nationalpark planten. Zusammen waren wir eine Gruppe von zehn Personen, wodurch zwei Geländewagen für einen Tag bezahlbar wurden. Am nächsten Tag war das Glück auf unserer Seite. Die Wolkendecke riss auf, und der Park zeigte sich unter einem strahlenden sonnigen Himmel in den prächtigsten Farben. Die Kuppen der Gletscher blendeten uns regelrecht mit ihrem Weiß, und die Seen darunter faszinierten mit türkisfarbenem Wasser. Wo man auch hinschaute: Überall eröffneten sich dem Betrachter Postkartenmotive.

ARGENTINIEN: USHUAIA UND TIERRA DEL FUEGO

ES WAR DER 25. SEPTEMBER 2006. Seit dem Beginn meiner Reise entlang der Panamericana von Alaska aus waren eineinhalb Jahre vergangen. Ich hatte damals nur einen Bilderband über die längste Straße der Welt gelesen und keine Vorstellung davon, wieviel Zeit ich brauchen würde, um in Argentinien, am Ende der Welt, in Feuerland anzukommen. Die offizielle Distanz wird mit 28.000 bis 30.000 Kilometern angegeben, je nach Quelle. Vier Jahre hatte ich dafür eingeplant. Tatsächlich habe ich mit Sicherheit viel mehr Kilometer hinter mich gebracht, allein schon durch die Abstecher in Vancouver Island, Baja California, das Durchqueren des Oaxaca-Gebirges, die Rundreisen in Kuba und Venezuela. Vielleicht sind es 10.000 Kilometer mehr geworden ... Ich hatte den Überblick verloren, aber es war auch nicht von Bedeutung. Wichtig war: Ich war angekommen an dem Ziel, das ich mir gesteckt hatte. Ushuaia hatte wieder viel Ähnlichkeit mit Dörfern zu Beginn meiner Reise in Alaska. Abgesehen von den Schrifttafeln in Spanisch statt in Englisch ähnelten sich Architektur und Infrastruktur sehr. Gleiche klimatische Bedingungen sorgen auch für den gleichen oder einen ähnlichen Baum- und Pflanzenbestand und, damit einhergehend, für gleiches Baumaterial, unabhängig von Kultur und Genetik. Es gab wieder viele Häuser aus Holz, teilweise mit ganzen Stämmen oder aus Brettern gebaut. Holz war, wie in Alaska und Kanada, Baustoff Nummer eins.

Hätte mir jemand vor Beginn der Reise gesagt, in Feuerland gäbe es Skipisten und Lifte zum Skifahren wie in europäischen Skigebieten, ich hätte es wohl als Scherz aufgefasst und ihn ausgelacht. Aber man konnte tatsächlich auf gut präparierten Pisten und mit modernem Skiverleih dem Skisport frönen. Und so stand ich nach drei Tagen Aufenthalt am Ende der Welt auf einem Snowboard und schaute vom Gletscher auf den idyllisch gelegenen Beagle-Kanal.

262

Der schöne Blick machte mich melancholisch und nachdenklich. War es das jetzt? Das Ende meines lang ersehnten Traums? Das Ende dieses Abenteuers? Das Ende dieser Reise, die gar keine Reise mehr für mich war, sondern eher ein Lebensstil? Bei meinem Abflug aus Deutschland wollte ich doch den einen Ort auf meiner Reise finden, der mich begeisterte, der mich festhielt. Ecuador war eine Zeit lang eine Option. Es heißt, die Liebe zieht viele in die Ferne, aber was, wenn die Liebe gar keinem Menschen mehr galt? Was, wenn einen das Reisefieber gepackt hat? Die Liebe zum Abenteuer, zum Nomadenleben? Der Gedanke an ein geregeltes Leben in Deutschland, Spanien oder woanders in Europa war durch meine Reise in so weite Ferne gerückt, dass ich ihn gar nicht mehr denken konnte.

URUGUAY ODER: EIN AUSBLICK

NEUES LEBEN MIT ABENTEUERN, HERAUSFORDERUNGEN UND LANGEN WEGEN

Während der gesamten Zeit entlang der Panamericana südwärts hielt ich sporadisch Kontakt mit meiner Familie und den Menschen, die sonst noch im Verteiler meines E-Mail-Accounts waren. Sporadisch, weil es noch keine Smartphones gab, und leichte und kleine Laptops waren unerschwinglich. Ich wollte keinen Schnickschnack an Technik mitnehmen. Einzig die kleine Digitalkamera, die mir meine Großmutter bei meiner Abreise geschenkt hatte und mit der all die Fotos der Reise geschossen wurden, blieb immer in meinem Gepäck. Ich habe die Kamera heute noch. Trotz der heutzutage erbärmlichen vier Megapixel Bildauflösung und der zwei Gigabyte großen Speicherkarte hat sie doch einen unschätzbaren Wert für mich. Die Kamera war der Beitrag meiner Großmutter zu meinem Traum. Durch die Fotos, die ich mit ihr gemacht habe und die ich in meinen Mails an meine Großmutter schickte, reiste Oma quasi immer mit. Im Jahr 2014, als sich der Tod meiner Großmutter abzeichnete und ich aus Südamerika zu einem Besuch nach Deutschland flog, erbte ich nach ihrem Ableben etwas von ihr, das mir deutlich machte, dass sie meinen Panamericana-Traum immer mitgeträumt hat: Oma hatte nach meinem Aufbruch ins Abenteuer eine große und detailgenaue Landkarte des amerikanischen Kontinents bestellt und sie auf eine Styroporplatte geklebt. Auf dieser Karte steckten Hunderte kleine, rote Pins an all jenen Orten, von denen ich ihr geschrieben hatte …

Der Rückweg von Feuerland nach Buenos Aires sollte in kleinen Schritten per Bus geschehen. Landschaftlich war die Pampa Argentiniens karg, rau und doch wunderschön. Beim Aufbau des Zelts musste man die Zeltplanen mit Heringen oder Steinen auf dem Boden fixieren, da man sie sonst, aufgrund des ständigen Winds, nie wiedergesehen hätte. Unter den Kontakten im meinem E-Mail-Account waren auch ein paar junge Uruguayer, die seiner Zeit als Studenten nach Mallorca gereist waren und dort Geld verdienten, um später in ihrer Heimat eine Anwalts- und Steuerkanzlei zu gründen. Sie hatten in Uruguay studiert, suchten aber 2003, nach der Bankenkrise in ihrem Land, das Glück in Europa. Sie arbeiteten damals zwei Jahre für mich, und wir wurden Freunde. Schon damals boten sie mir Unterkunft und Essen an, sollte ich jemals in ihr kleines Land reisen. Ich hatte ihnen Arbeit gegeben und damit ihre Zukunft gesichert. Sie wollten sich dafür bedanken. Nun wurde es konkret.

In einer E-Mail gegen Ende der Reise überredeten sie mich, nicht von Buenos Aires zurück nach Europa zu fliegen, sondern stattdessen ihre Heimat kennenzulernen. Ich wollte darüber nachdenken, und noch lagen einige Stationen auf dem Weg nach Buenos Aires vor mir. Necochea, eine Touristenhochburg im Sommer, erinnerte mich jetzt an Touristenorte auf Mallorca im Winter. Menschenleer. Mar del Plata weiter im Norden dagegen lag näher an der Hauptstadt Argentiniens, weshalb selbst im Winter viele Tagesausflügler dieser Küstenstadt einen Besuch abstatteten. Für mich zu viele Menschen. Zu viele Partylokale.

Mein nächster Halt war eine kleinere Stadt mit Namen Tandil. Die lange Nachtfahrt im Bus, bei der ich kaum Schlaf gefunden hatte, ließ mich hundemüde ankommen. Trotzdem wollte ich mir vor einer Siesta noch die Beine vertreten. Nachdem ich mein Gepäck in einem kleinen Hotel untergebracht hatte, ging es durch die Stadt. Tandil ist eine typische Kleinstadt in der argentinischen Pampa. Straßen und Geschäfte haben ein besonderes Flair. Erst fiel es mir gar nicht auf: Die Menschen trugen nicht die sonst üblichen Jeans und T-Shirts, sondern eher eine Art Tracht. Weite, ausladende Buntfaltenhosen bei den Männern, dazu Hüte mit geraden, breiten Krempen und kniehohe Lederstiefel. Die Frauen waren ähnlich bekleidet, allerdings schmückten Blumenmustern ihre Stoffe. Sie standen in Gruppen zusammen und ließen ein Gefäß kreisen, aus dem sie durch eine Art Strohhalm tranken. Das Gefäß war ein ausgehöhlter Kürbis und das Getränk eine Art Tee: Mate, der aus den getrockneten Blättern des nativen Mate-Strauchs aufgebrüht wurde. Vom Stadtrand her hörte ich laute Stimmen aus Lautsprechern, es klang wie ein Marktschreier bei einer Auktion. Neugierig begab ich mich in die Richtung des Lärms. Ich erreichte eine große Weide am Stadtrand. Dort sah ich viele der traditionell gekleideten Argentinier um eine große, kreisrunde Einzäunung stehen. In der Mitte des Platzes ragten drei baumstarke Pfähle mit jeweils fünf Metern Abstand aus dem Boden. An zwei dieser Pfähle waren Pferde angebunden, die Augen der Tiere waren mit Tüchern bedeckt. Jeweils zwei Männer hantierten an jedem Pferd herum, ein dritter setzte sich ohne Sattel auf das Tier. Nach dem Kopfnicken des Reiters ertönte eine Glocke, dem Pferd wurde das Tuch von den Augen gezogen, und gleichzeitig wurde der Strick vom Pfahl gelöst. Wild bockend schoss das Pferd durch die Arena. Zwei weitere Reiter verfolgten das wilde Tier und seinen Reiter. Nach einer kurzen Zeit ertönte ein zweites Glockenzeichen. Dann ritten die beiden Reiter neben den Cowboy, und während einer der beiden den Mann vom tobenden Tier hob, preschte der andere hinter dem davonstürmenden Pferd her und fing es in gestrecktem Galopp am Führseil wieder ein.

Ich war auf einem argentinischen Rodeo gelandet, und die Cowboys hier hießen Gauchos. Südamerikanische Pferdemänner. Nie zuvor hatte ich ein solches Rodeo live gesehen. Ich war beeindruckt, wie geschickt sich diese Männer auf den wilden Pferden hielten. Selbst wenn sie schwer stürzten, standen sie immer wieder auf.

Gauchos leben in Argentinien, Chile, Uruguay und im Süden Brasiliens. Ihre Kultur entstand mit der Entdeckung Südamerikas durch die Spanier und Portugiesen, als die Europäer bei ihren oft blutigen Eroberungszügen über die einheimischen Volksstämme herfielen, deren Männer im Kampf ermordeten und die Frauen vergewaltigten oder sie unter Zwang heirateten. Als Nachkommen dieser erzwungenen Partnerschaften wurden die Gauchos bei den Indigena-Stämmen oftmals nur geduldet, ihre Väter hatten meist wenig Interesse an ihren »*Bastardos*«. Doch man sagte den Gauchos eine Art Gabe nach, die sie zu ihrem Vorteil nutzten. Die wilde Leidenschaft für die Natur und die Tiere machte die Gauchos zu Experten im Umgang mit Pferden. Deshalb wurden sie bevorzugt für die Arbeit mit Pferden und Rindern von europäischen Estancieros – den Eigentümern von Rinderfarmen – angestellt. Gauchos waren Tagelöhner, die ursprünglich als Nomaden von Estanzia zu Estanzia zogen und so lang blieben, wie es ihnen gefiel. Noch heute sagt man den Gauchos nach, dass einige nie dauerhaft auf ein und derselben Estanzia bleiben, sondern von Zeit zu Zeit weiterziehen. Heutzutage nennen sich all diejenigen Gauchos, die in Uruguay, Argentinien und im südlichsten Bundesland Brasiliens, dem Rio Grande do Sul, auf dem Land leben und mit Rindern und Pferden arbeiten – unabhängig davon, welcher Herkunft sie sind. Sie halten sehr an ihren Traditionen fest.

Ich war von den stolzen Pferdemännern und ihrer Kultur beeindruckt. Am selben Tag beschloss ich, nach Uruguay mit Pferden weiterreisen zu wollen. Noch auf dem Rodeo suchte ich nach zwei Reittieren, ohne zu wissen, dass die dortigen Pferde für Wanderritte gänzlich ungeeignet waren, da viel zu wild. Die Tiere waren nicht mit den Pferden zu vergleichen, mit denen wir den Ritt durch Peru gewagt hatten. Die hiesigen Criollo-Pferde sind kräftige und sehr ausdauernde Pferde. Da sie vergleichsweise klein sind, sind sie ideal für die Rinderzucht. Sie müssen antrittsschnell und wendig sein, um ein Rind in Schach zu halten. Sie brauchen wenig Futter und leben das ganze Jahr über auf den Graslandschaften der Pampa Südamerikas. Klimatische Bedingungen von über vierzig Grad im Sommer und eisige Winde im Winter sind für diese Pferderasse kein Problem. Der Schweizer Weltenbummler Aimé Félix Tschiffely hat im Jahr 1835 die Robustheit dieser Pferde auf die Probe gestellt und ritt mit zwei Criollo-Wallachen in vier Jahren von Buenos Aires bis nach New York. Tschiffely erzielte damit den Rekord für den weitesten dokumentierten Pferderitt, der in die Geschichte unter den Namen einging, die die beiden Pferde trugen: Gato y Mancha. Für mich war der Rekord des Schweizer Abenteurers Anreiz, mich einer ähnlichen Herausforderung zu stellen. Ich entschied mich für ein weiteres Abenteuer: eine Reise zu Pferd von Argentinien nach Ecuador. Der Nomadengeist in mir war wieder geweckt, der Gedanke an eine Rückkehr nach Europa rückte immer mehr in weite Ferne. Aber das ist eine Geschichte, die an anderer Stelle zu erzählen ist.

Ende

ICH BEDANKE MICH ...

... bei meinen Eltern, denen es mit Sicherheit mehrfach in meinem bisherigen Leben schwergefallen ist, ihren einzigen Sohn ziehen zu lassen, immer weit weg von daheim. Sie haben mich in meiner Abenteuerlust nie gebremst.

... bei meiner verstorbenen Großmutter Charlotte, die diese Reise mit mir zusammen von ihrem Sofa aus gemacht hat. Nach jeder Mail, die ich ihr von der Reise schrieb, markierte sie den Ort, an dem ich gerade steckte, mit einer Nadel auf einer riesigen Kontinentalkarte Amerikas. Dann las sie alles über Land und Leute, was sie finden konnte. »Du lebst meinen Traum«, sagte Oma zu mir.

... bei meinen guten Freundinnen Petra Syring und Stephanie Becker, die mich letztendlich überredet haben, dieses Buch zu schreiben, nachdem wir aus dem Wust meiner Tagebuchaufzeichnungen viele schöne Erzählstunden gemacht hatten.

... bei Christina Gruber, die mir als freischaffende Autorin Hilfestellung bei meinem Erstwerk gegeben hat.

... bei meiner guten Freundin Christine Ritzkat für den Kontakt zu Frau Gruber.

... bei dem gesamten Team der Verlagsagentur Lianne Kolf für die gute, professionelle Arbeit.

... beim Delius Klasing Verlag für die angenehme und unkomplizierte Zusammenarbeit, insbesondere mit den Herren Niko Schmidt und René Stein.

... bei all meinen Freunden und Familienmitgliedern, die mich über die Jahre meiner Reise aus der Ferne begleitet haben und Kontakt zu mir gehalten haben. Ehrliche Freundschaft bedarf nicht täglicher Pflege, sondern zeigt sich erst nach jahrelanger Trennung!

... bei all den tollen Menschen, die ich auf meinen Reisen kennenlernen durfte und die mir, jeder für sich und ganz speziell, etwas für mein Leben mitgegeben haben.

Gruß, Torsten.

Bibliografische Information der Deutschen Nationalbibliothek
Die Deutsche Nationalbibliothek verzeichnet diese Publikation
in der Deutschen Nationalbibliografie; detaillierte bibliografische
Daten sind im Internet über http://dnb.dnb.de abrufbar.

1. Auflage
ISBN 978-3-667-11693-2
© Delius Klasing & Co. KG, Bielefeld

Lektorat: René Stein, Niko Schmidt
Coverfoto: Getty Images, javarman3
Titelrückseite: Privatarchiv Torsten Lindemeier
Innenteilfotos: Privatarchiv Torsten Lindemeier
Umschlaggestaltung: Felix Kempf, www.fx68.de
Satz: Axel Gerber
Lithografie: Mohn Media, Gütersloh
Druck: GGP Media GmbH, Pößneck
Printed in Germany 2019

Alle Rechte vorbehalten! Ohne ausdrückliche Erlaubnis des Verlages
darf das Werk weder komplett noch teilweise reproduziert, übertragen
oder kopiert werden, wie z. B. manuell oder mithilfe elektronischer und
mechanischer Systeme inklusive Fotokopieren, Bandaufzeichnung und
Datenspeicherung.

Delius Klasing Verlag, Siekerwall 21, D - 33602 Bielefeld
Tel.: 0521/559-0, Fax: 0521/559-115
E-Mail: info@delius-klasing.de
www.delius-klasing.de